河合隼雄著作集

第II期

神話と日本人の心

6

JN150038

岩波書店

序説　お前の神話は何か

はじめに

ずいぶんと以前のことになるが、ある精神科医から「あなたはいいですね、日本や世界の昔話などを読んで書物を書き、教授をしておられるのですから」と言われたことがある。その言外には、自分は毎日、患者に会って苦労しているのに、昔話を読むなど、のんきなことをして、「臨床心理学」の教授をしているのだから……という感じがあった。今でこそこのような誤解はほとんどなくなったと言えるだろうが、ユングは神話や錬金術の研究などして、それで患者の治療はどうしていたのですか、ということは、今でも聞くことがある。あるいは、フロイトには有名な症例研究があり、そこから学ぶことが多いのに、ユングは症例研究をしなかったのですか、と言われることもある。

これらの疑問は、ユング心理学を彼の著作によってのみ知ろうとする人が抱く疑問としては、むしろ当然と言えるかもしれない。もちろん、これは誤解で、ユングは多くの患者に会い続けた臨床医である。その経験のなかから彼の膨大な著作が生まれてきたのである。

ユングは精神科医として活躍しはじめた初期の頃には、いろいろと症例研究を発表しているが、そんな論文は日本には紹介されていないし、彼の晩年の研究には確かに症例研究はないが、これは彼が精神科医としての臨床的な仕事をしていなかったことを示すものではない。また彼は臨床の仕事と無関係に、趣味的な研究のようにして、神話や昔話を研究したのではない。彼はその臨床をやり抜く上で必然的に神話や昔話の研究をせざるを得なかったのである。それと、彼が自分の心理療法の中核として、変容(transformation)ということを考え、その過程においては、患者も治療者も共に人格の変容を体験する、としたことに示されるように、心理療法の過程にはあまりにも個人の心の深い部分が関与することになり、それを「症例研究」として、公開することをよしとしなくなったためと思われる。

心理療法には多くの二律背反的なことがあるが、症例研究(われわれ臨床心理士は事例研究と言っている)もそのひとつである。これは発表する者にとっても、それを聴き、あるいは読む者にとっても得るところの大きいことではあるが、クライアントのプライバシーの保護や、治療者との人間関係の在り方など、下手をするとマイナスになることも多いことである。私も初期の頃は事例研究を発表しているし、非公開のグループ内での口頭発表はしているが、長らく印刷物によっては発表していない。私にとっては、マイナスの要因の方を感じることが多いためである。しかし、三十年、四十年を経過した事例については、今後、発表することがあるかもしれない。

実際の臨床を行なっていると、人間の無意識的な心のはたらきということを考えざるを得ない。しかし、ここで重要なことは、人間の無意識的な心のはたらきをマイナスのこととしてのみ考えるのではなく、プラスとマイナス両面のはたらきをもつものとして受けとめることである。もっと積極的に言うならば、無意識の心のはたらきを適正に受けとめることによって、人間の心の成長が行われると考えるのである。このためには、人間の心の無意識的な内容、そのはたらきについてよく知り、理解することが必要になってくる。

無意識を知るために、夢を取りあげたのは、フロイトもユングも同様である。しかし、フロイトはその後もっぱら自由連想法を用いるようになるが、ユング派では夢分析を重視する。そして、夢内容を理解するためには、伝説・昔話・神話に関する知見をもつことが必要と考えるのである。それらは、無意識に関する人類のもつ宝庫とさえ言えるだろう。したがって、それらの研究は心理療法の実際に密接に関連するものである。それによってクライアントの心をよく理解できることもあるし、逆に、クライアントの見た夢に触発されて、それと関連する昔話や神話などを研究することもある。

しかし、心理療法家として生きてゆく上においてもっとも大切なことは、自分自身がいかに生きているか、ということである。ユングが「変容」の過程を強調し、治療者とクライアントの深い人間関係に着目するとき、クライアントの生き方にかかわる者として、常に治療者自身の生きる姿勢が問われることになってくる。

このことを端的に示す言葉として、ユングが彼の『自伝』に述べているように、「お前の神話は何か――お前がその中に生きている神話は何なのか」という問いかけがある。ユングは個人の生き方を支えるものとしての神話の重要性に気づき、彼のクライアントが自分自身の「神話」を見出してゆくのを援助しているうちに、自らが「お前の神話は何か」という問いに直面していることに気づいたのである。その答を求めての彼の努力が彼の膨大な著作になったと言えるし、そのエッセンスが『自伝』に語られている。

このことは私自身にとっても同様であった。そして、私の場合は、現在の地球を支配しているとも言える――それを超える試みはいろいろと行われているが――ヨーロッパ近代の自我を支える神話との対決という課題があった。個人の使命はその時代や文化と無関係であり得ない。私個人の神話を求める仕事は、現代において日本人がいかに生きるか、それを支える神話は何か、ということと密接にかかわり合うものであった。

これに対する一応の答が、本書に収録されている『神話と日本人の心』である。ここに「一応の」とつけ加えたのは、神話の探索あるいは形成は、現代人にとっては終わりのない、あるいは、死ぬまで続く課題だからである。かつては、人々は生まれる前から存在していた神話を信じ、それによって一生を終えることができた。その人の所属する集団の神話がその役割を果したのである。

しかし、現代はそれと異なり、個人はあくまで個人の神話の形成を行う課題を背負っている。そのことを意識して『神話と日本人の心』を書いたが、もちろん、これは「私の神話」ではない。研究論文としての一般性をもつように書かれているが、単なる「研究」と異なるところは、私自身の生き方とのかかわりをまったく切り棄ててはいない。そうすると血の通わないものになってしまうだろう。そのあたりのことを考慮に入れて、読んで下さると幸いである。

心理療法と神話

心理療法の実際において、神話、あるいはものごとの神話的理解がいかに意味あるものかは、日々の臨床現場で経験していることである。相談室を訪れる人の姿に、神話や昔話の主人公の姿が重ね合わせて見られることは、よくあることである。

クライアントの心の状態の神話的理解という点で極めて印象的な経験をしたのは、一九六五年にスイスから帰国して心理療法をはじめ、最初に会った不登校の中学生男子の夢に接したときであった(本著作集第一巻『コンプレックスと人間』二一九頁参照)。夢のなかで、少年は肉の渦に巻きこまれそうになる。渦はまさに「母なるもの」の象徴で、この際はそのネガティブな呑みこむ力を表わしている。私はこの夢に接したとき、クライアントの苦悩を理解するのみならず、私が日本というグレート・マザーの力のいかに強い国に帰って住むことになったのか、ということを痛感したのであった。これは、私に相当な覚悟をさせると共に、日本において、ユング心理学において難解な「元型」ということを理解してもらうには、まずグレート・マザー元型のことを例にあげるとよい、と気づかせてくれたのであった。

あるいは、同じ巻の一〇七頁に示された夢では、「自立」を試みる中年男性の夢に、ギリシャの英雄プロメテウスの主題が明確に示されているのを知ることができた。日本の母性社会に安住せず、そこから何らかの形で抜け出そうとする人々にとって、プロメテウスの神話は示唆するところが大きく、私は相談室のなかで、何度も和製プロメテウスに会うことになる。

あるいは、同書二七一頁には、デーメーテール・ペルセポネー神話における、ハーデースの侵入のテーマにかかわる夢をあげている。これについては、本巻にアマテラスの天の岩戸の神話との関連で詳しく論じているが、これは日本人にとって極めて重要な神話である。

このことを臨床の場ではじめて感じたときの経験も忘れ難い。これも私が心理療法をはじめて間もない頃であった。外に出るのが怖くてたまらないと訴える女子学生が、何かあると地震が起こったと錯覚し、地面が揺れるので恐ろしくて外出できないのだと語ったとき、私は、山窩の言葉で地震のことを「はゆれ」と言うことを連想し、母なる大地を割って突出してくるハーデースの姿におびえるペルセポネーのことを考えていた。面接が終わって、この女子学生の恐怖を実感するために、ベルニーニの有名な作品である「ペルセポネーの強奪」の彫刻の写真を見ようと画集を手にとった。何気なく開いたその頁に、まさにペルセポネーを強奪するハーデースの姿が現われたときは、息を呑むほどの気持で、その場にしばらく立ちすくんでいた。一人の女性が「成長」してゆくために経験しなくてはならない恐怖、ということが如実に感じられたからである。

これらの初期の経験によって、心理療法における神話の重要性を知ると共に、クライアントがそれぞれの悩みをかかえているなかで、日本人の誰もが日本文化のなかで生き、それを多少なりとも改変してゆこうとする課題を背負っていること、またその点について言えば、私もまったく同様であることに気づいたのである。そこで「文化の病」とか「日本人という病」などという考えが、私の心のなかに生じてきた。私の会う人々は単に個人的な悩みをかかえているというのではなく、「日本人という病」を克服してゆく戦いの尖兵なのである。このように考えると、心理療法という仕事の意義が重く感じられるのである。

日本人という病の考え、また、それを「創造の病」として捉えることについては、本著作集の第十巻に述べられている。このような体験をもとにして、日本の文化や社会について考察したことは、第十一巻に収められている。

神話的イメージが相談室に現われるという点では、トリックスターのことを不問にすることはできないであろう。日本の英雄はトリックスター的心性をもっている者が多く、これも日本人には理解されやすいイメージである。本書中にも論じているが、スサノヲやヤマトタケルなど日本神話の英雄は、トリックスター的である。このような点もあって、日本人には理解しやすいだろうと心理療法と神話的イメージについて論じるとき、早い時期に、トリックスターのことを取りあげている。クライアントのトリックスター性のみならず、治療者もクライアントの固い姿勢を崩すときに、意識的、無意識的にトリックスター的なはたらきをするものである。

このような努力を重ねることによって、私がスイスから帰国した一九六五年頃には、心理療法と神話とを関連づけて考える臨床家などはまったくいなかったのに、だんだんと理解者が増え、一九八九―九二年に金子書房より『臨床心理学大系』を出版したときは、そのなかで、臨床心理学に関連する重要な領域として「神話学」が取りあげられるほどになった。それに私が執筆した論文が、本巻に収録されている。「神話学」について簡単に一般論を紹介し、それがいかに臨床心理学に関係するかについて論じている。このようなことが臨床心理学の「大系」に載るのだから、神話に対する認知が相当に変わったということができる。

スイスから帰国したときに「箱庭療法」を日本に導入した。これは日本で急激に発展し、そのおかげで、後に国際箱庭療法学会ができたときは、外国において大いに認められ、私は二代目の会長になるほどだった（初代は創始者のドウ・カルフさんである）。この箱庭療法においても神話的な主題はどんどん現われるので、心理療法と神話の結びつきは、よく一般に理解されるようになった。

一九九九年、カナダのバンクーバーで第十五回の国際箱庭療法学会が開かれたときは、私は基調講演として、「創造神話と箱庭療法」という発表をした。世界中の創造神話の理解がいかに箱庭療法を行う上で有用であるかを、箱庭療法の事例をあげながら論じたのだが、会員たちの共感を得たと感じたのであった。

対話を通じて

心理療法の現場において、常に神話的な主題に接すると共に、折にふれて世界中の神話を読み、要するに広く言えば「物語」ということが、人間が生きてゆく上においていかに重要であるかを認識することになった。「お前の神話は何か」という自分自身に対する問いかけは、「お前はどのような物語を生きようとするのか」とも言いかえることができた。このために、私はいろいろな文学作品、特に児童文学にも触れることになった。臨床心理学界がだんだんと私の考えを受けいれるようになったことは先に述べたが、それは相当後になってからのことで、はじめの頃は、ユング派の分析家は日本では私一人であるし、当時の臨床心理学者とは異なる考えをただ一人で持っているので、心細いこどではあった。それに、私のような問題意識をもって学ぼうとしても、同僚のなかにはそのような人をまったく見出せないのだから、なかなか困難な歩みであった。

それに私は理科系出身である上に、中学時代は戦争中で何も勉強していないということがあって、文科系の大学卒業の人々のもっている一般教養をほとんど身につけていなかった。それに加えて、あまり読書をしないというのだから、ほとんど絶望的とも思えたが、思いがけない助けの道があった。それは、学識の豊かな人たちとの対談、対話を通じて学ぶということであった。学識があるというだけではなく、私がこれまでにお会いした多くの人たちは、それぞれが自分の「物語を生きている」人であった。そのような、生きた物語に接することによって、私は私自身の物語について考えることができた。

自分の物語を見出してゆく上で、長い交際のなかでの対話を通じて私が学ぶことのできた詩人の谷川俊太郎さんのような方もあるが、ここでは、あるまとまりをもって継続的に接することになった人たちのことについて、述べてみたい。それは、都市の会のグループ、児童文学のグループ、エラノス会議のグループ、日本の物語研究者、の四つをあげることができる。それらについて簡単に説明する。

まず、都市の会であるが、これは私にとって非常に有難いことであった。一九七〇年代の終わり頃だったと思うが、中村雄二郎、市川浩、多木浩二、山口昌男、前田愛などの人が私的に集って研究会をしていることを、当時、岩波書店の編集者で私の『コンプレックス』(本著作集第一巻所収)という岩波新書の出版を企画して下さった大塚信一さんにお聞きした(大塚さんもこのメンバーの一員であった)。前述したような孤立感で私は悩んでいたので、大塚さんにお願いしてこの会に参加させていただいた。このなかで、山口昌男さんとは、これも大塚さんの紹介で一度お会いし、「トリックスター」の話題で大いに盛り上がる経験をしていた。

この方たちは、もちろん誰も臨床家ではない。しかし、私の考えを実践しようとしている心理療法に深く賛同し、しかも、その理論的な基礎を与えられる話題がつぎつぎと出てくるのであった。物語、神話ということに対する理解は私よりはるかに深いものがあった。そのなかで、特に中村雄二郎さんがその後に提唱する「神話の知」の重要性ということは、本巻中にも論じているが、私の心理療法を支える理論のひとつとして、大いに役立たせてもらうことになった。

次に児童文学である。もともと児童文学は好きであったが、アーシュラ・K・ル＝グウィンの『ゲド戦記』三巻(当時。以後五巻まで出版された)は、まさに自分の生きようとしている「物語」としてピッタリという感じがした。わが国では他の専門領域のことに口出しするのを好まない風潮が強いが、あまりに感動したので、「ゲド戦記と自己実現」という題で岩波講座で講演し、それを『図書』(一九七九年九月)に発表した。ところが案に相違して、児童文学者の今江祥智、上野瞭の両氏が好意をもって接近してこられ児童文学の仲間に引き入れていただいたのは、まことに有難いことであった。そして一九八一年に季刊誌『飛ぶ教室』発刊のときは、その編集委員にまでならせていただいた。

私がどうしてこれほど児童文学を好きなのか、その点はこの著作集の第四巻を見ていただくとわかるだろう。私は心理療法において人間の「たましい」ということは、非常に大切なことと考えている。そして、「たましいの真実」は「物語る」ことによってのみ伝えることができる。子どもの目は大人のように常識によって曇らされていないので、「たましいの真実」を直截に見ることができる。それが児童文学に語られているのだ。

児童文学の人たちとの対話が行われだした頃、臨床心理学の世界ではまだまだ科学主義は強く、「たましい」などというのは最大の禁句であった。しかし、有難いことに私は『飛ぶ教室』の仲間たちとは、おおっぴらに「たましい」のことが話せたのだ。ずい分後になって、臨床心理学の世界でも、「たましい」ということが言えるようになったが、そのときに多少とも説得力のあることが言えたのは、児童文学の人たちとの対話による訓練が役立っていたのかもしれない。

『飛ぶ教室』は一九九五年に残念ながら休刊になるが、それと踵を接するようにして、小樽にある絵本・児童文学研究センターとかかわるようになった。工藤左千夫所長の熱意と小樽市をあげてと言えるほどの多くの人の努力に感心し、何かにつけて東京一極集中傾向の強いなかで、地域文化の振興の手助けということもあり、この事業に積極的に参加することになった。児童文学ファンタジー大賞の企画と共に、その授賞式も兼ねて文化セミナーも行うことになった。このため、多くの児童文学関係者の方々との対話を続けられることができて非常に嬉しく思っている。そのときのセミナーにおいて私の発表したものが、前述の第四巻に収録されている。

井筒俊彦先生の推薦によって、スイスのアスコナで行われるエラノス会議に出席し、そこで欧米の学者と対話する機会がもてるようになったのは、まことに有難いことであった。本巻の「神話学」の論考において、神話を「内から」理解しようと試みた学者たちが、エラノス会議の参加者であったことを指摘しているが、そのような歴史のある会議に出席し、世界的な学者と親しく会話することができたのは、自分の「神話探索」の旅のなかの出来事として実に意義深いことであった。

一九八三年から、五回にわたって発表しているが、日本文化と深く関連することを、英語で発表し、また英語で討論することは、極めて個人的な体験から発していることを、普遍的なものとの関連によって根づかせてゆく上で大いに役立ったと思う。

特にユング派の分析家、ジェームズ・ヒルマン、ヴォルフガング・ギーゲリッヒ、ロバート・ボスナック、ポール・クーグラー、それに神学者のデイヴィッド・ミラーの諸氏と、当時スイスのユング研究所に留学中だった私の長男の俊雄とは、会議の後で毎夜、近所の居酒屋に行き、深更まで飲み、語り合ったので、何の遠慮もなく自分の考えを述べて、率直な反応を得ることができ、有難いことであった。ここにあげた人たちはすべて、その後、日本を訪れ、こちらでも討論を続けることができた。

これらのなかで、ヒルマンさんの「たましい」に関する考えは、その後、学会などでこの言葉を用いるときに、大いに援用させてもらった。また、キリスト教神学者でありながら、*New Polytheism*(邦訳名『甦える神々――新しい多神教』)の著者であるデイヴィッド・ミラーさんとは、一神教と多神教について、有意義な論議ができた。後に、彼に招かれ、シラキュース大学で、明恵の『夢記』について講演したことも忘れられないことである。なお、本巻にデイヴィッド・ミラーさんのこの書物の邦訳出版の際の、私の「解説」を収録してあるので、それによって彼の多神教に関する考えをある程度知ることができるであろう。

自分が日本人として「自分の物語」を構築してゆく上において、外国の人たちと外国の言葉で率直に話し合えたことは、実に有益な体験であったと思う。

最後に日本の古典について、明恵上人のことを研究しているうちに、当時の男女関係の在り方を知りたいと思って、『とりかへばや物語』を読んだ。すると、これがやたらに面白くて、まさにミイラ取りがミイラになる類。日本の古典の物語のなかをさまよい歩くことになった。『とりかへばや物語』については、前述のエラノス会議で発表するし、一書をものするほどになったが、その前に困ってしまったのは、私の教養不足の現実である。私は日本の古典文学のことなど何も知らないのである。私の窮状を見て名案を出して下さったのが、雑誌『創造の世界』の編集者の前芝茂人、森岡美恵の両氏である。この雑誌に「新釈・日本の物語」として一九八九年十一月から、対談の連載を企画し、日本の古典を取りあげ、つぎつぎとそれにふさわしい国文学者や作家の方々を選んで、対談をするようにされた。

これも大変な領域侵犯であるが、お会いした専門家の方々は、私の素人発想に正面から向きあって、惜しみなく自分のもつ博識のなかから興味深い話をして下さった。これは私にとって大変有難いことであった。このおかげで私は日本の古典をつぎつぎ読み進むことができた。最後には『源氏物語』にたどりついて、これについても書物を上梓することができた。対談のほうは三巻にわたって小学館より出版されているが、その成果として私の書いたことは、本著作集第七巻に収録されている。このような対談を通じて私が学ぶことができたことは実に大である。

ナバホ、そしてケルト

自分の物語を求めて長い様々の探索を続けてきたが、やはりそのもっとも中核となるものは、日本神話であった。日本神話については、既に一九六五年にユング派の分析家の資格を得るときの論文としてそれを取りあげたのだが、日本で書物として書きあげるには長い年月を必要とした。それを書物として提出するためには、世界の神話について知る必要があったことも、それが長びくひとつの要因であった。

神話を訪ねる旅もあちこちとしたが、最後に、「文字をもたない文化」の神話を訪ねる旅をした。それが、アメリカ先住民の人たちと、ケルトの文化を知るための旅である。どちらも極めて興味深い神話を持ちながら、文字をもたず、それを口誦によって伝えてきたという点が共通である。それにもうひとつ大切なことは、現代の地球全体を席捲しているとも言える欧米の文化、それを支えている神話について考察する上において、アメリカ合衆国のど真中に居て、自分たちの文化を守っている先住民の人たち、それにヨーロッパのキリスト教以前の文化であるケルト、について知ることは、非キリスト教文化圏に属する日本人として得るところが大きいと思われた。

このため私は、アメリカ先住民を訪ねる旅を、二〇〇〇年二月と、八月の二度にわたってした。そして、ケルトについては、イギリスのケルト的なものが多く残っている地方やアイルランドを、二〇〇一年六月に旅した。このうち、アメリカの旅の一回目と、ケルトを訪ねての旅は、私の考えを理解して、それを番組にする目的をもって、NHKテレビのスタッフの人たちと共にすることができた。どちらも、NHKの企画力で短期間にいろいろと重要な場所を訪ねたり、人に会って対談することができた。これらはほんとうに得難い体験であった。

なお、このアメリカの第一回の旅について、「ナバホ国への旅」として発表したものを本巻に収録することができた。この最後に再訪の希望が述べられているが、それがすぐに実現され、このときはシャーマンとの集中的な話し合いをすることができた。

両者を通じて言えることは、彼らは極めて「自然と密着した」物語を生きている、ということであった。人間の特徴は、自然の一部でありながら自然に反して生きる傾向をもつことである。まったく自然の一部として——他の動植物のように——生きるのだったら、自分の物語など不要である。人間が他の動物とは異なる「意識」ということを獲得したときに「神話」が生まれたのではないかと思う。その後、人間の文明は発展してきて、現代人はあまりにも自然から切れた存在になり過ぎたのではなかろうか。

人間は自然から離れ、その自然を支配し操作することによって、自分の望みを遂げることができると考え、欲望に歯止めをかけることを忘れて狂奔しているうちに、だんだんとその危険性に気づきはじめた。「自然との共存」ということが最近では主張されるようになった。その点では、アメリカ先住民やケルトから学ぶところがある、ということに気づく人も出てきた。

アメリカ先住民を訪ねた体験は既に、『ナバホへの旅 たましいの風景』(朝日新聞社、二〇〇一年)として出版。ケルトの旅も『ケルトを巡る』として刊行された(NHK出版、二〇〇四年)。この両者とも本著作集には収録できなかった。これらのことをどのように考えてゆくかは今後の課題であるが、はっきりしていることは、われわれは今更、昔の生活には戻れないということである。ナバホやケルトの物語から多くの示唆を受けるにしても、そのままを生きることは不可能である。そうなると、いったいわれわれはどうすればいいのだろう。

探索は続く

自分の物語を見出すということは、アイデンティティの探索とも言うことができるだろう。現在使われているような意味で、アイデンティティということを提唱したエリク・エリクソンの言葉で、私が深く印象づけられたのを、次に引用する。

「同一性形成は、その大半が生涯にわたって続く無意的な発達過程である」(鑪幹八郎他共編『自我同一性研究の展望』ナカニシヤ出版、一九八四年)。

つまり、アイデンティティは生涯のどこかの時点で「確立された」と完了形で語ることはできないものなのだ。それは、要するに、死ぬまで続くのである。つまり、私の「物語」も、どこかで見つけてきてそれを生きるというのではなく、私の生涯そのものが「物語」なのである。ただ、そのことをどこまで意識して生きるか、が問題であるが。

かつては、多くの人がその部族や国や、宗教集団などのなかで共有される「神話」を生きていた。しかし、今や各人は自分自身の物語を見出してゆく責務を負っている。多くの人に共有される神話はもう今ではそのままでは通用しない。本巻にも引用しているが、神話学者のジョセフ・キャンベルが言うように、「これから長い長いあいだ、私たちは神話を持つことができません」ということになるだろう。

自分の物語を見出してゆこうとするとき、自分の属する文化のもつ神話が何らかの意味で役立つことは大いにあり得ることだ。そんな点で、私の日本神話に関する論考も、私個人の物語の形成と大いに関係している。そんな点で、年来の念願であった日本神話に関する研究も一書にまとめることができたし、本著作集もこれで完結し、ほっとしていることは事実である。

しかし、これは私の物語の完結を意味しない。しばらくは休憩ということになろうが、これが今後どのように展開してゆくのか、ともかく焦ることなくボチボチ行こか、と思っている。

河合隼雄著作集第Ⅱ期 第6巻　神話と日本人の心　目次

II

I

神話と日本人の心

序章　日の女神の輝く国

一　日の女神の誕生

八百万《やおよろず》とも言われる数多くの日本の神々のなかで、際立った地位を占めるアマテラスは、日の女神であった。古代日本の天空に輝く日輪に、日本人は女性をイメージしたのだ。これは世界の数々の神話のなかでも、相当に特異なことと言っていいだろう。イヌイットなどのアメリカ先住民の神話を除いて、ほとんどの民族において、太陽は男性神である。日本の神話全体について考察をおしすすめる最初にあたって、このことにまず注目したいと思う。

ところで、このように特徴的な日の女神、アマテラスについて、その誕生はどのように語られているのだろうか。『古事記』の語りを見てみよう。後に詳しく語ることになるが、最初の夫婦ともいうべき、イザナキ、イザナミは、イザナミの突然の死によって離別する。夫のイザナキは妻を連れ戻そうと黄泉《よみ》の国を訪ねるが果たせず、この世に帰って、身のけがれをおとそうと川でみそぎをする。その際に、アマテラスが生まれる。以下、『古事記』を引用しよう。(1)

ここに詔《の》りたまひしく、「上《かみ》つ瀬《せ》は瀬《せ》速《はや》し。下《しも》つ瀬は瀬弱し。」とのりたまひて、初めて中つ瀬に堕《お》り潜《かづ》きて滌《すす》ぎたまふ時、成りませる神の名は、八十《やそ》禍津《まがつ》日《ひの》神。次に大禍津《おほまがつ》日《ひの》神。この二神《ふたはしら》は、その穢繁国《けがらはしきくに》に到りし時の汚垢《けがれ》によりて成れる神なり。次にその禍《まが》を直《なほ》さむとして、成れる神の名は、神直毘《かむなほびの》神。次に大直毘《おほなほびの》神。次に伊豆能売《いづのめの》神。次に水の底に滌ぐ時に、成れる神の名は、底津綿津見《そこつわたつみの》神。次に底筒之男命《そこつつのをのみこと》。中に滌ぐ時に、成れる神の名は、中津綿津見《の》神。次に中筒之《の》男命。水の上に滌ぐ時に、成れる神の名は、上津《うはつ》綿津見《の》神。次に上《うは》筒之《の》男命。この三柱の綿津見《の》神は、阿曇連《あづみのむらじ》等の祖神《おやがみ》と以《も》ち拝《いつ》く神なり。故《かれ》、阿曇連《の》等は、その綿津見《の》神の子、宇都志日金拆《うつしひがなさくの》命の子孫《うみのこ》なり。その底筒之《の》男命、中筒之《の》男命、上筒之《の》男命の三柱の神は、墨江《すみのえ》の三前《みまへ》の大神なり。ここに左の御目《みめ》を洗ひたまふ時に、成れる神の名は、天照大御神《あまてらすおほみかみ》。次に右の御目を洗ひたまふ時に、成れる神の名は、月読《つくよみの》命。次に御鼻《みはな》を洗ひたまふ時に、成れる神の名は、建速須《たけはやす》佐《さ》之《の》男《をの》命。

日の女神、アマテラスは「父の娘」であった。彼女は父親から生まれた、母を知らない女性であった。これも極めて特異なことではないだろうか。女性というと「母」を連想する人が多いこの国において、女性でありながら母を知らず、しかもひたすらに輝く日輪の姿をもった女性像というのを、日本の古代の人たちは、非常に大切で、世界の中心とも考えられるほどのイメージとしてもっていたのである。

人間はこの世のことを考えるときに、二分法に頼るのがまず一般である、と言えるだろう。二分法の組合せによって複雑な現象を解析するコンピュータに示されるように、二分法というのは実に強力なものである。したがって、世界中の多くの神話において、ものごとを二分することが語られるのも当然のことと思われる。日本の創造神話については後に詳述することになるが、やはり、そこにも二分法がいろいろと認められる。

世界の多くの神話のなかで、天と地、光と闇などの区別が語られるが、そのなかで、男と女というのも大切な区別として登場する。昔の人間にとって男と女という分類があるのは明確なことなので、人間の思考法におけるひとつの対立軸として、男と女ということがどうしても有用になってくる。ここで少し神話を離れて、人間の思考法という点から考えてゆくと、男と女という軸によってものごとを見るとき、そこにいわゆる「男らしい」、「女らしい」などという観念が生じてくる。この際、その観念は本来の男、女のあり方と本質的に結びつくものでないにしても、一度そのようなまとまりができてくると、それを壊して考えることが非常に難しくなる。そこにある種の思考の「枠組」ができてしまうのである。

人間はどうしてもそのような「枠組」に縛られるので、ある枠組を共有している集団はそのような文化をもつということになる。あるいは、それぞれの文化は固有の思考の枠組をもっている、と言える。そのときにその枠組を「絶対正しい」と思うと、他文化との衝突が生じることは、われわれがよく知っているところである。そこで、人間は自分の所属する文化の特性をよく知ることによって、他文化をよく理解し、よく他の良さを知ったり、共存の道を探ったり、あるいは文化そのものの変容を体験したりすることになる、と思われる。

ここで神話に話を戻してみよう。男と女という区分と、太陽と月という区分について考えてみるとき、「男－太陽、女－月」という結びつきと、「女－太陽、男－月」というのがある。そこで、太陽の月に対する圧倒的な輝きと温かさに注目すると、男－太陽という結びつきよりは女－太陽という結びつきを考えている文化の方が、女性優位の文化ではないか、と考えられる。

しかし、ものごとはそれほど単純ではない。太陽の熱であまりに暑い熱帯などでは、太陽よりも月が評価されることもあり得るからである。そもそも、日本にしても、たとえば『万葉集』を取りあげても、月を歌った歌は太陽のものより圧倒的に多いのである。

かりに、女‐太陽の結びつきを女性優位と考えるにしても、どうして、わざわざその女性が父親から生まれたなどと語るのであろうか。このことはどこか、女性が男の骨からつくられたという話と似ている、と感じさせないだろうか。旧約聖書のなかのこの話は、明らかに男性の女性に対する優位を物語っていると思われる。

父親からの誕生という点で言えば、ギリシャ神話のなかの輝かしい女神、アテーナーもまた典型的な「父の娘」であった。彼女は父親の頭から完全に武装した姿で生まれ出てきたという。この女神の武装した姿は、後に語ることになるアマテラスの武装との類似性を感じさせる。これを見ても、確かに日の女神アマテラスは世界の神話のなかでも特異ではあるが、相当な類似点を世界の他の神話のなかにもっていることもわかるのである。

アマテラスが日本神話のなかで重要な地位を占めることは誰しも認めることであろう。しかし、その誕生にあたって、彼女は父親にとって唯一の貴い神としてではなく、「三はしらの貴き子」のなかの一人として生まれた、と語られている。それでは日本の神話のなかで中心を占めるのはどの神なのだろうか。

これまで述べてきたように、日の女神の誕生についての物語を一瞥したのみでも、そこに数々の謎が浮かんできて、一筋縄では理解のできないことは明らかである。そして、それは世界の神話のなかでも特異と思われるところと、他と大いにつながってゆく特性とを備えたものであることも推察されるのである。このような点を考慮しつつ、以後は、日本神話の全体について最初から考えてゆきたいが、「日の女神の誕生」という神話について最初に言及した意味はよく理解されたであろう。日本神話について考える前に、そもそも神話とはどういうものなのかについて、一般論として述べておきたい。

二　神話の意味

天空に輝く太陽を見たとき、どのような民族であれ、その不思議さに心を打たれたことであろう。そして、その重要さも感じたはずである。人間の特徴は、そのような体験を、自分なりに「納得」のゆくこととして言語によって表現し、それを他人と共有しようとすることである。それによって、人と人とのつながりができてくる。太陽を太陽という言葉によって共通に認識しているだけでは不十分なのである。言葉が組み合わさって、ひとつの物語を生み、物語という一種の体系を共有するのである。そのようにして「世界観」ができあがってくるが、同じ世界観を共有する集団もそれに伴って生じてくる。

かくして、ある部族はそれがひとつの部族としてのまとまりをもつためには、それに特有の物語を共有することが必要となったのである。その部族はどのような世界のなかで、どのようにしてできあがり、今後どのようになってゆくのか、それらを「物語」るものとしての「神話」によって、部族の成員たちは、自分たちのよって立つ基盤を得、ひとつのまとまりをもった集団として存続してゆけることになる。

フランスの神話学者デュメジルは、「神話をなくした民族は命をなくす」とまで言っている。(2) つまり、神話はその民族を支える基盤なのである。しかし、現代人の視点から見て、神話のような荒唐無稽なことがどうして、といぶかしく思う人もあるかも知れない。太陽が男性か女性かなどと馬鹿げたことを考える必要はない。太陽が灼熱した球体であることは、誰もが知っている事実ではないか、とその人は言うだろう。

古代のギリシャにおいても、太陽が天空に存在する球体であることを人々は知っていた。それにもかかわらず、古代ギリシャにおいて、どうして太陽は黄金の四輪馬車に乗った英雄である、などと信じられたのだろう。

神話の発生を理解するためのひとつの考えとして、分析心理学者のC・G・ユングは次のような話を彼の『自伝』中に語っている。(3) 彼は東アフリカのエルゴン山中の住民を訪ね、住民の老酋長が、太陽は神様であるかないかという問いに対して、太陽が昇るとき、それが神様だと説明したのに心を打たれる。ユングは、「私は、人間の魂には始源のときから光への憧憬があり、原初の暗闇から脱出しようという抑え難い衝動があったのだということを、理解した」と述べ、続いて、「朝の太陽の生誕は、圧倒的な意味深い体験として、黒人たちの心を打つ。光の来る瞬間が神である。その瞬間が救いを、解放をもたらす。それは瞬間の原体験であって、太陽は神だといってしまうと、その原体験は失われ、忘れられてしまう」と指摘している。

太陽は神であるかないか、などと考えるのが現代人の特徴である。そうではなく、ユングが「光の来る瞬間が神である」と表現しているように、その瞬間の体験そのものを、「神」と呼ぶのである。あるいは、そのような原体験を他人に伝えるとき、それは「物語」によって、たとえば、黄金の馬車に乗った英雄の登場としてしか伝えられないのであり、そのような物語が神話と呼ばれるのである。

神話の意味について、哲学者の中村雄二郎は、「科学の知」に対する「神話の知」の必要性として的確に論じている。(4)「科学の知」の有用性を現代人はよく知っている。それによって、便利で快適な生活を享受している。しかし、われわれは科学の知によって、この世のこと、自分のことすべてを理解できるわけではない。「いったい私とは何か。私はどこから来てどこへ行くのか」というような根源的な問いに対して科学は答えてくれるものではない。

中村雄二郎は、「科学の知は、その方向を歩めば歩むほど対象もそれ自身も細分化していって、対象と私たちとを有機的に結びつけるイメージ的な全体性が対象から失われ、したがって、対象への働きかけもいきおい部分的なものにならざるをえない」と述べ、科学の知の特性を明らかにし、それに対して、「神話の知の基礎にあるのは、私たちをとりまく物事とそれから構成されている世界とを宇宙論的に濃密な意味をもったものとしてとらえたいという根源的な欲求」であると指摘している。科学の知のみに頼るとき、人間は周囲から切り離され、まったくの孤独に陥るのである。科学の「切り離す」力は実に強い。

「物語」はいろいろな面で「つなぐ」はたらきをもっている。一本の木は科学的に見る限り、細かい事実は明らかになるとしても、あくまで一本の木である。人間はそれを「使用」したり「利用」したりはできるが、それと心がつながることはない。ところが、その木は「おじいさんが還暦の記念に植えた木ですよ」という「物語」によって、俄然そこに親しみが湧いてくる。あるいは、木を介して祖父の思い出が浮かんできて、祖父との心のつながりを感じるかもしれない。いずれにしろ、そこに情緒的な関係が生じるのである。

人間は「物語」なしには生きてゆけない。何らかの不思議なことや感動的な体験をしたとき、誰でもそれを誰かに「物語る」はずである。物語によってその体験が自分とつながり、他人ともつながりをもつ。子どもたちは、母親に「聞いて、聞いて」と自分の物語を語る。これを受けいれず、子どもに物語る機会を与えなかったら、子どもはひどい神経症になってしまう。大人も「物語」が好きである。それは「飲屋」にゆけばよくわかる。各人が自分の「物語」を一生懸命に語っている。適当な酔いによって、通常の意識と少し異なる状態になるのは、物語のためにはよい条件である。そこで、人には自慢話をしたり、失敗談を語ったりしつつ、自分が孤独ではなく他の人々とつながっていることを確認し、明日の仕事に向かうエネルギーを補給するのである。

そのような個人的な物語ではなく、この石の由来とか、この木の由来などということが多くの人に共有されると、それは「伝説」になる。伝説という物語によって、人々は特定の事物と「つながり」、それを共有することによって、人と人とのつながりも生じてくる。合理的な観点からすれば荒唐無稽とも思えるような伝説が、長い期間を経て語りつがれてくるのも、実はこのような物語の「つなぐ」効用のためである、と思われる。

　特定の事物と結びついていたお話が、特定の事物や時を離れてしまい、「昔々、あるところに、おじいさんとおばあさんがいました」というように、特定できない時の、特定できない人や物の物語となると、それは「昔話」になる。それは「桃から生まれた桃太郎」のように、たとい名前をもつとしても、非実在であることを端的に示す名となる。そしてそれは、日常の世界には存在しないことを知りつつも、人々の心のなかの「真実」を語るものとして、民衆のなかに語りつがれ、生命を保ち続けるのである。

　これに対して神話はどのような地位にあるのだろうか。神話も人間にとっての「物語」の意義という点で言えば、伝説や昔話と本質的にはあまり異ならない。しかし、神話はひとつの部族、国家などの集団との関連において、より公的な意味合いをもつものである。日本神話を例にとって言えば、それが『古事記』や『日本書紀』として書きとめられた頃においては、日本が他の国に対して、ひとつの独立した国として存在することを明らかにする、あるいは、当時の朝廷の基礎づけをする、という意味が大きかったと思われる。この点では、『日本書紀』の方が『古事記』よりそのような性格を強くもっている、と言えるだろう。

　人間にとって必要な「神話の知」という点で言えば、それは伝説、昔話、神話のいずれにも認められる。ただ、むしろ神話は既に述べたような特定集団の意図が関連しているという点に留意する必要がある。伝説や昔話の方が、素朴な形で人間の心の深いはたらきを示している、ということもできる。長い時間的経過の間には、伝説、昔話、神話は互いに他の形に変化してゆくことも多い。ある特定の地域の伝説であったものが、その地域の勢力が強くなるにつれて、神話に格上げされたり、逆に神話の内容が時の経過と共に、伝説や昔話になることもある。したがって、心理的には、これら三つの物語は本質的にそれほど差のないものと考えてよいだろう。日本神話は、まとまったものとして書き残されているので、日本人全体の心性に深くかかわるものとして読みとくことが可能である、と思われる。

三　現代人と神話

「神話の知」は人間にとって必要なものと述べたが、それは現代人にどのように受けとめられているだろう。実のところ、現代人は「神話の知」の獲得に大変な困難を感じており、このことが現代人の心の問題と深く関係しているのである。

かつて人間はどのような社会・文化においても、それなりの「神話の知」をもち、それなりに安定していた。太陽の昇る「瞬間」を神と感じ、毎朝それに祈りを捧げていた人は、自分は偉大なものによって守られている、という安心感をもっていただろう。しかし、このような人が常に安心だというわけではない。彼らは不慮の災害や病気などによって苦しめられ、命を奪われるという点では、現代人よりもはるかに不安の多い生活をしていたのである。つまり、神話の知が今日で言う「科学の知」まですべてを覆っていたために、実生活においては不安や不便なことが多かったのである。

これに対して、近代ヨーロッパに生まれてきた近代科学は、この様子を激変せしめてしまう。近代科学においては、観察者(研究者)は研究しようとする現象を自分から切り離して、客観的に観察して、そこに因果的な法則を見出そうとする。したがって、そこから見出された法則は、その個人とは関係のない普遍性をもつ。このことは実に凄いことである。「科学の知」のもつ普遍性のために、それはどこでも誰でも利用できるものとなった。かくして、人間はこのような「科学の知」を基にしてテクノロジーを発展せしめ、二十世紀の百年の間に、昔には考えも及ばなかった便利で快適な生活を享受できるようになった。しかし、その代償として、「科学の知」がつぎつぎと「神話の知」を破壊し、その喪失に伴う問題が多発するようになった。

「神話の知」の喪失は、現代における「関係性喪失の病」として顕われている。一例をあげると、ひと頃社会問題として騒がれた思春期の女性の援助交際の場合について考えてみよう。彼女たちの本音を聴けるほどの関係になると、彼女たちの根本の問題は「居場所」がない、ということだと言う。別にセックスやお金に強い関心があるのではない。学校にも家庭にも「居場所」を見出せない彼女たちが、唯一それに近い感じを受けるのは、街のなかでの仲間とのつき合いである。その仲間入りをするための条件として「援助交際」をしている、と言うのだ。そこで、誰しもそのような家庭は「悪い」家庭だろう、と思うのだが、案に相違して、それらは普通、もしくは普通以上の家庭なのである。両親はもちろん健全な市民である。家はある、個室はある、小遣いはもらっている。そのような「条件」を調べる限り何も「悪い」ことはない。

それでは何が欠けているのか。表面的に見る限り何の問題もない家に居ても、思春期の感受性をそなえた少女にとって、「居場所」ではないと感じさせるもの、それは家族としての真の「関係」の喪失なのである。近代科学と結びついたテクノロジーの急激な発展と共に、人間は何か「よい方法」を知ることにより、ものごとを自分の望むままに「操作」できると思いすぎたのではなかろうか。このような態度は、人間が人間に対することにまで拡大され、「よい育児法」によって自分の子を「よい子」——つまり、自分の望むとおりの子ども——にすることができるなどと思ったのではないか。端的に言うと、人間が対象化され物化されるのである。したがって、そこには、人と人との真の関係が喪失してゆく。子どもは「居場所がない」と感じるのだ。

子どもの問題のために来談する親が、自分たちは子どものためにできる限りのことをした、と言うことは多い。それに対して子どもは、自分の親は「何もしてくれなかった」と言う。この著しいギャップはどこから来るのか。親が、子どものために何を買ったのか、どこに行ったのかなどと、それに費やした費用や労力など、つまり数量化可能なことを考えて発言しているとき、子どもは自分と親との間においてのみ生じるはずの人間としての関係——それは数量化できない——について述べているのだ。親は「よい教育法」に従って、子どもを叱責しないよう努力しているとき、子どもの方は、「うちのお父さんは、怒ってもくれない」と嘆いているのである。

このようなことが生じる背景には、親と子の生きる神話の喪失、ということがある。日本の家庭というものは、今どのような神話に支えられているのだろうか。昔の「イエ」の神話はほとんど崩壊している。と言って、新しい神話はまだないのではないか。

「死」に関する神話をもっている現代人が果たしてどれだけいるだろうか。若くて元気で、人を操作したり、支配したり、あるいはそうしていると信じている間は、人間はあまり不安を感じないだろう。ところが、年老いて力もなくなったとき、急に孤独に悩むことになり、その上に、近づいてくる死に対してどう考えていいかわからないとなると、老いや死は苦痛以外のなにものでもない。その苦しみから逃れるためには、ボケること以外残されていないかも知れない。

どのような民族も死についての神話をもっている。それによって、生と死が「つながり」、生者と死者とがつながりをもつことができる。神話が信じられているところでは、人々は安心して死を迎えることができる。

と言って、神話を手放しで礼賛してばかりもおれない。たとえば、現在、自爆テロで世界を脅かしている人は、自分自身は神話によって救われているかも知れないが、他人に対する危害は測り知れぬものがある。かつての日本においても、上から押しつけられた神話によって多くの人間が不幸に陥ったのである。現代人はむしろ、そのような神話のもつ負の価値を意識しすぎたので、それを否定したのだが、そのことによって既に述べてきたような困難をかかえることになってしまった。

それではどうすればいいのか。現代人にとってその生き方を支えてくれる神話はないのだろうか。神話をこれまで論じてきたような、人間の生きることとの関連で考え、そのような考え方をテレビを通じてアメリカ人に語り、絶対的な人気を博したジョーゼフ・キャンベルは、テレビのなかの対話でこの点について次のように語っている(5)。

「これから長い長いあいだ、私たちは神話を持つことができません。物事は神話化されるにはあまりにも早く変化しすぎているので」。キャンベルは、われわれは神話をもつことができないと明言している。かつて、日本の家庭において「三種の神器」と言われるものがあった。電気冷蔵庫、電気洗濯機、電気掃除機だったろうか。しかし、それも束の間であった。キャンベルの言うとおり、「物事は神話化されるにはあまりにも早く変化しすぎ」るのである。

神話のないわれわれは生きてゆく上で、どのようにすればいいのか。これに対して、キャンベルは「各個人が自分の生活に関わりのある神話的な様相を見つけていく必要があります」と述べている。解決は個人にまかされているのだ。集団で神話を共有した時代は、神話による支えを集団として保証してもらえたのだが、そこには必ず個人の自由の束縛が代償として存在した。人類の歴史のなかで、人間は自由を求め努力し、個人の自由は急激に拡大したが、それに伴って、個人の責任が重くなるのも当然である。個人の責務のひとつとして、「自分の生活に関わりのある神話的な様相を見つけていく」ことを、われわれは自覚しなくてはならない。それを怠っていると、途方もない不幸に陥ったり、不安に襲われたり、他人に対して迷惑をかけたりすることになる。言うなれば、各人は自分にふさわしい「個人神話」を見出さねばならないのである。

四　日本神話を読む

現代においては、各人は自分にふさわしい個人神話を見出す努力をしなくてはならない。と言っても、「神話」を見出してそれに従って生きる、などというのではなく、生きることそのものが神話の探求であり、神話を見出そうとすることが生きることにつながると言うべきであろう。しかし、その間にあって、かつて人類がもった数々の神話について知ることは、われわれに多くのヒントを与えてくれる。そんな意味でも日本の神話を読むことは、われわれ日本人にとっては必要なことと言うべきだろう。ただし、このことは、これまで論じてきたところからも明らかであるが、日本人だから日本の神話に従って生きろ、というのではない。それでもやはり、自分の国の祖先がそれによって生きてきた神話について考えてみることは、現代に生きていく上において参考となることを多く見出すであろう。

日本の神話は周知のように『古事記』および『日本書紀』によって現在に伝えられている。『古事記』は七一二(和銅五)年、『日本書紀』は七二〇(養老四)年に編纂されたものである。これらの内容がそのまま現在まで伝えられているのは、ほんとうに有難いことである。この時代に神話が記録されたのは、当時、日本は外国との接触によって、統一国家として自らを他に示すと共に、それの中心としての天皇家の存在を基礎づける必要に迫られていた、ということが考えられる。もちろん、いずれも当時は「歴史」として編纂されたものであるが、われわれが現在それを見るとき、「神代」のこととして語られることは、神々の物語、つまり神話として見るほうが適切であると思われる。

日本神話はかつて軍閥によって都合のいいように解釈され、国民に押しつけられたという不幸な歴史をもっている。私も子ども時代にその体験をしたため、日本神話に対する嫌悪感は相当に強かった。それが、アメリカ、スイスに留学し、ユング派の分析家になるためにひたすら自分の内界への旅を続けていたときに、日本神話に出会うことになり、非常に驚いた。結局は日本神話を取りあげ、分析家になるための資格論文を書いた。

一九六五年にスイスより帰国した頃は、日本では日本神話の研究はあまり盛んではなく、関心をもつ人も少なかったが、そのうちに、吉田敦彦、大林太良の両氏を中心に、だんだんと日本神話の研究も盛んになったのは嬉しいことであった。本書でもそれらの研究成果を使わせていただくことになる。

神話を研究すると言っても、それはいろいろな角度からすることができる。宗教学、民族学、文学、文化人類学、歴史学などとそれぞれの立場から研究ができるであろう。神話の伝播の経路を推察できるし、神話の類似性から、何らかの文化圏の存在を仮定することもできる。あるいは、神話そのものの成立の過程を類推することもあろう。これらに対して筆者の立場は相当に異なっていて、深層心理学の立場によっている。つまり、それは既に述べてきたように、人間にとっていかに神話が必要であり、それが人間の心に極めて深くかかわっているか、という観点に立って、神話のなかに心の深層のあり方を探ると共に、神話からわれわれが実際に生きてゆく上でのヒントを得ようとするものである。それに、今回のように日本神話を対象とする場合は、そこから日本人の心のあり方について考える、ということが重要な焦点となるものである。

ここでひとつ断っておかねばならないのは、深層心理学の立場によると言っても、筆者の属しているユング派の考えを日本神話に適用して結果を引き出すものではない、ということである。深層心理学においては、研究しようとする対象を、客観化するのではなく、その対象のなかに入りこんで生きてゆく態度のなかで、自らの心の深層の体験と照合しつつ研究を深めるのである。したがって、何らかの知識体系に現象を当てはめて解釈するのではなく、現象のなかに自らも生きることによって何かを見出そうとする。このような危険な仕事をするときに徒手空拳では何とも仕様がないし、自らを見失ってしまうので、一応はそれまでに獲得した知識体系——筆者の場合はユング心理学——を頼りにするものの、それに固執していては、現象の意味ある把握はできないであろう。

「日本神話を読む」という場合、筆者にとっては、ひたすらそれを読むということになる。そのときに結局のところ頼りにするのは、ユング派の分析家としてさまざまな人にお会いしてきた体験である。日本人の心の深層にかかわる仕事を続けてくることによってできあがってきた「私」という人間が、日本神話の世界にひたりきることによって得たことを、本書に述べることになる。それは、従来からある「研究」とは異なるものではあるが、このような研究もあっていいのではないかと思っている。その評価は、読者個々人が自分の生き方との照合の上で、主観的に下される判断にゆだねることになろう。

評価がどうのということよりも、読者の方々が、それぞれ個人としての神話を見出してゆかれる上で本書が何らかの意味で役に立てるかどうかという点が、大切なことだと思う。青年期に一度は全面的に拒否した自分の国の神話を、長い年月をかけて読みかえし読みかえししているうちに、これから示すような「読み」が私の心のなかに定着してきたのである。繰り返し述べているように、日本神話イコール自分の神話とはならない時代ではあるが、筆者の「読み」と読者のそれぞれの「読み」が交錯し、火花の散るところから、また個々人の神話が生まれてくることを期待している。

(1) 以下、本書において『古事記』『日本書紀』の引用は、岩波文庫版『古事記』(倉野憲司校注、一九六三年)、『日本書紀』(全五冊、坂本太郎・家永三郎・井上光貞・大野晋校注、一九九四—九五年)に基づく。旧字体は新字体に改め、仮名遣いは旧仮名遣いのままとする。『古事記』と『日本書紀』の間で神名の訓みかたなどに相違があるが、引用文では原文のままとし、それ以外は、原則的に『古事記』に基づいて表記する。

(2) 大林太良・吉田敦彦『世界の神話をどう読むか』青土社、一九九八年、のなかで吉田敦彦が、その師デュメジルの言葉として語っている。

(3) C・G・ユング著、A・ヤッフェ編、河合隼雄・藤縄昭・出井淑子訳『ユング自伝——思い出・夢・思想』1・2、みすず書房、一九七二—七三年。

(4) 中村雄二郎『哲学の現在』岩波新書、一九七七年。

(5) ジョーゼフ・キャンベル/ビル・モイヤーズ著、飛田茂雄訳『神話の力』早川書房、一九九二年。

第一章　世界のはじまり

この世に生を享けた人間が、毎日の生活のなかで、ふと立ち止まって、「私はなぜここにいるのだろう」とか、「私がここにいる世界というものが、いつどうしてできたのだろう」などと考えこむ。このことは、相当な古代から起こったのに相違ない。人間は「なぜ」とか「どうして」と考える存在なのである。神話は、そのような疑問に対する答として生じてくる。その答が人々を納得させ、安心感を与えてくれる。

世界中のほとんどの神話は、「世界のはじまり」についての物語をもっている。それは前述したような、人間が素朴にもつ疑問に答えるものとして、当然のことと言えるだろう。しかし、考えてみると、「はじまり」の話は実に難しい。ここが「はじまり」だと語ったとしても、「それでは、その前はどうだったの？」と訊かれるとどうすればいいのだろう。理屈で考える限り確かにそうである。ある時点よりことがはじまったと言うのなら、「その前は？」と疑問に思うのは当然と言えるだろう。したがって、神話が「世界のはじまり」について語るとき、その物語が、それがまさに「はじまり」であって、その前のことなど考えられないことを、理屈抜きで納得させる力をもっていなくてはならない。

現代人にはそれはできないだろう。しかし、その神話が生きていた時代、および、その民族にとっては、納得のいくものであったに違いない。いずれの民族の神話を読むにしろ、われわれはそのことを忘れてはならない。

古代の日本人にとって、世界のはじまりはどのように語られていたのか、それについて見てみよう。

一　天地のはじめ

わが国の神話は、『古事記』および『日本書紀』によって現在に伝えられている。『古事記』は、七一二年の成立、『日本書紀』は、七二〇年の成立である。僅か八年の差で、二冊の異なる書物ができたのであるが、なぜこのようなことになったのか、両者の関係はどうなのか、となると、専門家の間にも諸説があって一定しない。専門外の人間として、筆者はこのような論議に加わる気はない。ただ、素朴に、日本神話を語る二つの資料として、受けとめておきたい。

専門的な諸説はいろいろあるとしても、この時代に、日本人の国家意識が以前より高まり、諸外国に対して、日本というひとつの国があること、およびその根本を示さねばという意図、およびその国家の中心としての天皇家の地位を明確にするという意図があった、という点は、だいたいの一致が認められる。したがって、「神話」について考えるにしても、そのような点については配慮すべきであると考えられる。また、前述のような意図が『古事記』よりは『日本書紀』の方に強く認められる、という点も忘れてはならないであろう。

以上の点は深く議論をすれば果てしないものとさえなるだろうが、それはきりあげることにして、まず、『古事記』には世界のはじまりがどのように記載されているかを見ることにしよう。

天地《あめつち》初めて発《ひら》けし時、高天《たかま》の原に成れる神の名は、天之《あめの》御中主《みなかぬしの》神。次に高御《たかみ》産《む》巣《す》日《ひの》神。次に神《かみ》産《む》巣《す》日《ひの》神。この三柱《みはしら》の神は、みな独神《ひとりがみ》と成りまして、身《み》を隠《かく》したまひき。
次に国稚《くにわか》く浮きし脂《あぶら》の如《ごと》くして、海月《くらげ》なす漂へる時《とき》、葦牙《あしかび》の如く萌《も》え騰《あが》る物によりて成れる神の名は、宇摩《うま》志阿斯訶備比古遅《しあしかびひこぢの》神。次に天之常立《あめのとこたちの》神。この二柱《ふたはしら》の神もまた、独神と成りまして、身を隠したまひき。

上《かみ》の件《くだり》の五柱《いつはしら》の神は、別天《ことあま》つ神。

天地がはじめて発《ひら》けた時、という言葉からはじまるように、この世界がどうしてできたのかを論じることなく、そこに出現した三柱の神の名前を記すことからはじまっている。しかも、それは「高天《たかま》の原」においてのことであって、ここではその「地名」が何を意味するか不明である。その上、この神々の特性として、「みな独神《ひとりがみ》と成りまして、身を隠したまひき」というのだから、全体として、ますます不明確ということになろう。

これらについては、後に詳しく論じるとして、『日本書紀』の方を見てみよう。その冒頭の部分を引用してみよう。

古《いにしへ》に天地《あめつち》未《いま》だ剖《わか》れず、陰陽《めを》分《わか》れざりしとき、渾沌《まろか》れたること鶏子《とりのこ》の如《ごと》くして、溟涬《ほのか》にして牙《きざし》を含《ふふ》めり。其《そ》れ清陽《すみあきらか》なるものは、薄靡《たなび》きて天《あめ》と為《な》り、重濁《おもくにご》れるものは、淹滞《つつ》ゐて地《つち》と為《な》るに及《およ》びて、精妙《くはしくたへ》なるが合《あ》へるは摶《むらが》り易《やす》く、重濁《おもくにご》れるが凝《こ》りたるは竭《かたま》り難《がた》し。故《かれ》、天先《ま》づ成《な》りて地後《のち》に定《さだま》る。然《しかう》して後に、神聖《かみ》、其の中《なか》に生《あ》れます。故曰《かれい》はく、開闢《あめつちひら》くる初《はじめ》に、洲壌《くにつち》の浮《うか》れ漂《ただよ》へること、譬《たと》へば遊魚《あそぶいを》の水上《みづのうへ》に浮《う》けるが猶《ごと》し。時《とき》に、天地の中に一物《ひとつのもの》生《な》れり。状《かたち》葦牙《あしかび》の如し。便《すなは》ち神《かみ》と化為《な》る。国常立尊《くにのとこたちのみこと》と号《まう》す。次《つぎ》に国狭槌尊《くにのさつちのみこと》。次に豊斟渟《とよくむぬの》尊《みこと》。凡《すべ》て三《みはしら》の神ます。乾道独化《あめのみちひとりな》す。所以《このゆゑ》に、此《こ》の純男《をとこのかぎり》を成せり。

冒頭に、天地や陰陽が分離しない状態や、混沌とした様子などが描写されているが、よく読んでゆくと、この文の最後、「神聖《かみ》、其の中に生《あ》れます」までは、天地のはじまりの一般論を述べているのだ。そして、次の「故《かれ》曰《い》はく」、つまり「したがって……」というところからが日本の神話の語りなのである。これは、神話の記述のはじめとしては、極めて珍しいものではなかろうか。筆者は世界中の実に多くの神話を読んだが、このような記述の仕方にお目にかかったことはない。

これも、『日本書紀』の成立の経緯から考えると理解できないことではない。既に述べたように、当時の日本は、中国や朝鮮と国交があり、日本を天皇家を中心とした独立国家であることを示す必要があり、『日本書紀』の編纂もそのような意図の表われである。したがって、日本の国の成立について、その根源から説きすすめる必要があり、世界のはじまりの記述となるのだが、興味深いことに、最初から日本のこととして語るのではなく、一般論とも思えるものを記し、「したがって」ということで日本のことを語るのである。ここに一般論と指摘した部分は、冒頭の部分であるが、これは中国の『三五歴紀《さんごれきき》』や『淮南子《えなんじ》』などに述べられていることから借りてきたものである点は、つとに先学によって明らかにされている。

このことは、日本がやはり先達としての中国を大いに意識していたことを示す事実ではある。しかし、一国の神話を語る際に、他国のを借りて一般論を述べ、それによって自分たちの話を強化しようとするのは、珍しい発想と言っていいだろう。そして、このようなパターンは、実のところ、現代における日本人にまで継承されているとさえ思われるのである。

次に、『日本書紀』において極めて特徴的なことは、先に引用した文に続いて、「一書《あるふみ》に曰《い》はく(一書曰)」として、いろいろな類話が記録されていることである。ここでは、実に六話も類話が記録されており、そのなかには、第四話のなかで、「又曰はく」として、『古事記』に述べられている三神が高天原に生まれた神として記録されている。

これらの「一書に曰はく」の内容については、次節において触れるとして、まずここで強調したいことは、国あるいは天皇家の正統性を保証するという意図をもって書物を編纂しながら、いろいろな物語のなかの「正統」なものを決定し、それを記してゆくという態度をもたず、むしろ、いろいろな類話を併記したという事実である。これも不思議と言えば不思議な態度である。普通であれば、どれかを「正統」として認知し、その他のものは無視したり、時に排除したり抹殺したりするのではなかろうか。

『日本書紀』がいろいろな類話を記録してくれているので、後代の研究者としては興味深いのであるが、そもそもの成立の意図から考えると、これは特異なことと言っていいだろう。おそらく、ヨーロッパにおいて考えられる「正統」という概念がなかったのであろう。あるいは、厳しい正統性を主張することによって基盤を固める、という考えがなかったと思われる。ある程度の逸脱を許容しつつ、全体としては安定している、という線を尊重したのであろう。この点についても、現代の日本人の心性に認められる傾向と言えるのではなかろうか。

二　生成と創造

日本神話の冒頭の部分を示すだけで、その特徴が既に明らかにされたのであるが、もっと広い視野に立って、世界中の神話と比較すると、日本神話の特徴はどうなるであろうか。

世界のはじまりについて語るとき、この世界が「神」によって創造されたとするか、自然にこのような世界が生成されたとするか、によって明確な差が認められる。偉大なる女神が生み出すというのもあるが、これはどちらかと言うと後者に属するだろう。

日本神話は自然生成型に属するが、これと明確に対立するのは、神による創造の物語であろう。旧約聖書の物語を「神話」と呼ぶのには、クリスチャンとして抵抗を感じる人もあろうが、ここではその問題は抜きにして、ともかく世界のはじまりの話として、比較のために取りあげることにする。旧約聖書から引用する。

はじめに神は天と地とを創造された。地は形なく、むなしく、やみが淵のおもてにあり、神の霊が水のおもてをおおっていた。

神は「光あれ」と言われた。すると光があった。神はその光を見て、良しとされた。神はその光とやみとを分けられた。神は光を昼と名づけ、やみを夜と名づけられた。夕となり、また朝となった。第一日である。

これはセム族一神教と呼ばれる、ユダヤ教、キリスト教、イスラームの人たちに共有されている、世界のはじまりの物語である。これは自然生成型とは異なり、はっきりと、創るものと、創られるものとを区別し、すべてを創り出す主体としての神の存在が大前提として示される。これは実に根本的な差であり、文化差の根源である。

近代ヨーロッパに起こった文明は、極めて強力になり、その出先であるアメリカ合衆国と共に、欧米の文化は全世界を席捲した、と言っても過言ではないだろう。現在、G7、あるいはロシアも入れてG8と言うとき、日本を除くすべてはキリスト教文化圏に属しており、日本は極めて特異な位置を占めている。そして、この世界がどのようにしてできたのか、というとき、他の七国は共通の物語をもつのに対して、日本のみ相当に異なる物語をもつという事実は、しっかり認識しておいた方がよいと思われる。彼らとつき合う上において、神による創造ということを日本人がどれほど理解できるか、あるいは逆に、自然生成によって世界が生じるということを、どれほど彼らに納得させることができるか、ということは相当重要なことである。

今更、何を馬鹿げたことを言うか、と思う人もあろう。しかし、ここに述べた差は、現代においてもいろいろと姿を変えて現われているのである。神と被造物とを明確に区別すること、そしてこれは後に聖書に語られることであるが、人と他の被造物とを区別すること、このことを世界観の基礎に置くのか、人も他のすべての存在も同列に発生したという世界観によるのか、によって多くの差が生じてくるのである。ただ、われわれはそのような差を意識するのみではなく、互いに理解し合うことについても考えねばならない。そのためには、両者の差についてよく知ることが必要である。

『日本書紀』の最初の部分は、中国の『三五歴紀』と『淮南子』から借りてきたもの、と述べたが、ともかく日本も中国も共に、創造主による世界の創造という考えがないことは明らかである。

『日本書紀』によると、水の上に浮かんでいる魚のように浮かれ漂っている状態、『古事記』によると、くらげのように漂っている状態、が天地のはじまりのこととして述べられ、そこに神々が自然に生まれてくるが、その名前は後に述べるように、だんだんと固まった状態へとそれが移行していくことを示唆している(もっとも、『古事記』には最初に三神の名が告げられるが、これについては次節に論じる)。「一書に曰はく」として述べられているることも、さほど根本的な差はない。

何か茫洋とした存在があって、そこに形あるもの、あるいは、はっきりと名づけられるものが生じてくる、というパターンは世界の多くの神話に認められる。

たとえば、古代エジプトの神話においては、ヌンと呼ばれる原初の海によって宇宙は隔てられていた、と考えられていた。あるいは、古代ギリシャの詩人、ヘシオドスの叙事詩『神統記』には、世界のはじめにカオスが生じ、次に大地の女神ガイアが生まれたと語られている。つまり、最初は、カオス(混沌)なのである。

旧約聖書では、神が光とやみを分けたことが語られているが、ともかくカオスのなかに何らかの区別を立てることは、世界のはじまりにおいて大切なことである。そのためもあってか、「天と地の分離」ということが、重要なこととして語られるタイプもある。これの例としては、ニュージーランドのマオリ族の美しい神話があげられることが多い。詳細は他に譲って要約のみを書くと、天の神ランギと、大地の女神パパとは、夫婦としてくっつき合っていた。彼らの間には多くの子どもが生まれたが、直立することができない。そこで相談して彼らの父母を分離することにし、皆でランギを押しあげ、パパと分離することにした。失敗したりしたがとうとうランギを空中高く押しあげ、天と地の分離に成功した。ランギとパパは共に悲しみ、ランギは涙の雨を降らし、パパは天に向かって悲しみの霧を昇らせるようになった。

日本神話においては、天地の分離は明確には語られていない。しかし、このテーマは変形した形で後に語られるので、天地分離のことは心に留めておきたい。

天地創造神話の他の型として、中国の盤古《ばんこ》神話は是非述べておかねばならない。これも後になって、日本神話との関連を考えさせられるからである。この話もごく簡単に示す。宇宙のはじめは、まったく混沌とした状態であったが、そこから盤古という巨人が生まれる。それから一万八千年も経つと、混沌のなかの明るくて澄んだものが上へ昇って天ができ、暗くて濁ったものが下って地となり、天地の区別が生じる。盤古はその間にあってどんどん大きくなり、天と地の分離が完了する。その後に盤古は死に、死体から世界のいろいろなものが発生する。息は風や雲になり、声は雷になった。その左の眼は太陽に、右の眼は月と化した。手足と体軀は高い山となり、流れた血は河川に、肉は土になり、髪や髭はたくさんの星となった。体毛は草木に、歯や骨は鉱物や岩石となり、流れた汗は雨になった。このようにして世界のいろいろなものができたのである。

盤古神話のように、世界を大きい巨人と見るのは、インドのプルシャ神話、北欧のユミル神話などだが、それは省略する。盤古神話の冒頭のところが、『日本書紀』の最初に、いわば一般論として用いられた部分であることがわかるが、盤古神話をそのまま日本に輸入して日本の神話としなかったこともわかるであろう。ただ盤古の両眼が太陽と月となるところは、後に語る日本神話の日月の誕生と類似していることに気づかされる。

創造神話について、是非言及しておかねばならないのは、ケルトの神話である。ケルトはキリスト教以前に、全ヨーロッパに広がっていた文化である。キリスト教によって、まったく絶滅されたと言ってもいいほどであるが、アイルランドなどにはある程度残っていて、最近にわかに注目されつつある。筆者もケルトには興味をもって、二〇〇一年に一か月ほどアイルランドを訪問し、神話や昔話などについても知ることができた。なかには日本のものに類似のものもあり実に興味深かったが、そのときに印象に残ったことのひとつとして、ケルトには厳密な意味で創造神話がない、ということがある。

神話と歴史が連続的に語られるのは日本の場合と同様だが、たとえば、アイルランドの国造りの神話を見ると、まず、アイルランドの土地にケルトの先祖となる人たちが侵入してきたところから話がはじまる。ここから神話が多彩に展開されるが、それでは、そのアイルランドの土地はどうしてできたのか、という点に関しては、まったく不問に付されている。

これも考えてみるとひとつの解決策ではなかろうか。この国へわれわれの先祖はどこからともなく、海を渡ってやってきた、というわけで、この国の存在や、海の彼方にあるどこかの国の存在は、自明のこととするわけである。これは、やはりアイルランドが島国だという事実も大きいのではないか。海に囲まれて国は存在しており、「海の彼方」ということは、大切なこととしてイメージできる。それで十分であり、それより以前を探ることなど不必要である。これは日本の神話と対比すると、天孫降臨のところから神話がはじまるようなもので、「世界のはじまり」と言っても、いろいろな考えがあるものだと感心させられる。

三　最初のトライアッド

世界のはじまりについて述べる日本の神話を世界の他の神話と比較検討してきた。ここで『古事記』の最初の記述に注目すると、そこに三柱の神の名が何の断りもなくあげられている。つまり、アメノミナカヌシ、タカミムスヒ、カミムスヒ、の三神が独神として成り、身を隠していた、と言う。

このように、神話の冒頭に三神の神の名前をつらねる、というのも珍しいと思われる。言うなれば、この国のできあがってくる土台をこの三神によって支えている、という考え方を示している。聖書に語られる唯一の神は、まさに創造神である。世界のすべてがその神によってつくられる。それに比して、この三神は、話の最初にあげられるのだから、重要なのはわかるが、別に「つくり出す」神ではない。それでは、何のために存在しているのだろうか。そして、それはどうして三神一組、つまりトライアッドでなければならないのだろうか。

神話の最初に三神の名が列挙されるのは珍しいが、トライアッドという組合せは、世界の神話においてもよく登場する考えである。一、二、三、という数について考えてみるとき、一はまさにはじまりであり、唯一である。それが二となると、分離、対立、協調、均衡などの様相が生じてくる。事実、「二人の創造者」というのも、神話によく生じるテーマである。それが、三になると、二の様相に相当なダイナミズムが加わってくる。「三頭政治」は世界の歴史のなかで、ときに出現している。人間は二項対立的にものごとを考え、処してゆくのを好むが、そこに第三の要素を入れこむことによって、二項対立的な構造にダイナミズムを与えるのである。そのような意味のみならず、二つの対立的分類よりは三つの分類の方が、全体をより立体的に構成できるという考え方もある。二次元よりは三次元的に考える方が、より豊かなイメージをもつことができる、というわけである。

あるいは、鼎《かなえ》のように、ものは三本の支柱によって支えて立たせることはできるが、二本の支柱によっては不可能である。ということは、三という数のある種の安定性、つまり、二のもつ安定性よりは高次のそれを感じさせるのである。このことは、トライアッドが出現する理由のひとつでもある。

トライアッドについて論じる前に、「二人の創造者」のテーマに関して一言述べておきたい。これは、トライアッドを考える上において、また日本神話について今後語られること——たとえば、オオクニヌシとスクナビコナのこと——にも関連してくるからである。

世界の創造神話について、ユング心理学の立場から解明を行なったフォン・フランツは、「二人の創造者」について一章をさいて取りあげている(1)。

フォン・フランツは多くの「二人の創造者」の例を、主としてアフリカおよびアメリカ先住民の神話から取りあげて紹介している。彼女によると、「善と悪の対立が非常に激しいのは、二人の創造主のモチーフにはあまり見られない」。むしろ、二人の間の対立はそれほど明確ではなく、「一人は少し明るくて、もう一方は少し暗いとか、一方がやや男性的で、他方がやや女性的とか、片方がどちらかといえば器用で、もう一方は無器用、ぼんやり、動物的だとかいった具合になる」と言う。二人の間に強い倫理的な対立はないのである。

フォン・フランツのあげている「中央カリフォルニア北部アコマヴィ族」の興味深い神話をごく簡単に紹介する。世界のはじめ、晴れた空に突然雲が生じ、凝縮してコヨーテになる。次に霧から銀ギツネが生じ、二匹は船をつくって、水上に漂う船のなかに住む。長い年月のうちに彼らも退屈してくる。銀ギツネのすすめでコヨーテが眠っている間に、銀ギツネは自分の毛から陸をつくり、木や石や岩を加える。船がこの新しい世界に到着したときに、銀ギツネはコヨーテを起こし、二人は上陸して、そこに住むことになる。

この二人の創造者の特徴は、一方が仕事をしている間、片方はただ眠っていることである。この点について、フォン・フランツは、コヨーテは銀ギツネの仲間として、「ただ眠っていることによって寄与しているのです」と語っている。これは実に興味深いコメントである。この意味をもう少しわかりやすく示すような例を、フォン・フランツは他の章に語っている。アメリカ先住民のジョシュアの神話である。

二人の創造主がいて、一人はコラワシと呼ばれ、もう一人は名前が定かではない。コラワシは動物や人間をつくりはじめるが二回失敗をする。彼の相棒は何もせずに煙草を吸っているが、その間に一軒の家が出現し、そこから美女が出てくる。相棒はこの女性と結婚し、十六人の子どもをもうけ、彼らからアメリカ先住民のすべての種族ができたとのこと。

これについて、フォン・フランツは、積極的に行動する方は二回の創造の失敗をするが、「名称不明の相棒が、積極的な創造ではなく、煙草をすうことによって、人間が存在しうる状態を間接的に生みだします」とコメントしている。これらの神話は創造行為における「無為」の重要性を強調しているものと考えられる。実際に創造的な仕事をするとき、積極的にいろいろなことを試みるよりは、何もせずにいる状態の方がよい結果を得ることは、経験的にもよく知られていることである。しかし、これらの神話において、「二人の創造者」の話が語られているのは、積極的な行為者と無為の者との間に、微妙な協調関係が必要なことを物語っている、とも考えられる。

一、二、と進んで、次にトライアッドの場合を考えてみよう。ユングは、神々のトライアッドという組合せは、宗教史上におけるひとつの元型であると述べている。彼はキリスト教における三位一体の教義について論じた論文において、キリスト教以前に生じたトライアッドの神々の組合せが、類似の考えを示唆するものとして紹介している。[2] エジプト、ギリシャなどのトライアッドについても論じているが、それらはここでは省略して、ユングの述べているバビロニアの場合のみをごく簡略に示す。

バビロニアにおいては、まず、アヌ(Anu)、ベル(Bel)、エア(Ea)のトライアッドが存在した。「知識を人格化したエアは、実践的活動を人格化したベル(『主』)の父である」。これに続いて、シン(Sin)、シャマシュ(Shamash)、アダド(Adad)の三つ組が登場する。アダドは最高者アヌの息子である。ここで興味深いのは、シンは月、シャマシュは太陽、アダドは嵐の神であるという組合せにある。これは、後に取りあげる日本神話の重要なトライアッド、ツクヨミ、アマテラス、スサノヲのことを考えると、スサノヲは嵐の神という考え方もあるので、その場合は、月、日、嵐の神という組合せは、バビロニアと日本の一致を示していることになる。

キリスト教の教義の三位一体は、文字どおり「一体」であり、トライアッドとは異なるが、ユングの研究にも示されているように、トライアッドと関連が深く、唯一の神の三つの側面を表わしているとも考えられる。ここで、父と子と聖霊という三位という組合せは、今後、日本のトライアッドを考えてゆく上で、いろいろと示唆するところがあるであろう。

さて、『古事記』の最初のトライアッドであるが、アメノミナカヌシが最初にあげられ、その名前から見ても、天の中心というのだから、極めて重要であると考えられるのも当然と言えるだろう。しかしながら、不思議なことに、このアメノミナカヌシは『古事記』のみならず、日本神話のいずこにおいても語られないのである。後述するように、タカミムスヒ、カミムスヒの二神については、日本神話のなかでそのはたらきが語られるのだが、アメノミナカヌシについては何らの記述も存在しない。

アメノミナカヌシのこのような不可解さに対して、たとえば江戸時代の国学者などは、アメノミナカヌシの霊能があまりに超絶的なので尊崇の対象とならなかったと考え、その尊さを口を極めて称えている。これに対して、松村武雄は「これ等の学者は、自ら意識しないで、「地位」と「霊能」とをすり換へてゐる」と批判している。(3)つまり、最初の神という地位に幻惑され、神話自体には何ら語られるところのない霊能を勝手につくりあげてしまっている、というのである。そして、松村自身は「この神があらゆる霊格に先位してゐるのは、「神話する者」の思惟——しかも比較的後代の思惟のいたすところであつて、言はば後で作られた霊格が、先に生まれてゐた諸霊格(諸冉二尊その他)の最上位に人為的に据ゑられたものに他ならぬ」と結論している。つまり、アメノミナカヌシは後代における「上への拡充」として、「神話する者」に作られた神であると言うのである。

先にケルトの神話について述べたとき、彼らは「天地創造」の神話をもたないことを示した。このような点から考えて、日本神話も最初は「天地創造」の神話をもたなかったのだが、時代と共に「上への拡充」が生じて、現在われわれの知る形になったのかもしれない。そうすると、アメノミナカヌシなどが、誰によってつくられたのか、いつ頃か、などが問題になってくる。アメノミナカヌシは中国の道教思想の影響を受けたものだとする説も、学界では有力であるらしい。しかし、筆者としては神話の起源や系統論にはあまりこだわらず、全体としての構造や、そこから伝わってくるものの方に注目して、読みといてゆこうと思っている。

そこで、つぎにアメノミナカヌシについで出現した、タカミムスヒ、カミムスヒについて考えてみよう。タカミムスヒはタカギノカミ(高木神)とも呼ばれ、『古事記』のなかに重要な役割をもって登場する。端的に言えば、タカミムスヒは、高天原に君臨するアマテラスの後見人の役割をもっているとさえ言えるだろう。後に、アマテラスの孫がいわゆる「天孫降臨《てんそんこうりん》」を行うとき、いろいろと決定的なときに、アマテラスがタカギノカミの「命《みこと》もちて」何かをする、という文がよく目につく。つまり、アマテラスはタカギノカミに頼って、事を行なっているのである。

タカミムスヒの息子が「オモヒカネ」であるということは、タカミムスヒの思惟が神々にとってどれほど大切かということを示しているとも考えられる。重大な決定を下すときオモヒカネ、つまりタカミムスヒの考えが必要とされる。たとえば、アマテラスが天の岩戸にこもったときには、オモヒカネの考え出した方法によって神々はアマテラスを迎え出そうとする。あるいは、アマテラスが自分の息子オシホミミを「水穂国《みづほのくに》」に送り出そうとしたとき、オシホミミは天《あめ》の浮橋《うきはし》より下を見て、「いたく騒《さや》ぎてありなり」というので還ってきてしまったが、そのときに、タカミムスヒが必ず登場して、解決のために力をつくすのである。

タカミムスヒの力を端的に示すエピソードを次に紹介しておく。アマテラスの意志で、葦原中国《あしはらのなかつくに》は自分の子の治める国だと言うので、アメノホヒを遣わすが、彼はオオクニヌシに「媚《こ》び附きて、三年《みとせ》に至るまで」帰って来ない。そこで、またタカミムスヒらが相談して、アメノワカヒコを遣わすが、オオクニヌシの娘、シタテルヒメと結婚して八年経っても帰って来ない。そこで、つぎは鳴女《なきめ》という名の雉を遣わす。鳴女が来たのを知り、アメノワカヒコは雉を射殺してしまう。その矢が高天原の天《あめ》の安《やす》の河《かわ》の河原にいるアマテラス、タカミムスヒのところまで届いてくる。タカミムスヒはこれを見て、この矢はアメノワカヒコに賜った矢である、と神々にそれを見せ、「もし、アメノワカヒコが命令に従って、悪い神を射た矢ならば、アメノワカヒコにはあたらず、もし、邪心があるのなら、あたれ」と言って、矢を投げ返すと、それはアメノワカヒコに命中し、彼は死んでしまう。

これは、タカミムスヒの威力、および、その言葉のもつ力を端的に示している話である。ここに「言葉の力」の強さを強調する話があるのは非常に興味深く、旧約聖書のなかで神の「光あれ」という言葉が、そのまま結果を生み出すところを思わせるものがある。

このようなタカミムスヒに対して、カミムスヒはどうであろうか。タカミムスヒが高天原にあって、アマテラスと強く結びついているのに対して、カミムスヒは、スサノヲ―オオクニヌシ(大国主)の出雲の神話によく登場する。オオクニヌシが兄弟の八十神《やそ》たちの奸計によって、赤猪とだまして焼いた大石を抱きとめて、焼き殺されたとき、それを救うのがカミムスヒである。カミムスヒは、キサガヒヒメ、ウムギヒメというどちらも貝の名をもつ女神を連れてゆき、彼女たちの「母《おも》の乳汁《ちしる》」を塗って、オオクニヌシを蘇生させる。そして、何よりも、オオクニヌシの国造りを助けるスクナビコナは、カミムスヒの子なのである。

カミムスヒについては『出雲国風土記』などにも語られるが、それは省略するとして、これらのことを勘案して、タカミムスヒとカミムスヒとには明らかに差が認められ、前者は、天、父性的な機能に関連づけられるのに対して、後者は、地、母性的な機能に関連づけられることがわかる。ここで興味深いのは、父性的なタカミムスヒがアマテラスという女性との関係が深く、これに対して、カミムスヒという母性的な神が、スサノヲ―オオクニヌシという男性神と関係が深いという事実である。後にもたびたび論じることになるが、日本神話におけるバランスのはたらきのひとつである。

このような両者の間に無為のアメノミナカヌシが存在してトライアッドを構成している。これはまさに日本神話の全体構造の基礎をなすものということができる。ここにおける「無為」の意味は、既に「二人の創造者」の一人が無為である例をあげて指摘しておいたとおりである。アメノミナカヌシという無為の中心が、すべての創造の源泉と考えるのである。

アフリカ、およびアメリカ先住民の神話にも示されるとおり、日本も含めて、自然と共存して生きる人々は、無為——自然にまかせること——の意義をよく知っていたのであろう。老荘の思想は、それを思想として言語化したものである。したがって、アメノミナカヌシは老荘の影響によってつくられた神というより、日本の古来からあった世界観、宗教観の体現されたものと見ることができるであろう。もちろん、考え方としては老荘に通じるものなのである。

四　神々の連鎖

『古事記』の冒頭に述べられたトライアッドについて考察したが、この三神に続いて、二柱の神が独神《ひとりがみ》として成り、身を隠していたことは、既に引用したとおりである。

これに続いて現われる神々の名を次に列挙する。はじめの二柱の神は独神であるが、その次からは二柱が対をなしている。

国之常立神《くにのとこたちのかみ》

豊雲野神《とよくもののかみ》
宇比地邇神《うひぢにのかみ》　妹須比智邇神《いもすひぢにのかみ》
角杙神《つのぐひのかみ》　妹活杙神《いもいくぐひのかみ》
意富斗能地神《おほとのぢのかみ》　妹大斗乃辨神《いもおほとのべのかみ》
於母陀流神《おもだるのかみ》　妹阿夜訶志古泥神《いもあやかしこねのかみ》
伊邪那岐神《いざなきのかみ》　妹伊邪那美神《いもいざなみのかみ》

これに相応する『日本書紀』の方を見ると、神々の名は微妙に異なるが、独神に続いて一対の神になり、それが続く点は同様である。既に『日本書紀』の冒頭は引用したが、こちらは最初が国常立尊《くにのとこたちのみこと》であり、独神が三代続き、次に四組の男女の神が続き、最後がイザナキ、イザナミである点は『古事記』と同じ(漢字表記は異なる)である。これを、神代七代と称している。『古事記』では、はじめに、五柱の「別天《ことあま》つ神《かみ》」があり、それに続く国之常立神より後に神世七代が続くのである。

これらの神々の名前、および記紀の異同について細かく論じることも可能であろうが、ここではそれは省略し、国造りの主神とも言える、イザナキ、イザナミの出現以前に、このような神々の名が連鎖的に告げられる、という事実に注目してみたい。記紀いずれにしろ、たとえば、イザナキ、イザナミを「最初の」夫婦神として物語を語ってもいいように思われるのに、独神と対となる神々の名を語り、これらの神はその後に記紀のなかで一度も触れられないのだから、そもそも神世七代の神々の意味は何なのか、と疑問が湧いてくるのである。

これに対する見事な解答を、既に引用したフォン・フランツの『世界創造の神話』に見出すことができる。彼女はまず、創造神話には「世代の長い連鎖」が語られることがあるのを指摘し、例として次のようなサモアの宇宙創成説をあげている。

タンガロアの神は遠い宇宙に住んでいました。彼はすべてのものを創造しました。彼はひとりきりで、天も地もありませんでした。彼はひとりきりで、宇宙をさまよいました。海も大地もありませんでしたが、彼が立っている所に一つの岩タンガロア゠ファーツップ゠ヌーがありました。すべてのものがこの岩から創造されますが、すべてのものはまだ創造されていませんでした。天はまだ創造されていませんでしたが、その岩は神の立っている所で大きくなりました。

それからタンガロアが、裂けよと岩に命じました。出てきたのはパパ゠タオ゠トとパパ゠ソソ゠ロ、それからパパ゠ラウ゠ア゠アウ、それからパパ゠アノ゠アノ、それからパパ゠エレ、それからパパ゠ツ、それからパパ゠アムと彼らの子どもたちでした。

タンガロアはそこに立って、西の方を向き、岩に話しかけました。そして右手で岩を叩くと、それはまた裂けて、地上のあらゆる部族の両親と海が出てきました。そして海がパパ゠ソソ゠ロをおおい、パパ゠タオ゠トがパパ゠ソソ゠ロに言いました。祝福されし者よ、海はおまえのものだ。

それからタンガロアが右側を向くと、水が出てきました。タンガロアが岩に話しかけると、ツイ゠テー゠ランギが出てきました。そしてそれからイルが出てきましたが、その意味は無限で、宇宙を意味するママオも同時に女性の形で出てきました。それからニウ゠アオが出てきました。それからタンガロアは岩にまた話しかけ、ルアオという少年が出てきました。タンガロアがまた岩に話しかけると、ルア゠ヴァイという少女が出てきました。タンガロアは二人をサー＝ツア＝ランギの島に置きました。そしてまたタンガロアが話すと、オア＝ヴァリという少年が生まれ、それからンガオ＝ンガオ＝レ＝ティという少女が生まれました。それから男が出てきて、それから霊アンガ＝ンガ、それから心ロト、それから意志フィンガロ、そして最後に思考マサロが出てきました。

これがタンガロアの創造神話であるが、まさに神々の名の連鎖である。フォン・フランツによると、このような名前の連鎖は、ポリネシアやニュージーランドの多くの宇宙創造神話に出てくるという。これらの神話の特徴は、神々の連鎖のなかで、だんだんと神々の姿が明確になってゆき、それが人間へとつながってくることである。日本の神話は人間に至る間がまだ相当にあるわけだが、神と人との共存の時期を経て、人間の世界へとつながってゆく。

ここで興味深いことに、フォン・フランツは、これらの神話について、「いまだに崩壊を知らない未開文明や半未開文明に特有のものです。日本の文明は、私たちが未開文明と呼ぶものとは違うでしょうが、根源となる原始的な根から切り離されたことがなく、連続性をずっと保っています」と述べている。現代われわれは「未開」などという表現はしないが、フォン・フランツの言いたいことは、日本は現代において「先進国」と呼ばれている国のなかに入りこんでいるのだが、古代から現代にいたる不思議な連続性を未だに保っている国だということである。そして、その他の先進国はすべてキリスト教文化圏に属していて、唯一の神との強力な結びつきを支えとして、一度は「原始的な根」から自らを切り離すことをしたものである、ということである。

神々の名前の連鎖を、フォン・フランツのように考えることもできるが、それと同様の考えだが視点を変えると、次のようなことも言えるのではなかろうか。イザナキ、イザナミを、むしろ、この世のはじまりとして考えると、確かにここが話のはじまりであるのだが、はじまり以前の何とも言語化しにくい状態を言語化してみせると、このような神々の名前の鎖のようになるのではないか。確とした概念ができあがるときに、何か「概念以前」の心のはたらきがある。それは言語化は難しいが、さりとて何も考えていないというのではない。何だか明確にはわかり難いが、混沌を脱して、何かある方向に向かおうとする流れがあることは事実である。それを敢えて言語化すると、このような神々の名のつらなり、ということになるのではなかろうか。そして、『古事記』の場合であれば、それを生み出す基としてトライアッドが存在している、ということになる。

（1）M＝L・フォン・フランツ著、富山太佳夫・富山芳子訳『世界創造の神話』人文書院、一九九〇年。
（2）C・G・ユング著、村本詔司訳『心理学と宗教』ユング・コレクション3、人文書院、一九八九年。
（3）松村武雄『日本神話の研究』第二巻、培風館、一九五五年。

第二章　国生みの親

これまで見てきたような神々の名の連鎖の後に、イザナキ、イザナミという男女の神が現われ、ここから神話の語りが一変する。つまり、イザナキ、イザナミは、それまでのような名前だけの一対の神ではなく、結婚して、日本という国土を生みつくすのである。そういう点では、彼らこそ創造神だと言えるかもしれない。そして、彼に先立つ神々は、いわば創造神の根っこについて語っている、とも考えられるのである。あるいは、他文化の神話と比較するとき、最初の人類の誕生を物語っているようにも見える。日本神話の場合は、神と人との連続性が強いので、このような感じも受けるのである。

イザナキ、イザナミが、国生みの親として重要な役割をもつことは、記紀いずれにおいても同様であるが、物語の展開はやはり異なってきて、その相違点が興味深い。次に、まず『古事記』から引用しよう。

ここに天《あま》つ神諸《もろもろ》の命《みこと》もちて、伊邪那岐命《いざなきのみこと》、伊邪那美命《いざなみのみこと》、二柱の神に、「この漂へる国を修《をさ》め理《つく》り固《かた》め成《な》せ。」と詔《の》りて、天《あめ》の沼矛《ぬぼこ》を賜《たま》ひて、言依《ことよ》さしたまひき。故《かれ》、二柱の神、天《あめ》の浮橋《うきはし》に立《た》たして、その沼矛を指《さ》し下《お》ろして画《か》きたまへば、塩《しほ》こをろこをろに画《か》き鳴《な》して引き上げたまふ時、その矛の末《さき》より垂《したた》り落つる塩、累《かさ》なり積《つ》もりて島と成りき。これ淤能碁呂島《おのごろじま》なり。

ここで、イザナキ、イザナミに命令した「天つ神」は誰のことなのかはわからない。こんなところをあいまいにしておくのも面白いと言えば面白い。「最高神」を明確にすることを嫌っている、とも考えられるのである。「天の沼矛《あめ ぬ ぼこ》」を指し下ろすところには、性交のイメージが重なるが、イザナキがイザナミに言う言葉はもっと直接的に性にかかわってくる。日本神話を早くから英訳したB・H・チェンバレンは、このあたりを猥褻と考えラテン語に訳している。性に関するこのような拒否感は、ヨーロッパの近代社会に強く見られるが、それもキリスト教の強い影響であると考えられる。聖書を読むとわかるように、そこには強い「性」に対する拒否、あるいは蔑視が認められる。しかし、世界の神話を見ると、性や男女関係のことが直接的に語られる方が多いように思われる。

性は人間にとって極めて重要なことであり、それが神話のなかで語られるのは、むしろ自然なことである。それを、卑猥とか下品とか感じるのは、近代人の偏見と考えていいだろう。もっとも、人間の理性を重要視したいときに、理性を最も狂わせるものとして、「性」を拒否したり、低く評価したりしようとするのも了解できることではある。

一　結婚の儀式

『古事記』に従って話を続けると、イザナキ、イザナミは結婚することになるが、そこで結婚の式をあげる。『古事記』の先ほどの続きを、次に引用してみよう。

その島に天降《あまくだ》りまして、天《あめ》の御柱《みはしら》を見立《みた》て、八尋殿《やひろどの》を見立てたまひき。ここにその妹《いも》伊邪那美命《の》に問ひたまはく、「汝《な》が身は如何《いかに》か成れる。」ととひたまへば、「吾《あ》が身は、成り成りて成り合はざる処一処《ところひとところ》あり。」と答へたまひき。ここに伊邪那岐命《の》詔りたまはく、「我が身は、成り成りて成り余れる処一処あり。故《かれ》、この吾が身の成り余れる処をもちて、汝《な》が身の成り合はざる処にさし塞《ふた》ぎて、国土《くに》を生み成さむと以為《おも》ふ。生むこと奈何《いかに》。」とのりたまへば、伊邪那美命《の》、「然善《しかよ》けむ。」と答へたまひき。ここに伊邪那岐命《の》詔りたまひしく、「然らば吾《あれ》と汝《いまし》とこの天の御柱を行き廻《めぐ》り逢ひて、みとのまぐはひ為《せ》む。」とのりたまひき。かく期《ちぎ》りて、すなはち「汝《いまし》は右《みぎ》より廻《めぐ》り逢《あ》へ、我《あれ》は左より廻り逢はむ。」と詔りたまひ、約《ちぎ》り竟《を》へて廻る時、伊邪那美命《の》、先《さき》に「あなにやし、えをとこを。」と言ひ、後《のち》に伊邪那岐命《の》、「あなにやし、えをとめを。」と言ひ、各《おのおの》言ひ竟へし後、その妹《いも》に告げたまひしく、「女人先《をみなさき》に言へるは良《よ》からず。」とつげたまひき。然れどもくみどに興《おこ》して生める子は、水蛭子《ひるこ》。この子は葦船《あしぶね》に入れて流し去《う》てき。次に淡島《あはしま》を生みき。こも亦、子の例《たぐひ》には入れざりき。

これは実に興味深い話で、結婚式の手順を誤ったために、望ましくない子を得て、それを流し去《う》てたというのである。創造のときに、まず最初は失敗し、次に成功するというのは世界の神話に割に見られるパターンである。大林太良は「国生み神話」の源流を東南アジア・オセアニアにたどる試みをしているが、そのなかで、華南のミヤオ族、ヤオ族の場合、最初に不具児が生まれることが語られ、ヒルコの話と対応していることを指摘している。(1)
これらの意味は後に考えるとして、物語はどう続くのか、『古事記』の続きを見てみよう。

ここに二柱の神、議《はか》りて云ひけらく、「今吾《あ》が生める子良《よ》からず。なほ天つ神の御所《みもと》に白《まを》すべし。」といひて、すなはち共に参上《まゐのぼ》りて、天つ神の命《みこと》を請《こ》ひき。ここに天つ神の命《みこと》もちて、太占《ふとまに》に卜相《うらな》ひて、詔《の》りたまひしく、「女先《をみなさき》に言へるによりて良からず。また還り降りて改め言へ。」とのりたまひき。故《かれ》ここに反《かへ》り降りて、更にその天《あめ》の御柱を先《さき》の如く往き廻《めぐ》りき。ここに伊邪那岐《の》命、先《さき》に「あなにやし、えをとめを。」と言ひ、後に妹伊邪那美《の》命、「あなにやし、えをとこを。」と言ひき。

不具の子を得て、イザナキ、イザナミは天つ神——今度も誰か不明である——に相談にゆく。天つ神が卜占《ぼくせん》をして、女性が先に発言したのがよくなかったという。このところ、天つ神の意見としてではなく、卜占によって答を得ているところが注目すべき点である。一神教の神ならこんなことは絶対にしないだろう。『日本書紀』を見てみると、この本文には占のことは語られず、「一書曰」のなかで、それに言及しているのがある。

ここで話はわき道にそれるが、この占について少し考えてみよう。『古事記』を見ると、何かを決定しなくてはならぬ重要なときに、この占がなされている。この結婚式の失敗のとき、それとアマテラスが天の岩戸に隠れて神々が困り果てたとき、それと人間の世になってから、垂仁天皇の息子のホムチワケが大きくなってからも言葉を言わず心配していたが、夢のお告げで、ある神に「自分の宮も天皇の宮殿のように造ったら、御子はきっとものを言うだろう」と言われ、その神が誰なのかを知るために占をしている。

これらの占は「太占《ふとまに》」と呼ばれていた。その方法については、天の岩戸神話のところに記述されている。「天《あめの》児屋命《こやねの》、布刀玉命《ふとだまの》を召《め》して、天《あめ》の香山《かぐやま》の真男鹿《まをしか》の肩を内抜《うつぬ》きに抜きて、天の香山の天の朱桜《ははか》を取りて、占合《うらな》ひまかなはしめて」と述べられていて、朱桜はカバノキであり、これで鹿の肩骨を焼いて、そこに生じるヒビの入り方によって占うのであった。このような占は日本では弥生時代から始まると見られ、大陸から稲作と共に渡来した可能性が高いと考えられている。

それにしても神が占をするのは興味深いと述べたが、『日本書紀』本文には、結婚の儀のときも、天の岩戸のときも占のことが語られていない。垂仁天皇のホムチワケのときは語られているので、明らかに意図的にこれを避けたものと思われる。天の岩戸のところの記紀の語りを比較してみると、他は一致するが、この占のところのみ『日本書紀』では欠けている。おそらく『日本書紀』の方が外国に対する政治的意図が高いので、神の占のことは削除したのだろう。

このことは、結婚の儀式の場合も言えることで、『古事記』では天つ神が太占によって判断を下すのに対して、『日本書紀』では、イザナミが先に声をかけたが、イザナキはこれを喜ばず、男性が先に言うべきだとして、やり直している(ここでは、ヒルコの誕生は語られていない)。つまり、ここでは、神自身の判断によってやり直しが行われていて、占の入りこむことはないのである。『日本書紀』の作者は、実に細部にわたるまで心遣いをしていると思う。おそらく『古事記』の伝える話のほうが古く、『日本書紀』では、外国との関係を考えて改変したのではないだろうか。

さて、結婚の儀式において、女性が先に発言したのを否とし、次にわざわざ式をやり直し、男性が先に発言することによって、うまくおさまったとされている。この件については『日本書紀』が明確に男性神の言葉として、自分は男性であり、先にものを言うのが理にかなっているのに、どうして女性が先に言うのか、これはよくないので改めよう、と言ってやり直している。ここには男尊女卑の考えがはっきりと示されている。

表1　イザナキ・イザナミの結婚

	柱めぐり	最初の発言	結　　果	再度の式
古事記	女：右 男：左	女	水蛭子，淡島を生む	男：先に発言
日本書紀本文	女：右 男：左	女	男性の抗議	男：先に発言
一書曰(1)	女：左 男：右	女	蛭児，淡洲を生む	男：左 女：右の柱めぐり 男：先に発言
一書曰(5)		女		男：先に発言
一書曰(10)		女	淡路洲，蛭児を生む	

ところで、この結婚の儀式のあたりについては、『日本書紀』の「一書曰」が十も記されている。既に述べたように、記紀に相違があるので、実に多くの類話が記録されているのである。昔話でも神話でも、類話の種類の多いのは、その物語が取りあげている主題について、いろいろな考え方が存在することを示している。ある意味では、そこに迷いがあると言ってもいいだろう。そこで、これらの話のなかで、結婚の儀式について述べているものをすべて取りあげ、それを表にして示してみた。

これを見ると、そもそも柱のめぐり方に差があることがわかる。記紀では、女性が右めぐり、男が左めぐりだが、第四段「一書曰」(1)では、女性が左、男性が右めぐりである。しかし、このときは、やり直しのときに柱のめぐり方を変えている。これらから推察すると、男が左めぐりをする方が正しいと考えられているようだ。なお、「一書曰」の(5)、(10)では柱めぐりのことは記述されていない。ヒルコの誕生について語っているのといないのがあり、『日本書紀』本文では、ここにヒルコのことが語られず、次の段になるのも注目すべきである。

『日本書紀』本文の場合は、男性優位の点が明確だが、まず最初に女性の発言があり、それをわざわざ訂正することが語られるのを見ると、ここで、それまでの女性優位の社会から男性優位の社会に変化したことを告げるのかと思われるが、実は、この後に、アマテラスという女神が日の神として高天原の中心を占めることを、われわれは知っている。そうすると、いったい日本神話において、男性、女性のいずれを優位と考えていいのか、という問題が生じてくる。このことは、実は日本の神話全体を通じて論じるべきことになってくるが、ここで、神話における男性と女性の問題について、他文化の神話を参照しつつ、ある程度一般的に考えてみたい。

二　男性と女性

男性と女性の問題は、人類にとっての永遠の問題と言っていいだろう。同じく人類と言っても男と女は明らかに異なる存在である。それがどのような関係をもつかはなかなか難しい問題である。その上、話を混乱させる要因として、人間はものごとを考えるときの判断軸として、男と女を対立的にとらえて思考の筋道に用いる、という事実がある。人間の意識のはじまりは、区別するということにある。既に創世神話で見たように、天と地、光と闇、などの区別をすることが意識のはじまりである。その上で、人間の意識構造はだんだんと分化発展し今日にまで及んでいるが、そのときにベースとなっているのは二分法である。あらゆる現象に対して、いろいろと二分法を試み、その組合せによって体系化してゆく。それがうまく矛盾なくできあがると、その体系によって現象を理解し、判断し、その現象を支配できる。現在のコンピュータが0と1の組合せによって、相当な威力を発揮していることを見れば、それがよくわかるであろう。二分法思考はこのように有効であるので、人間はあらゆるところにこれを持ち込んでくるが、それと男と女という区別がからみ合ってくるところで、難しい問題が生じてくるのである。

たとえば、善悪、上下、優劣、強弱などの二分法に男女の区別を当てはめて、たとえば、男は善、女は悪など と分類してしまう。実のところ、人間存在というのは二分法にもっとも適合しにくいのであるが、どうしても便利で有効ということと、男女の区別というのは目に見えやすいので、ある文化や社会の「秩序」を守るために、男は「～あるべし」、女は「～あるべし」ということが定められたり、不文律的に承認されるということは、古来からすべての文化や社会において行われてきたことである。そうして、それが長く続くと、男女はそれぞれ生来的にそのような傾向をもつと信じられたりするようにもなった。あるいは、それらのことが社会秩序を守る「道徳」と考えられることもあった。現代は、このように押しつけられた男女の二分法を訂正しようとする試みがなされていて、それは望ましいことと思われる。それらをどんどん解決したとしても、男女の違いということは残るし、男として、あるいは、女として生きる個人が、果たしてどう生きるのか、という課題は永遠に続くのである。

ここでもうひとつ男女のことで混乱が生じるのは、家族内の父権・母権、父系・母系ということと、心理的な原理としての父性原理、母性原理ということがあって、これらは必ずしも一致しない、という事実である。これらのことは後に詳しく論じることになるが、一応はそのことを心に留めておいていただきたい。

ここで、神話における男女の取り扱われ方について考えてみたい。「神話」と呼ぶかどうかは別として、まず旧約聖書において、女性が男性の一部からつくられたという話があることに注目してみよう。

旧約聖書によると、神は七日間で天地創造の仕事を終えられるのだが、その六日目に、「神は自分のかたちに人を創造された。すなわち、神のかたちに創造し、男と女とに創造された」と語られている(創世記第一章二七)。

ところが第二章にはその経過が詳しく述べられており、「主なる神は土のちりで人を造り、命の息をその鼻に吹きいれられた」とある。神はその人をエデンの園に連れてゆき、獣や鳥などをつくった後に、「人を深く眠らせ、眠った時に、そのあばら骨の一つを取って、その所を肉でふさがれた。主なる神は人から取ったあばら骨でひとりの女を造り、人のところへ連れてこられた」、つまり、女は男の一つの骨から造られたのである。

これだけではない。よく知られているように、旧約聖書では、最初の女がヘビの誘惑によって禁断の木の実を食べ、それを夫にも食べさせたので、神の怒りを買い、エデンの園から追放されてしまう。このために、人間は「原罪」を背負って生きることになるが、もとはと言えば、女性がヘビの誘惑に乗って悪事を犯したからである。

ユダヤ・キリスト教における、このような男女の差は何を意味しているのだろう。そもそも、当時の人は、人間は母親の胎内から生まれてくることを知らなかったのであろうか。もちろん、そんなことはよく知っていた。聖書を見ても、その後、すべての人は母親から生まれている。神であるイエス・キリストでさえ母親から生まれている。しかし……、とユダヤ・キリスト教の人たちは、「原初のときは違う」というのだ。原初のとき、女は男の一部から造られたし、最初のところで大変な罪を犯してしまったのだ。

このような明白に男女差を示す物語をもつようになったのはどうしてだろう。ここからは勝手な推論である。人類の歴史は約五百万年と考えられ、最後の約一万二千年くらいから農業や牧畜という新しい生業がはじまったと言われる。人間が自然を支配しようとしはじめることと、言語の発展はおそらく軌を一にしていたのではなかろうか。そして、人間が自分の生き方を言語によって基礎づける「神話」をもつようになったとき、女性よりも男性を優位とする物語が生まれてきた、と思われる。人間が自然のままに生きているとき、子どもを生み出す「母」が一番大切なことは当然であり、大母神を中心とする神話が栄えたのであろう。そのときに、敢えて、母から父へ、女性から男性へと重点のシフトが生じた、と考えられる。人間の意識のもつ分割力、言語を生み出す能力、自然を支配する力、の象徴として男性イメージが選ばれ、女性に対する優位性が語られる。もっとも、既に述べたように人間存在そのものは、そのような二分法には従うものではないのだ。キリスト教内では、このことの反映としてマリアという女性の重要性が強調されることになるが、その点はここでは省略する。

ユダヤ・キリスト教の場合について述べたが、それではもっと自然との関係を切らない場合はどうなるのか。そのひとつとして日本の神話があり、それについて今後論じてゆくのだが、ここではもう少し他文化の神話について見ることにしよう。

大林太良は、人類の起源についてのいろいろな神話を紹介したなかで、次のようなジャワの神話をあげている。(2)少し長くなるが紹介する。男女に関すること以外でも関連するところがあると思う。

創造神が、天、太陽、月、大地を創造し、人間を創造しようとする。人間の形を粘土でつくったが重くて地上に落ち砕けてしまう。これらの破片はそれぞれ悪魔になった。次に創造神は、うまく人間を造る。これに男の外観を与え、生命と情意、意志と性格、精神と霊魂の三位一体の力を与える。続いて「ひとりでは地上に繁殖しない、奥さんを作ってやろう」と、神は造ろうとするが、それをするための粘土はもうなくなっていた。

「そこで創造神は月の円味、蛇のうねり、蔦のからみつきかた、草のふるえ動くさま、大麦のすらりとしたかたち、花の香り、木の葉の軽快さ、ノロ鹿のまなざし、日光の快さとたのしさ、風のすばやさ、雲の涙、わた毛の華奢なこと、小鳥の驚きやすいこと、蜜の甘さ、孔雀の虚栄心、燕の柳腰、ダイヤモンドの美しさと雉鳩《きじばと》の鳴き声をとり、これらの特性を混ぜあわせて女を作り、これを男に妻として与えた。」

その後の話がまた面白い。その後、二、三日して男は創造神のところに来て、女がのべつ幕なしに喋り続け、ほんの少しのことでも文句を言うと訴えるので、神は女を取りあげる。すると、男がまたやってきて淋しくてたまらないと言うので、神は妻を返してやる。三日とたたぬうちに男がやってきて文句を言う。しかし、今度は創造神は男女が一緒に生活するように全力をつくせと男に言った。男は悲しそうに、「ああ悲しい。私は彼女といっしょには生活できないが、さりとて彼女なしにでも生活できない」と言った。

これでジャワの神話は終わる。なかなか興味深いが、神話というよりは、大分文化が成立してしまってから考えられた寓話という感じもする。はじめの創造神が一回目の創造の失敗をするあたりは、ヒルコのことも連想するし神話らしいのだが、後の方は、父権が確立した後の男の目から見た物語という感じが強い。旧約聖書の物語の方が、男女の根源的なあり方との関連で語られる感じがするが、ジャワの方は、父権的な社会——必ずしも心理的に父性的とは限らない——のなかで、男性が女性に抱くイメージが語られているように感じられるのである。

男女の関係について、自然とのつながりの強い文化のなかで語られている神話の一例として、アメリカ先住民のナバホの神話を簡単に紹介しよう(3)。実は詳しく語ると大分長い物語なのであるが。

最初の男、アルツエ・ハスティインは妻の最初の女、アルツエ・アスジャッアにたらふく食べさせるために猟に精を出した。彼が鹿をもって帰ってきて二人で腹一杯食べたが、女は、「ああ、ヴァギナのシジョオズや、どうもありがとう」と自分のヴァギナに感謝した。男は怒って、鹿をもって帰ってきた自分にこそ感謝すべきだと言った。ところが女は平然としたもので、男というものはいろいろと働いたりするのも、女性のヴァギナのためであるから、ヴァギナのシジョオズが猟をしているようなものだという。ここで夫婦は口論の末、最初の男は家をとびだす。

最初の男、アルツエ・ハスティインは村中の男に、女どもは男が居なくても自分たちで生きられると言っている、本当かどうかやってみようと呼びかけ、男全員は筏で川を渡って行った。若者のなかには妻との別れに泣いた者もあったが、最初の男の言いつけどおりにすべての男が従った。

男と女とが別れても、はじめのうちは何とかやってゆけた。しかし、どちらもだんだんと困ってきた。裸の姿を見せて川向うから男性を誘惑する女性もあった。川を渡ろうとして川に入り、向う岸に着くまでに死ぬ女性もたくさんあった。男性も女性も困り果て、自慰行為にふける者も出てきた。それでも、四年の歳月が流れた。

キッイイデエスジジという名の男がいた。その名は白い人の言葉で「包装された男」という意味だ。この男は夜になって鹿の肉を食べているうちに妻のことを想い起こし、とうとう自制がきかなくなって、鹿の肝臓を彼の性欲のはけ口にしようとした。そのときに、フクロウのネッエシュジャッアが「ホッホッホッ」と叫び声をあげて彼の行為をとめた。これは何度も繰り返されるが、とうとうフクロウはキッイイデエスジジに対して、もう一度、男と女が一緒になるべきだと説く。キッイイデエスジジはそれに従って、最初の男を説得しようと思うが、彼があまりにも怒っていたことを思い出して、作戦を練り直し、長老たちに集まってもらって、もう一度、男と女が一緒に住むべきだと言う。

男女が別れて四年目の終わりに、「最初の男」アルツエ・ハスティインも自分の決定を疑問に思いはじめ、他の男たちの意見を聞いた。男どもは、女が川に飛び込んでゆく話や、女がもし死に絶えたら、女なしで子どもが産めるだろうか、などとつぎつぎに訴え、アルツエ・ハスティインも考え直しはじめた。そして川向うに、「最

初の女」アルツエ・アスジャッアを呼び出し、

「まだ自分たちだけで生きていけると思ってるのか?」と問いかける。これに対し、

「もう思っていないわ。女が一人で生きられるとは思っていません。今ではあんたに言ったことを後悔してるわ」と女は答え、男も、

「お前が言ったことに腹を立てたりして、おれも悪かったよ」と言った。

こうして、男女の間にめでたく和解が成立し、彼らは共に住むようになった。

この神話の特徴的なことは、性のことが極めて赤裸々に語られているのと、男女があくまで対等に向き合っていることである。話を省略して紹介したが、原文はもっと長く、性に関することが細かくながながと語られている。日本神話を訳すのに困ったチェンバレンが、もしナバホの神話を知ったら、どう反応したことだろう。自然に密着した生き方をするとき、性も自然の一部として、別に隠したり拒否したりする必要がないと言えるだろう。そして、和解のときに、契約とか規則などがあるわけではなく、何となく自然に元に戻るところが印象的である。すべてに自然の知恵がはたらいたと言えるだろう。ここで和解に一役買ったのが、夜の鳥であるフクロウであるというのも興味深い。昼間の黒白を明らかにする知恵では、和解の道は拓けなかったのであろう。

三　意識のあり方

前節においては、神話における男性と女性のあり方に、相当にこだわって比較を行なってきた。これは、人間の意識のあり方を考える際に、父権的意識 (patriarchal consciousness)、母権的意識 (matriarchal consciousness)

という表現が、ユング派の分析家の間で用いられ、父、母、男、女の姿が、意識のあり方を示す象徴として用いられることがあるからである。

ユング派の分析家、エーリッヒ・ノイマンは、人間の意識のあり方、特にヨーロッパ近代に出現してきた「自我」(ego)を、人間の精神史における極めて特異な存在としてとらえ、その成立についての神話的な基盤について論じた。(4)

この際にノイマンは、無意識から明確に分離され、無意識の影響から自由になり、それを支配しようとする傾向の強い意識を父権的意識と呼び、これに対して、無意識と意識の分離が不明確なままの状態の意識を母権的意識と呼んだ。ここで彼は、このような呼び方は、現実の人間としての男性、女性とは別のことで、西洋の近代においては、男性も女性も父権的意識を確立しているが、非近代的社会においては、男性も女性も母権的意識をもつ、と考える。

父権的意識においては、ものごとの区別が明瞭であることが特徴的である。自と他、精神と物質などの区別が明白となり、そこから近代の自然科学の体系が生み出されてくる。自然科学的な「知識」という点で言えば、ヨーロッパ近代以前に、いろいろな文明が相当な知識をもっていたのであるが、近代科学は、現象の「客観的観察」という方法論を確立することによって、その体系化と、それをテクノロジーに確実に結びつけることに成功し、飛躍的な発展を遂げたのである。

西洋中心的な見方をすると、母権的意識→父権的意識という流れによって、人間の意識は発展してきたことになる。後でいろいろと多角的な見方をするのではあるが、何と言っても、全世界のなかで、ヨーロッパ近代のみが成就したこのような意識の確立を、まず評価せざるを得ないであろう。実際、世界のすべての国々が何とか早く「近代化」することに力をつくしてきたと言えるであろう。

父権的意識の区別する力の強さに対して、母権的意識は、区別するよりは一体化すること、包みこむことにその力を発揮する。それは、父権的意識から見れば「あいまい」と呼ばれることになるし、「未発達」ということになるが、それなりの価値をもっている。(5)

このような点は、後の論議に譲るとしても、人間の意識のあり方に、ともかく前述したような類別があり、それを神話的レベルで検討するときは、男性像、女性像の象徴的表現によって語られることを認めておかねばならない。前節に論じたように、神話において、男が先か女が先かなどに強くこだわるのは、それが、その文化の意識のあり方を反映していると考えるからである。

父権的意識と母権的意識というのは、極めて単純な分類であり、下手をすると、西洋近代中心の考えを基にする二分法で心のあり方を考えてしまうことになりかねないが、むしろ、考えを組み立ててゆくためのひとつの座標軸とすると、そこにいろいろニュアンスのある状態も読みとれることになるし、そもそも、どちらかに簡単に価値を付することから自由になって考えると、より建設的な思考の道具となるであろう。特に神話について考えるときは、神々は常に男性、女性の姿をとって現われるので、それについて考える際に便利なわけである。

ここには、ごく基本的なこととして、父権的意識、母権的意識について論じたが、このことは本書全体を通じて最後まで論じ続け、深められることになるであろう。

四　国生みと女神の死

『古事記』によると、結婚の儀式のやり直しの後に、イザナミがつぎつぎと日本の国を構成する島々を生み出す。淡路島に続いて、四国、九州などを生み、大倭豊秋津島《おほやまととよあきづしま》、つまり現代の本州を生んだ。これら八つの島を生んだので、大八島国《おほやしまぐに》と呼ぶ。これに続いて、つぎつぎと神々を生んでゆき、その名前があげられる。海の神、河の神、風の神、木の神、山の神、などで、先の島々に続いて、万物を生み出したことがわかる。

『日本書紀』でも、やはり大八島国を生み出すことが語られるが、島の順序は少し異なっている。これの次に、海を生み川を生み、というのは『古事記』と同様だが、これに引き続いて、アマテラス、ツクヨミ、ヒルコ、スサノヲ、を生んだという点で、『古事記』とは明らかに異なる記述がある。このところについては次章に述べることにして、ともかく、記紀共に語られる国生みの点について考えてみよう。

子どもを生む女性、つまり母の力というものは、古代の人類にとって実に大きく感じられたであろう。そして、特に農耕民族の場合は、大地から必要な穀物が生み出されてくることとも関連して、地母神が崇拝の対象となることは多かったであろう。実際に、女性の乳房、臀部、性器などが極端に強調された地母神の像が、日本の縄文時代を含めて、世界各地の古代の埋蔵物として発掘されている。エーリッヒ・ノイマンの『グレート・マザー』(ナツメ社、一九八二年)には、そのような像の写真が数多く載せられている。

ただ、世界の神話を読んでいて、偉大な女神が豊穣の神として尊崇されているのは多くあるとしても、国土そのものを生み出す女神というのは、そんなにあるように思われない。筆者は専門の神話学者ではないので、寡聞のため知らないのかも知れない。ただ、日本神話の比較研究をいろいろと見ても、他の点については、他文化の神話と比較が多く試みられているが、この国生みについては論文を見たことがない。この点についての研究が深まると、イザナミの特性について、もう少し突っこんだ議論ができることだろう。それにしても、この日本、大八島国をすべて生み出したのだから大した母なる神である。

すべてのものを生み出すかに思えた女神も、最後のところで思いがけない災難に遭う。火の神カグツチを生み出したときに、「みほと炙《や》かえて病み臥《こや》せり」ということになり、このときに女神の吐瀉物や大小便などの排泄物から神々が生じる。そして、結局イザナミは死亡する。『日本書紀』の第五段「一書曰」(5)のなかで、イザナミが死亡したとき「紀伊国《きのくに》の熊野《くまの》の有馬村《ありまのむら》に葬《はぶ》りまつる。土俗《くにひと》、此の神の魂《みたま》を祭るには、花の時には亦《また》花を以《も》て祭る。又鼓《つづみ》吹《ふえ》幡旗《はた》を用《も》て、歌ひ舞ひて祭る」とある。

火を生むことで自らの身体が焼けて死亡するが、何と言ってもこの国のすべてのものを生み出したのだから、大女神と言うべきである。そんな意味で、その後の日本人にどれほどの尊崇を受けたかと言うと、それが実に少ないのである。前述の熊野の有馬村にはどのような神社があるのか知らないが、たとえば、『神道辞典』(堀書店、一九六八年)などで調べても、そこにあげられているほどの社のなかには、イザナミのみを祀る神社は見当らない。滋賀県にある多賀大社が、イザナキ、イザナミの両神を祀るのみである。もっとも、伊勢神宮の別宮としては、月読宮、伊佐奈岐宮などと共に、伊佐奈弥宮も祀られている。このことは不思議にも感じられるが、イザナミは死後黄泉《よみ》に下り、死の女神ともなるので、一般的な崇拝の対象にならなかったと考えられるし、「母なるもの」というのは、そのようなめぐり合わせになるもの、とも考えられる。仕事の大きく重いのに比して、感謝、崇拝されることは少ないのである。

火の誕生によってイザナミが死んだとき、夫のイザナキは悲しみ、イザナミの死体の枕の方や足の方に這い臥して哭いた。そして、火に対する怒りにまかせ、長剣を抜いて、生まれてきた子の頭を斬り棄てた。ここに、神の烈しい悲しみと怒りが表現されていることは注目に値する。喜怒哀楽の感情のなかで、怒りと悲しみの体験がまずあって、その烈しい表現があってこそ、物語は先へと進むのである。このような強い感情表現の後で、イザナキは妻を連れ戻すために、黄泉の国を訪ねる決意をするのだ。

ところで、この物語を「天地分離神話」としても見ることができると、沼沢喜市が指摘しているのは、なかなかの卓見である。沼沢によると、イザナキは天父的性格をもつのに対して、イザナミは地母神の性格をもつ。それを沼沢は次のように説明している。(6) イザナキが「世界の初め、国を被うていた朝霧を吹き払つた時の息は、風であり、妻を失つて悲しみ泣いた時の涙は、雨であり、妻の死の原因となつた火の神を、怒つて斬つた時の彼の剣は、雷であつた。彼がヨミの国から帰つて川に入り、禊《みそ》ぎをし、両の目を洗つた時に、日の神と月の神が生まれ、鼻を洗つた時に、暴風の神が生まれた。イザナミと別れてのち、彼は天にのぼり、そこに永住することになる。こういう性格の神は、自ら天神であるか、ないしは、天に関連をもつ神である」。これに対して、イザナミは「彼女が火を生んでやけどをし、病の床に臥している時、その排泄物から、豊穣な土地と陶器を主宰する土神、灌漑と肥料を主宰する水神、更に食物と穀類の女神などが生れた」。そして、彼女が後にヨミの国を支配する神ともなる、というわけである。そして、「多くの神話によれば、大地の分離の結果として、太陽が地上に現われてくる。しかし、また他の神話によれば、太陽ないし火によって天地は分離される」。(7)

確かに、このように考えてくると、火の誕生によるイザナミの死は、天地分離のことを語っていると思われる。これに従うとすると、興味深いことは、聖書の場合、神の第二の仕事として語られる天地分離(第一の仕事の光は、ここでは火と対応していると考えられる)が、日本の場合、相当な物語の展開の後に語られることである。やはり、日本においては、「分離」ということを第一義とし難かったのではないかと考えられる。

ニュージーランドのマオリ族の有名な天地分離神話においても、そこに強い悲しみと怒りの感情表現があった。人間が意識を獲得し、それを発展せしめてゆくためには、「分離」を体験することが必要であり、そこには、悲しみや怒りの感情が伴うものである。このことをよく知っていると、人生の各段階において必要な「分離」を、そこに生じる悲しみや怒りの強さに負けて避けることはないだろうし、「分離」のプラス面のみを意識して、そこに生じる悲しみや怒りに対する配慮を忘れ、問題を後にまで引っ張ることも少なくなるだろう。

五　火の起源

動物のなかで、火を扱えるのは人間だけということもあって、人間の文明における火の重要性は、いくら強調してもし足りないほどである。火の象徴性や、世界中の火の神の話、火の創造の物語などについて詳しく論じると、簡単に一書ができることだろう。したがって、それらすべてに触れることはできないが、われわれの神話を理解するのに必要と思われる程度に話を限定しながら論をすすめてゆきたい。

火は光、太陽などの象徴としての意味をもつので、極めて高く、多様な意味をもっている。それは、創造神そのもの、あるいは神の言葉という意味、それに太陽のもつ光、暖かさ、生命の源などを示す。また、権威と威光、それに浄化の意味ももつ。インド神話の火の神アグニなどは、そのような相当な威力を感じさせる神である。アグニにはそういう面があるが、以上とは逆の破壊的な側面もある。火はすべてのものを焼きつくすのだから、その破壊力は相当なものである。カグツチはその生誕の際に母親を焼死せしめるが、アグニは生まれるや否や、自分の両親を食いつくしたとされている。

日本神話の場合の火は、以上に述べたほどの強烈さはないが、それによって「天地分離」がもたらされたわけだから、火が光と同定されるような意識のはじまり的な性格をもっていることがわかる。これによって、ひとつの「区別」が明らかになるのである。ここでこのような重要な火をもたらすために、言うならば、大女神がその身を犠牲にして生み出してくれた、という事実が相当に深い意味をもつ、と考えられる。

この点を明確にするために、日本神話と対照的と感じられる、ギリシャのプロメーテウスの神話を紹介しよう。ギリシャでは、人間は最初のうちは「火」をもっていなかった。主神ゼウスが人間に火を与えるのを拒んだからである。火のない人間の生活に同情して、プロメーテウスは、天上の火を盗み出す工夫をこらす。彼は大茴香《おおういきょう》のうつろな茎をもって天に登り、ゼウスの宮の火処から火を盗んでくる。彼が火を盗んだのは、火の神ヘーパイストスの仕事場からとか、太陽神の燃える車輪に灯心を押しつけて火を移し、隠しもって地上に降りてきたとか、言われている。ともかく、このようにして、彼は神から火を盗んできて、人間に恩恵をほどこした。ゼウスはこれを知って大いに怒り、プロメーテウスをコウカソスの巨巌に磔にし、一羽の大きい鷲に彼の肝臓を啄《ついば》ませるという刑罰を与えた。しかも、鷲が一日かかって食い荒らした肝臓は夜の間に元に復し、毎日この耐え難い苦痛をくり返すようにした。

ゼウスは、人間が火を得て喜んでいるが、その償いとして禍を与えようと考えた。そこで、ヘーパイストスに命令して、粘土をこねて人形をつくり、女神に似せた姿にし、アテーナーやアプロディーテーが女としての魅力をいろいろとさずけ、ヘルメースは、恥知らずな心と、ずるっこい気質をそれに吹きこんだ。ゼウスはこれにパンドーラーという名をつけ、プロメーテウスの弟、エピメーテウスに贈った。プロメーテウスは弟に、ゼウスからの贈物には気をつけろと忠告していたが、パンドーラーの明るい微笑を見ると、エピメーテウスはすぐに彼女を受けいれてしまった。パンドーラーは、神々からの種々な贈物を一杯いれた手筐を土産にもってきていた。それは固く封がしてあって開けて見ることを許されていなかったが、パンドーラーは開けてしまった。すると中から、もやもやと怪しいものが立ち上り、四方に散らばっていった。それはあらゆる災や害悪であった。人類はそれまでそのような災難を知らなかったが、そのとき以来、多くの悪疫や災禍が人間を襲うことになった。

ただ、「希望」だけは、ぐずぐずして思いきりの悪い性質から筐のなかに止まっていた。パンドーラーは急いで蓋をして、「希望」だけは閉じこめて残すことができた。今日、人間がいろいろな災難に見舞われても、希望だけは人間を見棄てない、というわけである。

このギリシャの神話を読んでまず感じるのは、神の人間に対する厳しさである。火など人間に与えてやるものか、というところがある。ところが、プロメーテウスは火を盗み出すことを考え、実行してしまう。負けてはいないのだ。この行為に対する神の罰もひどいものである。プロメーテウスに対する罰だけではなく、パンドーラーという女性を人間におくることをゼウスは考える。このときまで人間世界には、女性は居なかったとされるが、ゼウスがパンドーラーをつくるところは、先に紹介したジャワの神話を想起させるものがある。ジャワの神話のときも述べたように、このギリシャ神話も「男の目」から見た女性を描いている。

聖書における「禁断の木の実」の物語、およびこのプロメーテウスとパンドーラーの物語を見ると、人間が「意識」を獲得する、ということがどれほど大変なことであるか、よくわかるのである。神は、言うなれば人間が「意識」することを好まないのである。意識する者は必ず叛逆する、あるいは、叛逆を通じて意識化が行われる、というところがある。神の考える「天国」は、意識をしない幸福がある。それを何を好き好んで苦しみを背負いこむようなことをするのか、ということになろう。しかし、イヴは禁を犯して木の実を食べ、夫にもすすめ、彼らは自分たちが裸であることを意識する。パンドーラーの話にしても、プロメーテウスが火(意識)をもたらすことによって、人間は意識をしはじめ、それによって、「悪」の存在を知ることになる、と考えられる。

このため、キリスト教においては「原罪」というものが常に人間に背負わされる。ただ、ゼウスも厳しい罰を授けるが、プロメーテウスは三万年後に「解き放たれ」るし、パンドーラーの小筐に「希望」を残すように図ったりする。やはり、多神教であるだけに徹底した罰というのは考えにくいのだろう。

これに比して、日本の「火」のもたらされ方は、まったく異なっている。大女神自らが自分自身を犠牲として、火をこの世にもたらしたのである。もちろん、これは神々の話で、人間は登場していない。しかし、日本の場合、神と人間の連続性が強いので、神代の時代にもたらされた火は、そのまま人間に継承されることになる。したがって、人間は火の獲得のために「罪」を犯す必要などないのである。もちろん、「火」をめぐる話は、神話のなかでいろいろと生じてくる。すぐに次章においては、イザナキの黄泉の国における、「一つ火」のこととして論じることになるが、そこでは、聖書やギリシャ神話に論じられる「罪」に近接することになる。それはそのときのこととして、まずはじめに、火が人間の罪とは無関係に、女神の犠牲によってもたらされた、という事実をよく認識しておかねばならない。これは、日本人の心性を考える上で大切なことである。

日本の「火の起源」神話の系譜をたどるということになると、大林太良が試みているように、東南アジア・オセアニアなどの神話について調べるべきである。これらの話のなかには、火はもともと老女の恥部のなかにあったという神話や、天地分離が太陽や火や木によってもたらされるというのもあって、いろいろと類似性を感じさせる。そこには何らかの系譜を感じさせるものがあるのも事実である。ただ、本書は、日本人の心について考えるところに焦点づけたいので、既に紹介したような神話との比較を試みたのである。

神からの「自立」に盗みが必要だったのは、示唆するところの大きい物語である。他文化の神話にも、火を「盗む」話は割に出てくる。ただ、ギリシャの場合ほど、それに対する罰は重くないようである。実際に、臨床の場においては、夢のなかの「盗み」や、実際の行為としてのそれが、自立ということと結びついているのはよくあることである。

既に他に発表しているが、夢の中の「盗み」について、次のような例を紹介しておく。四十歳を少し越えた真面目によく働く男性が、入社以来努力を続け、社長の片腕として重んじられるまでになったが、抑うつ症になり、欠勤を重ね、自殺を考えるほどになった。そんなときに次のような夢を見た。

〈夢〉　私が会社に出ると、以前に会社の金を横領してやめさせられたはずの社員が出社している。「君はもう、ここの社員でないから帰れ」ときつく言う。ところが、社長が「いや、あの社員は優秀だから、そのままにしておけ」と言うので、あっけにとられてしまう。

この夢について、夢を見た本人は、自分はこれまで、盗みも横領もしたことはなく、そんな悪いことは許せないという。しかし、治療者が「社長はそれをよいことだと言っている」と指摘すると、実は自分は社長から独立して、自分で会社を経営したいと思い始めているのだ、と打ち明けられる。社長は偉い人で尊敬しているが、自分はいつも社長の意のままに行動して、自分自身の力で何かをやり抜いたことはない。この辺で何とか独立してみたい、と強い「自立」の意志を表明する。

結局、この人はこの困難な「自立」の仕事を達成するのだが、それは省略するとして、そのような意志が、「横領をする社員」の姿として夢に出現する点に注目していただきたい。ガストン・バシュラールは、「われわれは「プロメテウス・コンプレックス」の名の下に、われわれをしてわれわれの父と同じように、或いは父以上に、われわれの先生と同じように、或いは先生以上に「知る」べく駆りたてるいっさいの傾向を一括するよう提案する」(8)と述べている。ここに示した「横領する社員」は、この夢を見た人の「プロメテウス・コンプレックス」の人格化されたものと言うことができる。

これで見ると、イザナミの死によってもたらされた「火」を享受している人間は、「プロメテウス・コンプレックス」などもつはずがない、ということになる。確かにそのとおりだが、日本神話の興味深い点は、この次の段階の「火」の話をもっていることである。それは「盗み」ではないが、「禁止を破る」形で語られる。これについては次章に論じることになるだろう

ところで、イザナミは死んで黄泉の国に行くことになる。ここで、急に黄泉の国というのが出現する。死者の世界があることが明らかにされたのである。これまですべてを生み出した生の神であるイザナミが、黄泉の国の神となり、死の神になるのは矛盾しているように思われる。しかし、人間にとって、生と死はひとつの事象の表と裏のようなものであって、世界の神話における多くの大女神、グレート・マザーは、生の神であると同時に死の神であることが多い。かくて、イザナミは死の国の神となって、その後に生まれ天上に輝く女神アマテラスと対照的な地位につくことになる。アマテラスの誕生について語る前に、それに至るまでの重要なエピソード、イザナキが黄泉の国を訪ねる話を語らねばならない。

(1) 大林太良『神話の系譜――日本神話の源流をさぐる』青土社、一九八六年。
(2) 大林太良『神話学入門』中公新書、一九六六年。
(3) ポール・G・ゾルブロッド著、金関寿夫・迫村裕子訳『アメリカ・インディアンの神話――ナバホの創世物語』大修館書店、一九八九年。
(4) エーリッヒ・ノイマン著、林道義訳『意識の起源史』上・下、紀伊國屋書店、一九八四―八五年。
(5) むしろ近代の父権的意識を超えるものとして、「あいまい」を考えることもできる。河合隼雄・中沢新一編『「あいまい」の知』岩波書店、二〇〇三年。
(6) 沼沢喜市「南方系文化としての神話」『国文学 解釈と鑑賞』第三〇巻一一号、一九六五年。
(7) 沼沢喜市「天地分るる神話の文化史的背景」松本信広編『論集 日本文化の起源』第三巻、平凡社、一九七一年、所収。
(8) ガストン・バシュラール著、前田耕作訳『火の精神分析』せりか書房、一九六九年。

第三章　冥界探訪

思いがけないことで妻を失い、悲しみ怒っていたイザナキは、妻を訪ねて黄泉《よみ》の国へ行こうと決心する。『古事記』より引用する。

ここにその妹《いも》伊《い》邪《ざ》那《な》美《みの》命を相見《あひみ》むと欲《おも》ひて、黄泉国《よみの》に追ひ往《ゆ》きき。ここに殿《との》の縢戸《さしど》より出で向《む》かへし時、伊《い》邪《ざ》那《な》岐《きの》命、語らひ詔《の》りたまひしく、「愛《うつく》しき我《あ》が汝妹《なにも》の命《みこと》、吾《あれ》と汝《いまし》と作れる国、未《いま》だ作り竟《を》へず。故《かれ》、還るべし。」とのりたまひき。ここに伊邪那美命《の》答へ白《まを》ししく、「悔《くや》しきかも、速《と》く来《こ》ずて。吾《あ》は黄泉戸喫《よもつへぐひ》しつ。然れども愛《うつく》しき我《あ》が汝夫《なせ》の命、入り来《き》ませる事恐《かしこ》し。故《かれ》、還らむと欲《おも》ふを、且《しばら》く黄泉《よもつ》神と相論《あげつら》はむ。我《あ》をな視《み》たまひそ。」とまをしき。

イザナキはすぐに妻に会って、共につくった国は未だ完成していないので、帰ってきて欲しいと言う。イザナミは、「それは残念なことでした。早く来られなかったので、私は黄泉の国の食物を食べてしまいました」と答える。黄泉の国のものを食べると、もとの世界へは戻れないのだ。しかし、せっかくイザナキが来てくれたので、何とか黄泉の神と交渉してみよう。ただ、その間に自分を見てはならない、と言って、イザナミは消え去った。

これが、イザナキの冥界探訪のはじまりである。生きた人間が冥界を訪ねる話は、他の国の神話にもある。亡くなった妻を訪ねる話としては、誰しも、ギリシャのオルペウスのことを思いつくことだろう。古代オリエントの神話で、女神イシュタールが亡くなった夫の神タンムーズを冥界に訪ねる話も有名であった。イシュタールの話は、もともとシュメールの話で、ここでは女神はイナンナと呼ばれている。「イナンナの冥界下り」の神話は確かに存在しているが、イナンナは夫を連れもどすために冥界に行ったのではないという説もあり、この点は未詳であるが、これらのことはイザナキの冥界での話をすすめるときに、比較検討することにしたい。ともかく、イザナキの話を続けてゆくことにしよう。

一　イザナキの冥界体験

イザナキが黄泉の国で体験したことは、現代の日本人の生き方にまで及ぶと言いたいほどの重要なものであった。イザナキは妻に会おうと決心するや、すぐに会ったことになっている。この世(というよりは、このときは高天原か)と黄泉の国の境目は、実に容易に乗りこえられるという感じで、その間に何の障害物もない。これに比して、アッカド語の「イシュタールの冥界下り」(1)では、彼女は冥界に入りこむまでに七つの門を通らねばならず、そのことは次のように美しく記述されている。

第一の門に入らせてから、彼(冥界の門番)は彼女の頭の大王冠をとって持ち去った。
「なにゆえ、番人よ、私の頭の大王冠を持ち去るのか。」

「入りたまえ、わが奥方、これが大地の女神のおきてです。」
第二の門に入らせてから、彼は彼女の耳かざりをとって持ち去った。
「なにゆえ、番人よ、私の耳かざりを持ち去るのか。」
「入りたまえ、わが奥方、これが大地の女神のおきてです。」

このようにして、女神イシュタールの首環、胸かざり、腰帯、腕環と足環、腰布がつぎつぎと取り去られ、彼女が冥界の女王と向き合ったときは、完全に裸の姿にならされていたのだ。シュメールのイナンナの場合も、細部は異なるが、七つの門を通るたびに身につけたものをひとつずつ取り去られ、最後は裸身になってしまう。

こんな叙述に比べると、イザナキが訪れた黄泉の国はいとも簡単に通ってゆけた。しかし、そこには特有のルールがあるのだった。つまり、そこで食事をした者はもとの世界に帰れないのである。イザナキが来るのが遅かったので、イザナミは食事をしてしまっていた。それでも、何とか黄泉の神と交渉してみようと彼女は言う。ここで、黄泉の神が存在することをわれわれははじめて知るのだが、ここでも、それがどんな神かは特定されない。

黄泉の国でものを食べた者は、こちらの世界に帰って来れない、という考えは、ギリシャ神話のなかにも見られる。大地母神、デーメーテールの娘、ペルセポネーが、地下の神ハーデースに誘拐される。この話はアマテラスの天の岩戸神話との対比という点で後に詳述するので、ここでは省略するが、ペルセポネーがゼウスのはからいで地上に帰ることになったとき、ハーデースのすすめで、柘榴《ざくろ》の実を四粒食べる。このために彼女は黄泉の国に留まらねばならなくなって大変になる。日本の神話にあるテーマが遠いギリシャにもあって驚かされる。どうしてだろうかとも思うが、考えてみると、現代においても、われわれはうっかり食事をしたばっかりに帰りづらくなったり、一度会食をしたというだけで関係ができてしまったりしているのだから、あんがい、人間というものは時代や場所を超えて共通要素をもっている、とも言えるだろう。

他界でものを食べることについて、少しわき道にそれるが、『山城国風土記』逸文《いつぶん》の「宇治橋姫」の話を紹介しておこう。(2) もっともこれは本来、風土記に書かれていたとは認め難いもののようではある。平安末期に書かれたかと推察されているが、内容は興味深いものなので紹介する。宇治橋姫は悪阻《つわり》でワカメを食べたいと言うので、夫が海辺に行って笛を吹いていると、龍神がそれを愛でて聟《むこ》にとってしまった。橋姫が夫を尋ねて海辺にゆくと、老女が、あの人は龍神の聟になったが、龍宮の火を忌みて、ここで食事をしていると言う。隠れて見ていると、夫が龍王の輿にかつがれてきて、そこで食事をしている。橋姫は夫と話をして泣く泣く別れて帰った。しかし、後に夫は帰ってきて橋姫と元通りの夫婦になったと言う。このような慎重な男の話もあるのが、なかなか面白い。

イザナミは黄泉の神と交渉する間、自分を見てはならない、とイザナキに禁止を与えた。多くの物語で、禁止は破らせることを前提に与えられるのではないか、と思うほどだが、このときも、イザナキは待ちかねて禁止を破ってしまう。『古事記』は次のように語っている。

かく白してその殿の内に還り入りし間《あひだ》、甚《いと》久しくて待ち難《かね》たまひき。故《かれ》、左の御角髪《みみづら》に刺《さ》せる湯津津間櫛《ゆつつまぐし》の男柱《をばしら》一箇《ひとつ》取り闕《か》きて、一つ火《び》燭《とも》して入り見たまひし時、蛆《うじ》たかれころろきて、頭《かしら》には大雷《おほいかづち》居《を》り、胸には火《ほの》雷《いかづち》居《を》り、腹には黒《くろ》雷居り、陰《ほと》には拆《さき》雷居り、左の手には若《わか》雷居り、右の手には土《つち》雷居り、左の足には鳴《なり》雷居り、右の足には伏《ふし》雷居り、并《あは》せて八《や》はしらの雷《いかづち》神《がみ》成《な》り居りき。

ここに伊邪那岐命《の》、見畏《みかしこ》みて逃《に》げ還《かへ》る時、その妹《いも》伊邪那美命《の》、「吾《あれ》に辱《はぢ》見せつ。」と言ひて、すなはち黄泉《よもつ》醜《しこ》女《め》を遣《つか》はして追はしめき。

禁を犯してイザナキは「一つ火」をともす。この「火」は既に語られた「天地分離」に関連する「火」の誕生に続く大切なものである。これは明らかに闇に対立する光である。これによって、それまで見えなかったものが見えるようになる。「意識」することが可能となる。イザナキの見たものは、まったく凄まじいものであった。蛆がわいている女神の死体であった。母なるものの恐ろしく暗い面を見てしまった。

見てはならぬものは、多くの場合おぞましいものである。たとえば、よく知られている「青髯」の物語にしても、青髯の妻の見たものは、たくさんの女性の死体であった。それを知らない限り、人間はある時点まで幸福でいることができる。しかし、それを超えて進もうとする者は、「見てはならない真実」に直面しなくてはならない。あるいは、「見てはならない真実」に直面し、人間は一時は苦悩するがそれを超えて異なる段階に進む。

イザナキの見たものは、グレート・マザーの暗い半面であった。母なるものはすべてを育て慈しんでくれる。その膝のなかにいる限り、人は幸福である。しかし、その膝から離れ自らの足で立とうとする者は、母なるものの恐ろしい半面を意識しなくてはならない。イザナキはイザナミの姿を見て、「見畏《みかしこ》みて」逃げたという。ここに示された「畏む」態度は、単に恐ろしい怖いという以上の感情を含んでいる。母なるものに対する畏怖の念と、ともかくそこには留まっていられない、という感情をイザナキは体験したのだ。

イザナキはひたすらに逃走する。これは世界中の神話や昔話に語られる「魔術的逃走《マジック・フライト》」の典型である。何しろイザナミの怒りは凄まじく、黄泉の軍団に命じて追走してくるのだから大変である。このときのイザナミの怒りの強さも印象的である。言うならば、彼女は息子のカグツチに殺されたのだから、カグツチに対して怒りを発すべきだとも思うが、同じ「火」でも息子のカグツチではなく、夫の「一つ火」に対して怒りを爆発させている。ひょっとして、息子に対する怒りもこれに加わっているのかも知れない。怒るのは当然と思いつつ、その怒りの程度の強さに理不尽なものを感じつつ、夫はあらゆるものを棄てて逃走する。

心理療法家として、私はこのような現代の夫婦に何組会ったかわからない。彼らは神代以来の争いを繰り返している。心理療法家の示唆によって、夫婦は自分たちの個人的な争いを超えて、神代以来の課題に直面していることを悟り、何ともやり甲斐のある仕事なのだと知って、夫婦の間にゆとりが生じることもある。

「魔術的逃走《マジック・フライト》」に関しては、多くの例をあげることができるが、ここでは省略しておこう。ともかく最後の時点は、黄泉比良坂《よもつひらさか》において両者は向き合うことになる。ところで、ここに至る前に、イザナミがイザナキを追うときに「吾に辱《はぢ》見せつ」と言ったことについて考えてみたい。「わたしに辱を見せた」とは、恥をかかせたということだろうか。これについては、『日本書紀』第五段の「一書曰」(10)にある次のような言葉がもっと事態を明らかにしてくれるだろう。すなわち、

故《かれ》、伊奘冉尊《いざなみのみこと》、恥《は》ぢ恨《うら》みて曰《のたま》はく、「汝已《いましすで》に我《あ》が情《あるかたち》を見つ。我、復《また》汝が情を見む」とのたまふ。時に、伊《い》奘諾尊《ざなきのみこと》亦《また》慙《は》ぢたまふ。

これは意味深長なもの言いである。イザナミは、イザナキに対して「あなたは既に私の情を見たが、私もあなたの情を見た」と言う。このとき、イザナミは恥じ恨んでいるが、イザナキも恥じている。ここに罪という言葉は出て来ない。どちらも「恥」を意識している。見てはならぬ心の真実を見た限り別れるより仕方がない。これ

に続いて、イザナキは言う。「族離《うがらはな》れなむ」、「族《うがら》負けじ」と。このようなところを読んでいても、現代の夫婦の姿が見えてくる。「あなたのほんとうの気持がわかりました」とは、別れるときによく聞く言葉であるし、離婚の後で、「負けるものか」と言った人も多いだろう。

『古事記』の方にかえってみよう。

最後《いやはて》にその妹《いも》伊邪那美命《の》、身自《みづか》ら追ひ来たりき。ここに千引《ちびき》の石《いは》をその黄泉比良坂《よもつひらさか》に引き塞《さ》へて、その石《いは》を中に置きて、各《おのおの》対《むか》ひ立ちて、事戸《ことど》を度《わた》す時、伊邪那美命《の》言ひしく、「愛《うつく》しき我《あ》が汝夫《なせ》の命《みこと》、かく為《せ》ば、汝《いまし》の国の人草《ひとくさ》、一日《ひとひ》に千頭《ちがしら》絞《くび》り殺さむ。」といひき。ここに伊邪那岐命《の》詔《の》りたまひしく、「愛しき我が汝妹《なにも》の命、汝然為《いましかせ》ば、吾《あれ》一日《ひとひ》に千五百《ちいほ》の産屋《うぶや》立てむ。」とのりたまひき。ここをもちて一日《ひとひ》に必ず千人《ちたり》死に、一日に必ず千五百人《ちいほたり》生まるるなり。

ここに「千引《ちびき》の石《いは》」を「黄泉比良坂《よもつひらさか》に引き塞《さ》へ」たのは重要なことである。ここに生と死の区別が明確になったのは、イザナキはやすやすと黄泉の国へ行ったが、以後、生者と死者はこの境界を簡単には越えられないのだ。火のカグツチの出現が天地の分離をもたらしたように、イザナキの「一つ火」は、生死の分離をもたらした。このようにして、徐々に分離がなされるところが日本神話の特徴のひとつである。

離婚の言葉をかわした後、イザナミはイザナキに向かって、「あなたの国の人を、一日に千人殺す」と言う。これに対して、イザナキは「あなたがそうするのなら、こちらは一日に千五百人生まれるようにする」と答える。何とも簡単に妥協が成立したものである。黄泉の軍団を率いて追いかけてきたときのイザナミの怒りを思うと、何だかあっけないほどの感じがするが、このように妥協が成立するところが日本神話の特徴である。イザナミは以後、黄泉大神《よもつおおかみ》となる、つまり、死の国の神となるのだが、キリスト教における神と悪魔のように永遠の対立が続くというのではなく、それはそれとして「収まる」ところが特徴的である。ただ、このときの千人対千五百人という妥協の仕方はあまりにも単純で、イザナミの怒りは、ほんとうに収まったのだろうか、と疑問さえ湧いてくるのである。

二　禁止を破る

「見るなの禁」に限らず、禁止を破るということは、世界の神話において――したがって人類全般にとって――重要な意義をもつものである。この点については後に論じるとして、イザナミがイザナキに課した「見るなの禁」について、日本文化との関連において考えてみたい。

「見るなの禁」については、既に拙著『昔話と日本人の心』において、その第一章に、「見るなの座敷」に関して詳細に論じた。(3) 日本の心の問題を考える上で極めて重大なテーマである、と判断したためである。したがって、ここにおいても既に論じたことと重複することがあるが、その点は御寛容を願って、「見るなの禁」と日本文化の問題について論じてみたい。

昔話における「見るなの座敷」と言えば、誰しも「鶴女房」(「夕鶴」という劇の名で知っている人も多いだろう)を想起するのではなかろうか。鶴が女性に変身し、自分を助けてくれた男と結婚して、恩返しのために自分の羽を抜いて織物をする。自分が機を織っている間は決して自分を見ないようにと言うのだが、男はその「見るなの禁」を破って見てしまう。女性は自分が鶴という元の姿にかえっているところを見られたため、そこを立ち去ってしまい、男は一人で残される。この場合は、イザナミの場合と異なり、女性の怒りということは直接には語られないが、ともかく、禁を破ったことに対して女性はそのままの状態でいることはできず、男を残して立ち去ってしまう。

ヨーロッパの昔話と比較すると、日本の場合は、禁止を破った者に「罰」が与えられるということが明確でないのが特徴的であり、話もそこで終わりになってしまう場合が多い。これに対して、ヨーロッパでは「罰」が与えられるが、その後に話が展開し、主人公は最後は幸福を獲得することになる。このようなヨーロッパの昔話と日本のそれの相異は極めて顕著であり、多くの学者の指摘するところである。前掲の拙著においても、その点について詳しく論じている。

ところで、非常に興味深いことに、ヨーロッパにおいても、「伝説」は日本の昔話に類似するものがある、という事実がある。ドイツの詩人ハイネは「精霊物語」のなかで、ニクセは人間と恋愛関係をもった場合に、そのことを口外しないように要求するのみではなく、自分の素性や故郷、一族について尋ねないように頼むことが多いと述べ、次のような伝説を紹介している。[4]

七一一年、フォン・クレーヴェ公のひとり娘、ベアトリクスは父の死後、城主となる。ある日、ライン河を一羽の白鳥が小舟をひいて下ってくる。小舟のなかには、みめうるわしい男が坐っており、黄金の刀、角笛、指輪をもっていた。ベアトリクスは男が好きになり結婚するが、男は自分の部族と素性のことを決してきかないように、そうすると別れねばならないと言う。そして、自分の名はヘリアスと言うと告げた。その後、数人の子どももできてから、妻は夫にどこから来たのかを聞く。ヘリアスはこのとき、すぐに妻をすて、白鳥の舟に乗って去ってしまう。妻は悩みと後悔でその年のうちに死ぬ。しかし、彼は三人の子どものために三つの宝物、刀と角笛と指輪を残した。彼の後裔は今でも存命である。クレーヴェの城の塔の尖端には白鳥がついていて、ひとはこの塔を白鳥の塔と呼んでいる。

これは「伝説」であって「昔話」ではない。このような点から、かつては「昔話はハッピーエンドで終わるが、伝説は悲劇に終わる」などという説を立てる者さえあった。日本の例を見てもわかるように、そのようなことはないのだが、おそらく、ヨーロッパの例だけを基にして、ヨーロッパの学者が考えたことであろう。それにしても、ヨーロッパにも「伝説」としては、このような話があるのは注目すべきである。

「昔話」と「伝説」を明確に区別する。もちろん「神話」とも区別するわけだが、このような区別はある程度言えるとしても、それはやはりヨーロッパの近代において、そのようなことを「研究」し、「学問」としようとする結果でてきたものであることを忘れてはならない。同じヨーロッパと言っても、キリスト教文化の以前に存在していたケルトとなってくると、神話、伝説、昔話の区別が非常にあいまいになる。あいまいと言えば、神話と歴史の区別もあいまいである。このような点で日本との親近性、類似性が高まってくる。

日本の「浦島」の話は、既に『昔話と日本人の心』に詳しく論じているように『日本書紀』に記載されている伝説でもあるし、後には、昔話としても語られるようになる。その浦島の話において、玉手箱を開けてはならぬという「禁止」があり、それを破ったために、浦島が老人になってしまう、というのがある。ケルトにおいても、伝説とも昔話ともつかぬような形で、類似の話がある。(5)「オシーンと常若の国」と題されている物語であるが、オシーンという男性が「常若の国」を訪ね、そこで金髪のニアヴという美人と結婚するのだが、浦島と同じく、こちらの世界に戻ってきたくなる。ニアヴはそれを承知するが、必ず帰ってくるように、そしてそのためには乗っていった馬から降りて、あちらの土地に足を触れぬように、と禁止を与える。ところが、オシーンは禁止を破り、たちまちのうちに老人になってしまう。

この話は基本的には浦島の話とよく似ている。「常若の国」を訪ねた男性がそこで美しい女性と結婚して時を過ごす(「浦島」も伝説によると、乙姫と結婚する)。その後、こちらの世界に帰りたくなって帰ってくるが、そのときに女性から課せられた禁止を破るので、老人になってしまう。

二〇〇一年夏、アイルランドを訪ね、現地の人々に昔話を聞く機会を得たが、「オシーンと常若の国」の話は現代も人々の間に生き生きと伝わっていることを実感することができた。アイルランドは島国なので、大陸から伝わってくるキリスト教文化の力が弱められ、かつ、カトリックは現地の人々の生き方をある程度取り入れてゆく方策をとったため、ケルト文化が相当に残っていると思われる。ここでは、「浦島」と類似した話が、「昔話」として残っている感じがあって親近感をもった。それと共に、キリスト教文化以前のこととして、日本とも通底する、ものの見方や感じ方が西洋にも存在することがわかり、これは非常に大切なことと思ったのである。

ここで日本神話に話を戻してみよう。日本神話には、重要なテーマが繰り返し現われつつ、それが少しずつ異なった形に変わってゆくという傾向がよく見られるのだが、この「見るなの禁」についても同様のことが言えて、一般に海幸《うみさち》・山幸《やまさち》の話として知られている神話に、「見るなの禁」に関する重要なエピソードが語られる。

天孫ニニギは降臨ののち、コノハナノサクヤビメとの間に三柱の神をもうけるが、そのひとり山幸のホヲリノミコトは海底を訪れ、そこでトヨタマビメと結婚する。その後に陸に帰ってくるが、トヨタマビメは妊娠して夫のホヲリノミコトに会いにくる。トヨタマビメは、天つ神の子を海のなかでは生めないので、ここに来たと説明し、海辺に鵜の羽を屋根として産屋《うぶや》をつくってもらった。ところが、その産屋の屋根を葺き終わらぬうちに産気づいて、トヨタマビメはその産屋に入るときに、ホヲリノミコトに向かって、子を生むときに自分はもとの国での姿にもどって子を生むので、自分を見ないように、と禁止する。ここに「見るなの禁」は発生するのだが、その続きについては、『古事記』を引用する。

ここにその言《こと》を奇《あや》しと思ほして、その産まむとするを窃伺《かきま》みたまへば、八尋鮫《わに》に化《な》りて、匍匐《は》ひ委蛇《もこよ》ひき。すなはち見驚き畏みて、遁《に》げ退《そ》きたまひき。ここに豊玉毘売命《とよたまびめの》、その伺見《かきまみ》たまひし事を知らして、心恥《うらは》づかしと以為《おも》ほして、すなはちその御子を生み置きて、「妾《あれ》恒《つね》は、海つ道《ぢ》を通して往来《かよ》はむと欲《おも》ひき。然れども吾が形を伺見《かきまみ》たまひし、これ甚《いと》怍《は》づかし。」と白《まを》したまひて、すなはち海坂《うなさか》を塞《さ》へて返り入りましき。ここをもちてその産みまし御子を名づけて、天津日高日子波限建鵜葺草葺不合命《あまつひこひこなぎさたけうがやふきあへずの》と謂ふ。

ホヲリノミコトは、妻の禁止をすぐに破って覗き見をすると、妻は八丈もある長い鮫になっていた。トヨタマビメは自分の本来の姿を見られたのを「心恥《うらは》づかし」と思い、子を生んだ後で、海の道をふさいで帰ってしまった。このときも、女性は自分の姿を見られたことを「恥かしい」と思うが、イザナミのように「怒り」を表わさず、黙って立ち去ってゆく。このあたりはむしろ、昔話に出てくる女性と似ている。ところで、話はここで終わらず、次のように続いている。

然れども後は、その伺《かきま》みたまひし情《こころ》を恨みたまへども、恋しき心に忍びずて、その御子を治養《ひた》しまつる縁《よし》によりて、その弟《おと》、玉依毘売《たまよりびめ》に附けて、歌を献りたまひき。その歌に曰ひしく、

赤玉《あかだま》は　緒《を》さへ光れど　白玉《しらたま》の　君が装《よそひ》し　貴くありけり

といひき。ここにその夫《ひこぢ》答へて歌ひたまひしく、

沖つ鳥　鴨著《ど》く島に　我が率寝《ゐね》し　妹《いも》は忘れじ　世のことごとに

とうたひたまひき。故、日子穂穂手見命《ひこほほでみのみこと》は、高千穂の宮に五百八十歳《いほちまりやそとせ》坐《ま》しき。御陵《みはか》はすなはちその高千穂の山の西にあり。

ここで注目すべきことは、トヨタマビメは「恨み」を抱きながらも、それが報復行為につながらず、お互いに歌を交換して話が終わっていることである。このあたりが極めて日本的と思われるが、もう少し全般的に、「禁を破る」ことに関して他文化との比較を行なってみたい。

三　原罪と原悲

禁止を破る話として、誰しも思いつくのは、旧約聖書のなかのアダムとイヴが禁断の木の実を食べる話であろう。キリスト教徒にとっては、これは極めて重要な話である。そして、キリスト教文化が生み出した西洋近代の文明をひたすら取り入れようとしている国民にとっても、決して無視することのできない話と言うべきであろう。少し長くなるが、聖書から引用しよう。「創世記」の第三章である。

さて主なる神が造られた野の生き物のうちで、へびが最も狡猾であった。へびは女に言った、「園にあるど

の木からも取って食べるなと、ほんとうに神が言われたのですか」。女はへびに言った、「わたしたちは園の木の実を食べることは許されていますが、ただ園の中央にある木の実については、これを取って食べるな、これに触れるな、死んではいけないからと、神は言われました」。へびは女に言った、「あなたは決して死ぬことはないでしょう。それを食べると、あなたがたの目が開け、神のように善悪を知る者となることを、神は知っておられるのです」。女はその木を見ると、それは食べるに良く、目には美しく、賢くなるには好ましいと思われたから、その実を取って食べ、また共にいた夫にも与えたので、彼も食べた。すると、ふたりの目が開け、自分たちの裸であることがわかったので、いちじくの葉をつづり合わせて、腰に巻いた。

これは、人が神の禁止を破るところの情景であるが、これに先立つ第二章で、神は「土のちりで人を造り、命の息をその鼻に吹きいれ」て、人(男性)をつくり、彼をエデンの園に連れてゆき、そこで「あなたは園のどの木からでも心のままに取って食べてよろしい。しかし善悪を知る木からは取って食べてはならない。それを取って食べると、きっと死ぬであろう」と禁止を与えている。その後に神は「人から取ったあばら骨でひとりの女を造」られる。この後に先に引用した第三章が続くのである。

第三章の引用に続いて、神が現われ、人が裸を意識しているのを見て、彼らが禁断の木の実を食べたと察して問いかける。これに対して、男は女にすすめられて食べたと言い、女は「へびがわたしをだましたのです」と答える。これを知ったときの神の言葉は実に厳しい。神はまず、へびにつぎのように言う。

おまえは、この事を、したので、

すべての家畜、野のすべての獣のうち、
最ものろわれる。
おまえは腹で、這いあるき
一生、ちりを食べるであろう。
わたしは恨みをおく
おまえと女とのあいだに
おまえのすえと女のすえとの間に。
彼はおまえのかしらを砕き、
おまえは彼のかかとを砕くであろう。

このような神の言葉の烈しさは、この神の特徴をよく示している。続いて神は、女に対して、苦しんで子を生まねばならないこと、それでも夫を慕い、夫が女を治めるだろうことを告げ、男に対しては、「一生苦しんで地から食物を取る」ことや「顔に汗してパンを食べ、ついに土に帰る」ことを告げる。

その後に、神は「見よ、人はわれわれのひとりのようになり、善悪を知るものとなった。彼は手を伸べ、命の木からも取って食べ、永久に生きるかも知れない」と言って、人をエデンの園の外に追放した。

ここで非常に明確なことは、人が罪を犯し、永久に許されることのない罰を与えられたということである。実に厳しいことである。これが、キリスト教徒にとって極めて重要な「原罪」(original sin)である。ともかく、人間として生まれてくる限り、すべての人は「罪」を背負っており、それを自覚して生きてゆかねばならない。

ところで、神が人を罰するときに発した、「見よ、人はわれわれのひとりのようになり、善悪を知るものとなった」という言葉は、どのように考えられるのだろう。神が「われわれ」と言うとき、それは何を指しているのだろうか。神は唯一だから、神が自分のことを指しているはずがない。われわれのひとりのような存在としての人間、それは「善悪を知るもの」として規定されている。明確に言うことはできないが、ここで神は人間を他の被造物とは異なる存在として認めているのだ。そして、「原罪」は言うなれば代償として課せられたものである。「原罪」という考えは、人間を「自然とは異なり、一段階神に近い存在」として規定する、ということと対をなしている。単なるマイナスのことではない。このことをよく認識しておかねばならない。

C・G・ユングは「人間の性質《ネーチャー》は、自然《ネーチャー》に反する傾向を持つ」と述べているが、これは人間のかかえる内部矛盾を端的に示している。人間も自然の一部であることは誰しも認めるだろうが、それでありながら反自然の傾向を強くもっている。この矛盾にどのように折合いをつけるかは大きい課題であり、それに対するある種の解答が、各神話のなかに反映されている。

アダムとイヴが知恵の木の実を食べて、最初にしたことは、自分の自然のままの姿を恥じて、いちじくの葉で隠すことであった。つまり、反自然の傾向をまず明確に打ち出したのである。これに対しては神も何もなすことなく、「原罪」を負わせて楽園を追放するより他なかったのである。

これに対して、日本の方はどうであろうか。そもそも唯一の神ではなく、多くの神々のいるところなので、「禁止」は神と人との間ではなく、神と神との間で行われる。その後の日本の神話の展開を見てもわかるように、この「神」は、ユダヤ・キリスト教に比してはるかに「人」に近い存在である。それに、ホヲリノミコトとトヨタマビメの話になると、ホヲリが山幸と呼ばれており、トヨタマビメが海底から出現してくるところなどを見ると、これらは、山と海という自然の間に生じたことかとさえ思われて、神・人・自然がユダヤ・キリスト教の場合のように画然とはしないのである。

日本の場合を見てみよう。禁止は女性から男性に対して課せられる。禁止を破った男性が見たものは、女性の死体のおぞましい姿であった。ホヲリは、女性が本来の姿、鮫に立ちかえっているところを見た。このどちらにも共通して言えることは、人間が畢竟「自然の一部」であることを知ったということではなかろうか。ここで注目すべきことは、それを見たときの男性の態度である。イザナキの場合、「見《み》畏《かしこ》みて」、ホヲリの場合、「見驚き畏みて」と表現され、いずれにおいても、「畏む」と述べられている。つまり、そこには宗教体験の基礎とも言える「畏怖の念」が認められる。ユダヤ・キリスト教における、神・人・自然の明確な分離に対して、いかに、神・人・自然が一体となって融合しているかが、この話のなかに如実に示されていると思われる(「見畏む」行為については、後の章でも詳しく論じることになろう)。

イザナキ・イザナミの場合、イザナミの「恨み」が語られる。あるいはそれは怒りに近い。逃走するイザナキを追いかける勢いにもそれが認められる。ただ、この際は、イザナミが一日に千人を殺す、それに対してイザナキは一日に千五百人生み出すという妥協が成立することによって、ある種の解決がもたらされる。

尋常ではないイザナミの恨みは、このような妥協的解決で収まったとは思えない。実際、その後に語られる多くの日本の物語のなかに、「恨みの系譜」とでも言える節を読みとることもできるであろう。「恨み」については後にもう一度取りあげるとして、ここで論じたいのは、ホヲリノミコトとトヨタマビメの場合である。

トヨタマビメの場合も、「その伺《かきま》みたまひし情《こころ》を恨みたまへど」とあって、「恨み」という表現がなされている。それでも恋しい心に耐えられず妹のタマヨリビメに託して歌を贈る。これに対して、ホヲリノミコトも歌を返している。これらの歌には、お互いの相手を慕う気持が美しく歌われていて、恨みは消えている。

ここに、「葛藤の美的解決」という方式が見出される。つまり、トヨタマビメの「恨み」は、男性と女性の間の歌の交換という美的な形のなかに解消されてゆくのである。あるいは、既に紹介した「鶴女房」の話であれば、鶴が空を翔けてゆき、それを悲しく見あげる男性の姿のなかに、ある種の美しさを感じるのであり、そこには、恨みや報復というテーマは生じて来ないのである。

ここに「美」として感じられるものの背後には、深い悲しみの感情が流れており、これらの感情をひっくるめて「あわれ」と呼んで、日本人は大切にしてきた、と言っていいだろう。本居宣長《もとおりのりなが》は『源氏物語』の語らんとすることは「もののあわれ」であると言ったが、日本人にとっては『源氏物語』のみならず、多くの物語にそれを感じると言ってよい。ホヲリとトヨタマの物語にしても、歌に託して愛する気持を述べながら、別れ住むことになる男女、特にその女性の姿に、「あわれ」を感じる人は多いだろう。既に神話の世界に「あわれ」の原型が存在しているのだ。

ここで、このような根源的な「悲しみ」を「原悲」と呼んでみてはどうであろう。ユダヤ・キリスト文化の根本に「原罪」があるのなら、人間と自然とのつながりを切ることのない文化の根本に「原悲」があると言えないだろうか。人間と自然との関係、その折合いをどうつけるかが、大きい問題であることは既に述べた。そのとき、ユダヤ・キリスト教のように、人間が自然と異なることを明確にするときに「原罪」の自覚が必要となるように、人間がその「本性」として自然に還ってゆく、自然との一体感の方に重きをおくときに、「原悲」の感情がはたらく、と思われる。

この「原悲」の感情は、おそらくアニミズム的な宗教を背景にもつ文化において、相当に共通しているのではないかと思うが、それをどのように表現し、洗練してゆくかは、それぞれの文化によって、ニュアンスを異にしてゆくと考えられる。たとえば、日本の場合、それは「あわれ」として表現されてゆくが、隣の韓国においては、むしろ恨み方に近い「恨《ハン》」という感情として大切にされてきたと思われる。もちろん「恨《ハン》」は、単なる恨みなどを超え、もっと深い意味合いをもっている。日本人としては簡単に論じることはできないものである。

日本と対比して聖書の話を持ち出してきたが、ケルト文化を強く残しているアイルランドにおいては、昔話(既に述べたように「伝説」と区別し難い)は、日本のものとの類似性が高い。あるいは、ハイネの紹介している伝説が、日本のものとパターンが同じであるのも既に述べたとおりである。

このことは、現代の状況で言えば、日本と西洋とか、東洋と西洋とかの比較を行うことができるとしても、それは決定的な差というのではなく、現代の西洋の人々もその根をたどってゆくと、東洋とも日本とも通底するものをもっているということである。このことは極めて大切なことである。だからこそ、異文化の理解ということも相当深く可能になるのである。

四　原罪と日本人

キリスト教文化においては「原罪」が、その世界観における重要な支えとなっているのに対して、日本では——そしてアニミズムを基本とする多くの文化において——「原悲」ということが支えになっていることを、前節において指摘した。

このことを考える上で貴重な「実験」が行われた、というのは言葉の綾であるが、貴重な歴史的現象が生じた。

表2　キリシタン史略年表

1549	ザビエル来日，キリスト教伝来．	布教公認
1587	秀吉の宣教師追放令．	布教黙認
1613	家康，キリシタンを厳禁．以後，京都・長崎・江戸などで大殉教．	弾　圧
1635	宗門改．	
1637	島原の乱．以後，郡崩れ・浦上一～三番崩れなど，潜伏発覚が相次ぐ．	
1858	幕府，弾圧は続けながらも，外国人のための教会を認める．	再布教
1865	プチジャンによるキリシタンの発見．	
1873	キリシタン禁制の高札，撤去．	

出典）老松克博・太田清史・田中かよ子「『天地始之事』を通して見た日本人のこころ」日本病跡学会(1991年4月)発表配布資料．

と言うのは、一五四九年にキリスト教が日本に伝来し急激に広まったが、一六一三年に江戸幕府により徹底した禁教令が発布され、一六四四年には最後まで日本に生き残っていた宣教師も殉教、その後は一人の指導者もいなくなって、信徒のみが残された(表2参照)。しかし、その後、周知のように彼らは「潜伏キリシタン」として、二百年以上もその信仰を続ける。筆者が先に「実験」という表現をしたのは、ある宗教が異文化のなかに入り、指導者なしに継続するとき、それはその文化の影響力によって、どのように変化するのか、という極めて興味深い事実がそこに認められるからである。しかも、彼らはその伝承してきたことを、ある程度文書に書き留めており、それがキリシタン禁教令の撤廃後に、だんだんと一般にも読めるようになったので、研究が可能となってきた。

それらの文書のなかで、「天地始《はじまりの》之事《こと》」と題されているものが、一九三一年に研究者によって世に知られることになったが、これは旧約聖書「創世記」一―三に相当する物語であり、これを読むことによって、もともとのキリスト教の聖書に語られていることが、二百年以上の年月のなかでいかに

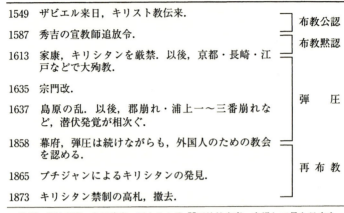

「文化変容」を遂げたか、ということが如実に示されるのである。そのような点で、これは実に貴重な資料である。(6)

ところが、キリシタンの研究ということで、どんな弾圧があったかとか、どのくらい殺されたかとか、宗門改がどうだったとか、日本人は熱心に研究しているけれども、隠れキリシタンの日本化されたキリスト教の中には、日本人がキリスト教を自己のものにしようとするときの屈折度やその問題点がよく表われているような印象を受ける。ところがそういう研究がどうも少ないのではないかという、作家の遠藤周作の嘆きに示されているように、「天地始之事」を筆者が述べたような観点から研究した例は極めて少ないと思う。これについては、既にある程度他に発表しているので、ここでは「原罪」のことについてのみ考えてみたい。

「天地始之事」は、「そも〳〵でうすと敬〔ま〕い奉るは、天地の御主、人間万物の御親にて、ましますも也」という文ではじまり、創造主としての唯一神、「でうす」の存在を明言している。これは聖書のとおりの考えである。そこで話をとばして、「原罪」に関するところを見ると、人間は「あだん」という男性と「ゑわ」という女性がいるが、彼らを誘惑するのは、へびではなく「じゆすへる」である。「じゆすへる」は、ラテン語の Lucifer で、聖書では有力な天使であったがデウスに背いて悪魔となった存在である。ここで、へびが出て来ないのも興味深いことだが、「天地始之事」の話を続けることにしよう。

じゆすへるは「数万のあんじよをたばかり」(「あんじよ」はポルトガル語で天使)、自分はでうすと同等だから拝めと言い、天使たちは従うが、あだんとゑわは従わない。でうすは「まさんの木の実、かならずくう事なかれ」(「まさん」はポルトガル語のりんご)と禁止を与える。じゆすへるは、ゑわに対して、「此まさんの木の実は、でうすや、此じゆすへるがものなり。これをたべ候得ば、みなでうす同然の位になるがゆへに、法度《はっと》也」と説明し、「これをたべて此じゆすへるくらいになりともなられよ」とすすめ、ゑわは喜んでそれを食べる。ゑわのすすめであだんも食べたところに、でうすが現われる。「いかにあだん、それは悪の実なるに」とでうすは言い、「ゑわもあだんも、たちまちに天の快楽《けらく》をうしな」ってしまう。

二人は大いに悔い嘆いた後に、「我いま一ど、何とぞばらいぞの快楽《けらく》を、うけさせたまわれかし」とでうすに願うと、「天帝きこしめされ、さもあらば、四百余年の後悔すべし。其節はらいそに、め〔し〕くわゆるなり。又ゑわは中天の犬となれと、蹴さげられ、行衛《ゆくゑ》もしれずなりにける」。

ここで極めて重大なことは、四百余年後ではあるが、「はらいそ」（天国）に帰ることが約束され、「原罪」が消え去ってしまうことである。なお、ついでながら、じゆすへるは、「雷の神」となって、中天に十相の位を得て留まることになる。つまり、徹底した「悪」にはならない。このようなところにも、日本化の傾向が認められる。ゑわは行方知れずになるが、「天地始之事」では、ゑわはすでに男女の子どもを産んでおり、この子どもたちが下界に降りて、人間の祖先となる。

「原罪」がなくなるということは、キリスト教でなくなる、と言ってもいいほどのことであるが、やはり日本人としては「原罪」の重荷に耐えかねたのであろう。潜伏中のいつ頃にこのような変容が生じたのかは知る由もないが、長い時間経過のなかで、このような変化が生じたのであろう。唯一の創造神を理解することもなかなか困難であったろうが、それは何とか受けいれたとしても、その神が人間に対して「原罪」を宣告するとは、どうしても理解できなかったのであろう。神が「許す」ことをしないとは、どうしても考えられなかったのである。

潜伏キリシタンの生活をみると、何と言っても重要なことは、彼らは年に一度どうしても絵踏みという罪を犯さざるを得ない。そのような罪も許されるのだと考えなかったら、彼らは生きてゆけない。そこで、「原罪」を認めるとなると、あまりに荷が重く耐えられなかったのだという説もある。それはともかくとして、彼らの生活においては暦が非常に大切で、この日は何をするとか、何かをしてはいけないなどとこと細かに決められている。これは察するに、絵踏みによって犯した罪を一年間の行いによってつぐなおうとしている、あるいは、けがれを払うというような感覚なのではないかと思われる。

春夏秋冬の季節のめぐりに合わせて、つぐないを行い、またそのときがくると絵踏みの罪を犯さねばならない。このような生活には、極めて輪廻的なイメージが作用していると思われるし、その基調として、人生のかなしみ、つまり「原悲」と表現したくなるような感情の流れがあると感じられるのである。

なお、日本の話においては、へびが消え失せ、したがって、人とへびとの間に神が置いた恨みというのも消え失せていることも、重要なことである。聖書の場合に語られた、神と人との間に「原罪」が、人とへびとの間には「恨み」があるという明確な図式は、もっとあいまいな形になり、「天地始之事」では、ゑわを誘惑した「じゆすへる」は、悪魔になるのではなく、降格はされたものの未だ十相の位に留まり、雷神として中天にいることになって、ここでも明確な善悪の区別は避けられている。

(1) 矢島文夫訳「イシュタルの冥界下り」『古代オリエント集』筑摩世界文学大系1、筑摩書房、一九七八年。
(2) 秋本吉郎校注『風土記』日本古典文学大系2、岩波書店、一九五八年。
(3) 河合隼雄『昔話と日本人の心』岩波書店、一九八二年。のち、『河合隼雄著作集』第八巻、岩波書店、一九九四年、に所収。
(4) ハインリヒ・ハイネ著、小沢俊夫訳『流刑の神々 精霊物語』岩波文庫、一九八〇年。
(5) フランク・ディレイニー著、鶴岡真弓訳『ケルトの神話・伝説』創元社、二〇〇〇年。
(6) 「天地始之事」『キリシタン書 排耶書』日本思想大系25、岩波書店、一九七〇年、所収。

第四章　三貴子の誕生

一　父親からの出産

日本神話のなかで「三貴子」と呼ばれる、アマテラス、ツクヨミ、スサノヲは、確かに神話全体のなかで極めて重要な地位を占めるトライアッドである。これらの神の誕生について、『古事記』に従って見ることにしよう（原文は序章六頁に既に引用してある）。

イザナキは黄泉の国より逃げ帰り、あの世とこの世を「千引《ちびき》の石《いは》」によって明確に分けた後に、妻のイザナミと別れの言葉を交した。その後で、イザナキは自分はきたない国に行ってきたので、みそぎをしよう、と言う。そして、もっていた「杖」「帯」「嚢《ふくろ》」などを投げ棄て、続いて、衣、褌《はかま》、装身具などをつぎつぎに投げ棄てて裸になる。これらの投げ棄てたものから、それぞれに「神」が生まれるのだが、その神の名は省略しておこう。

ここで印象的な対比が、シュメールの「イナンナの冥界下り」との間に認められる。この点は前章に少し触れたが、シュメールの女神イナンナは冥界に下ってゆくとき、七つの門をくぐるたびに、その装身具や衣類をとることを要求され、最後は、まったく裸の状態になって、冥界の女王、エレシュキガルの前に立つ。この際の女神イナンナの体験は、女神としての誇りの象徴とも言うべき飾りをすべてはぎ取られ、裸にされてしまったという、恥辱に満ちたものであった。これに対して、イザナキが冥界を訪ねたときは、門も何もなく、すぐに到達したのだが、帰るにあたって、むしろ冥界を恥ずべきよごれた国として体験し、それを清めるために、そこでつけていた装身具を自ら投げ棄て、けがれない姿としての裸体を体験する。女神と男の神という差だけではない対比がここに認められる。この点については、ここで結論を出さずに、われわれの女神、アマテラスの重大な体験のところまで、考察は延期しておく。

イザナキは「上《かみ》つ瀬《せ》は瀬《せ》速《はや》し。下《しも》つ瀬は瀬弱し」と言いつつ中つ瀬に入り、みそぎをする。このとき、冥界の汚垢《けがれ》によっても神が生まれ、それを「直す」ための神も生まれる。このあたりを読むと、ここに語られる「神」が、キリスト教の「神《ゴッド》」とは異なることがよく実感される。古代の日本人にとっては、これらのひとつひとつにヌミノースな感情が湧き、それを「神」と名づけたのであろう。

続いて、イザナキが左の目を洗うときに、アマテラス（天照大御神）が生まれ、右の目を洗うときに、ツクヨミ（月読命）、鼻を洗うときにスサノヲ（建速須佐之男命）が生まれる。このとき、イザナキは大変喜んで、「吾《あ》は子を生み生みて、生みの終《はて》に三はしらの貴き子を得つ」と言う。そして、アマテラスに対して「汝命《いましみこと》は、高天《たかま》の原を知《し》らせ」、ツクヨミには「汝命は、夜《よる》の食国《をすくに》を知らせ」、スサノヲには「汝命は、海原《うなばら》を知らせ」と命じた。

これが三貴子誕生の物語である。ここでまず注目すべきことは、この最も貴いとされる三柱の神が父親から生まれている、という事実である。すべての人間は母親から生まれてくる。このことは古代の人々もよく知っていたはずである。にもかかわらず、敢えて父親からの出産を語るには、それだけの理由があるはずである。

これについて想起するのは、聖書において、最初に神によってつくられたのはアダムという男性であり、その男の骨から女性のイヴがつくられる、つまり、最初の人間は男であり、女は男の一部よりつくられたということである。既に述べたように、人間はすべて女性から生まれることは自明のことであったし、その「神秘」に感動した人々は、まず、神としては女神、それも大母神を想定したと思われる。実際、ヨーロッパでもキリスト教以前の宗教は、地母神を中心とするものであったろうことは、発掘調査によって裏づけられている。日本の縄文時代の土偶にも地母神は多い。これらの母性優位の宗教と異なり、父性原理の優位性を明らかにするためには、まず、男性が先につくられたとする物語が適切であったと考えられる。ユダヤ・キリスト教は珍しく、父性優位の宗教である。

日本の神話はこれに対して、まず、大母神イザナミがつぎつぎと国土も含めて、ほとんどすべてのものを生み出したことを語る。つまり、圧倒的な母性の優位を示している。ところが、注目すべきことに、「三貴子」は父親から生まれたと語るのである。つまり、ここで極端な母性の優位性を、父性の強調によってバランスしている。このような巧妙なバランスのとり方は、日本神話の特徴と言うべきであり、今後も、何度も同様のことが繰り返されるであろう。イザナキ・イザナミの結婚の場合も、一応表面的には男性優位を示しながら、他の類話などを参照すると、それは相当あいまいになることは、既に論じたとおりである。

ここで、三貴子を生んだのはイザナキであるとして、父性優位の巻き返しがあり、そのままイザナキが最高位につくと、完全な父性優位ということになるのだが、彼が後継者として「高天の原を知らせ」と命じたのは、アマテラスという女性であった。ここが日本神話特有のバランス感覚のあらわれである。と言っても、以後、女性優位が確立してゆくのかというと、そうではないことは、神話の展開を追うことによって明らかになるだろう。

父親よりの出産について、一言つけ加えておく。序章にも少し触れたが、それはギリシャの神々のなかで日本人にもよく知られている、アテーナーという女神、ディオニューソス（バッコス）という男神も、父親から出産した神である、ということである。どちらも、ギリシャ神話の最高神、ゼウスより出産している。とは言っても、どちらも最初は母親の胎内にいたのを、母親が死ぬときにゼウスが救い、アテーナーの場合は自分の頭の中に、ディオニューソスの場合は、腿に入れこんで育てたものである。したがって、純粋な「父親からの出産」とは言い難いのだが、それにしても父親との結びつきの強さは明白である。このアテーナーがアマテラスと、ディオニューソスがスサノヲと類似性をもつことも、興味深い点であるが、それは後にそれぞれの神について論じるときに述べるであろう。

二　目と日月

アマテラスとツクヨミ、つまり日と月は、それぞれ父親の左目、右目から生まれている。このとおりの神話ではないが、日月が神の目であるという主題は世界の神話のなかにかなり広く見られる事実である。この点については、大林太良の周到な研究があるので、それに従いながら、考察をすすめてゆきたい(1)。

中国の「盤古《ばんこ》神話」において、彼の死後、その目が日月になることは、わが国においてもよく知られている。大林が『五運歴年紀』より引用しているところを紹介する。

首《はじめ》に盤古を生ず。死するに垂《なんな》んとして身を化す、気は風雲と成り、声は雷霆と為る。左眼は日と為り、右眼は月と為り、四肢五体は四極五嶽と為り、血液は江河と為り、筋脈は地の理と為り、肌肉は国土と為り、髪髭は星辰と為り、皮毛は草木と為り、歯骨は金石と為り、精髄は珠玉と為り、汗は流れて雨沢と為り、身の諸虫は、風の感ずるところに因って、化して黎甿と為る。

ここには左眼が日、右眼が月となったと書かれていて、宇宙的なスケールの巨人、盤古の目がそのまま日月になったと考える。このような巨人の目が日月となる例を大林はいろいろとあげているが、内陸アジアやシベリヤなどのなかで、「チベットでもパドマパニ Padmapani（観世音菩薩）の右目から太陽、左目から月が出てくる絵がある」という例がある。ここにこれを特に取りあげたのは、この場合は、右が太陽、左が月となっていて、盤古や日本神話とは左右が逆になっているからである。この点に注目してみると、マレー半島、インドネシア、ギルバート諸島、などに太陽は右目、月は左目という例が認められる。またアフリカについては、「アフリカでは古代エジプトの天神ホルスの両目が日月だったほか、気象の神アムンの右目は太陽、左目は月、鼻から出る呼気は風であった。また自身太陽神であるレの右目が太陽、左目が月であり、王は右目と太陽、王妃は左目と月に比せられた」と述べている。

日月を巨人の両眼とするだけで左右を明らかにしない例もあるが、以上を見てみると、右と太陽、左と月の結びつきが一般的で、むしろ、日本神話と盤古の例のように、左と太陽、右と月が結びつくのは珍しいようである。日月を目と結びつける考えは、大林も指摘しているように、相当に世界に広く認められる傾向である。これは人間のもつ五感のなかで、目でものを見ることがもっとも重視されていること、したがって、「見る」ことが、意識、光、洞察などと結びつけて考えられることが関係しているだろう。わが国では、「お天道さんが見てござる」という表現があって、道徳の規範とも結びつけられている。

ここで、右左のことに関心をもつのは、世界的な傾向としては、右は左より優位と考えられることが多いので、それと日月の優位性などについて考えてみたいからである。世界の民族で、右利きの人が左利きより多いという事実は共通で、その反対はない。したがって、一般には右が左に対して優位と考えられる。ところが、中国や日本では、左大臣が右大臣より上席であるように、左を右より優先する考えがある。しかし、「〜の右に出る者はいない」とか「左遷」などの表現は右優位の考えである。

右左のことにこのようにこだわるのは、西洋の伝統的な象徴性の考えでは、右―太陽―光―男―意識というつながりに対して、左―月―闇―女―無意識というつながりが対立していて、前者を優位とする考えがあるのに対して、日本はどうなのかを調べてみたいからである。

日本の神話では、左―太陽―女、という結びつきが見られ、西洋の一般的な象徴的なパターンと明らかに異なっている。ただここで、左と右の優位性という点では、日本の場合あまり明確なことは言えないが、序章にも強調したとおり、太陽―女性という結びつきは特異なこととして強調すべきであるし、これについて考える必要があると思われる。

三　アマテラスとアテーナー

日の女神、アマテラスの特性について考えるとき、ギリシャの多くの神々のなかで、もっとも類似性を感じさせる神として、アテーナーをあげるのが妥当ではないだろうか。序章にも既に述べたが、アテーナーは父親から生まれている。彼女はアテーナイの都市の守護神であり、「大空、それも浄らかに澄んだ空の輝き、処女性の浄らかさに通ずる美」をもつ神であるという。甲冑をつけ槍と楯とをもって生まれたという姿は、アマテラスがスサノヲと対決するときの武装した姿を想起させる。このような類似性を感じさせるアテーナーの誕生はどのようだったのだろうか。

ゼウスの正妻はヘーラーとされてはいるが、その婚姻関係は簡単ではなく、ヘーラー以前にも結婚をしている。その最初の相手が女神メーティスである。メーティスは「叡智、思慮」を意味し、神々や人間のなかでも「一番にすべてを心得た、聡明な女神として、ゼウスの妃たるにふさわしい者」であった。ところが、大地と大空がゼウスに忠告して、二人の間に生まれる子は、男女を問わず、この上なく聡明で剛毅であるはずで、もし男なら、父親を凌ぎ、神々と人間たちの君になるであろう、それで、ゼウスがもし永遠に統治権を握っていたいなら、適当な処置が必要であろう、と言った。

ゼウスはその意見に従い、メーティスが懐妊したとき、彼女を自分の腹の中に呑みこんでしまった。以後、ゼウスは以前より聡明になったとのことだが、その胎児はゼウスの頭の中で成長していった。月満ちるとゼウスは大変な頭痛を覚えたので、ヘーパイストスに命じて斧で頭を打ち割らせた。すると、アテーナーが武装に身を固め、雄たけびをあげて飛び出してきた。何とも劇的な誕生である。アテーナーは聡明かつ気丈夫で、軍事にまで携わる。しかし、彼女はまた女性の特技とされる機を織ることにも長けていた。アマテラスと機織りも重要な結びつきをもっているが、この点でも両者は共通している。

アマテラスもアテーナーも「父の娘」である。しかし、ここで両者の「父」のあり方が異なっていることを認識しておかねばならない。つまり、ゼウスは自分の妻の命を奪ってでも自分の永遠の統治権を守ろうとした。ところが、イザナキの方は自分の統治権をあっさりと娘に譲り、自分は身を隠してしまうのである。この差は実に大きい。

あるいは、次のようなことも考えられる。ゼウスは自分とメーティスの間にできる子が、「この上なく聡明で剛毅」であるのみならず、もし男の子なら自分の統治権をおびやかすと知って、それを亡きものにしようとした。ところが、結局はその子は不思議な経過を経て「父の娘」として誕生し、女の子だったので、ゼウスの統治権を奪おうとしたりすることはなかった。ところが、日本の場合、イザナキは、「この上なく聡明で剛毅」な女の子を、すんなりと「父の娘」として生み出し、その子に自ら統治権を譲ってしまうのだ。このあたりの類似点と相違点は、彼我の特徴をよく示していて、実に興味深い。

ここで、しばしば言及してきた「父の娘」ということについて少し説明しておきたい。「父の娘」という点に注目しはじめたのは、ユング派の女性分析家たちである。アメリカのように極めて父権的意識の強い国においては、長らく女性の地位は低く見られてきたが、それに対して、ウーマン・リブの運動が強く起こり、女性も男性と同等の能力をもつことを主張し、また実際に女性が、それが可能であることを立証しようと努力をした。その結果、それまで男性が独占していた多くの職場にも女性が進出し、どんどんと仕事を遂行していった。このようにして、女性の社会進出はアメリカにおいて成功を収めることができたのである。

ところが、これで問題が片づいたわけではなかった。他から見ると羨ましい地位にある女性たちが、実際は思っていたほど楽しく嬉しくないと感じはじめたのである。それは、自分たちのもっている「女性性」というものが、その成功のための犠牲となって、ひどく傷ついていると感じはじめたからである。ユング派の女性の分析家、シルヴィア・B・ペレラは、その著書『神話にみる女性のイニシエーション』のなかで次のように述べている。(2)

「女性性との関係でひどく傷ついているような、私を含めた女性たちは、普段は、相当な成功を収めているというペルソナがあって、公には好ましい印象を与えているのですが、そのことがむしろ問題なのです」。つまり、社会的に成功を収めていることが問題だというのである。それはなぜだろうか。それは「つまり、彼女は彼女自身の固有な中核的アイデンティティ、すなわち女性的価値や女性的立場の感覚をほとんど持っていないのでした。というのは、西洋では、女性の価値は男性との関係でのみ決定されることがあまりにも多いからです」と彼女は言う。彼女はこのような自分自身を、「父の娘」と呼んでいる。

父のもつ価値観にそのまま合わせようと、自分自身を鍛え、そのことによって成功している。しかし、本来の自分はどうなったのだろうというのである。そして、「父の娘」としてではなく、あくまでも「個としての女性」(one for herself)として生きるにはどうすればよいかを彼女は追求しようとする。そのために、彼女はシュメール神話における女神イナンナのイメージを大切に考えるのだが、この点についてはまた後に論じることになるだろう。

ペレラの言う「父の娘」の説は、日本の現代女性でも思いあたる、と感じる人もあるだろう。現代の日本人は相当に西欧化された生き方をしているからである。確かに、ペレラが「父の娘」の一人としてあげる女神アテーナーのように美しく輝く、そして甲冑に身を固めた強さをもち、従者としての男性を率いている現代女性は、日本にも存在している。

しかし、アマテラスはアテーナーに似て、「父の娘」ではあるが、まったく同じではない。第一、ギリシャではゼウスという男性神が主神であり、アテーナーはその娘であるのに対して、日本ではアマテラス自身が主神なのである。彼女は「父の娘」であって、母を知らない。そのような意味で、アマテラスは地母神ではないのだ。大地母神イザナミが死んで黄泉に行き、地下の神となったときに、アマテラスが天上の神となって、両者は共にその世界の主神となる。ここで、アマテラスがイザナミの娘であれば、見事な母権制の社会ということになるのだが、アマテラスが「父の娘」である、というところに一味違うニュアンスがある。これが日本神話の特徴である。そして、また、彼女は「父の娘」とは言っても、純然たる父権意識の世界のそれとは異なっているのである。キリスト教文化圏、特にその傾向を強めたアメリカは、父権社会である(「あった」という過去形としては、未だ言いきれないだろう)。そのような社会における「父の娘」の問題を、ペレラは明確に指摘している。このことは欧米の影響の強い日本でも、そのままに相当共感されるだろうが、やはり同一ではないところに難しさがある。これからの神話の展開においてますます明らかになるように、日本ではその神話が父権的か母権的かという区別を立てることは、まずできない。すでにアマテラスの像についてみてきたように、両者が巧妙に入りまじるところに特徴をもっている。したがって、ペレラの説をそのまま日本女性にあてはめることはできない。日本の事情に単純な図式化を試みることは難しいのである。日本女性の生き方を考えることの難しさは、このような点にも関係してくると思われる。もっとも、女性の生き方を考える難しさは、男性のそれに直結してくることではあるが。

四　ツクヨミの役割

アマテラス、ツクヨミ、スサノヲは「三貴子」と呼ばれる。アマテラスについては、既に論じたし、次章以降においては、スサノヲとの関連で、両者について語ることになる。それでは、中心に存在するツクヨミはどういう神なのか。ツクヨミはツキヨミとも呼ばれ、月弓、月夜見、月読などと表記されている。おそらく、月弓は月の弓形の類推であろうし、夜見はそのままのことだが、月読は、月によって暦を数えたからだろうと思われる。

古代は陰暦だったわけだから、月の重要性は明らかである。

しかしながら、日本神話においては、ツクヨミに関する物語が極端に少ないのである。『古事記』においては、イザナキの右目より生まれ、「汝命《いましみこと》は、夜《よる》の食国《をすくに》を知らせ」と言われたこと以外に、何も語られないのである。『日本書紀』においては、ツクヨミに関する話がひとつだけ記録されているが、少ないと言えば、アマテラス、スサノヲに比して極端に少ないと言わねばならない。それを紹介する前に、『日本書紀』においてツクヨミの誕生がどのように語られているか、「一書曰」を含めて見ておくことにしよう。

本文においては、ツクヨミは、アマテラス、スサノヲと共に、イザナミから生まれたとされている。つまり、イザナキ、イザナミの結婚の後、イザナミが日本の国々を生んだ後で、これらの神々を生んだのである。本文を引用しておこう。

既《すで》にして伊奘諾尊《いざなきのみこと》・伊奘冉尊《いざなみのみこと》、共《とも》に議《はか》りて曰《のたま》はく、「吾已《われすで》に大八洲国《おほやしまのくに》及び山川草木《やまかはくさき》を生めり。何《いか》ぞ天下《あめのした》の主者《きみたるもの》を生まざらむ」とのたまふ。是《ここ》に、共に日の神《かみ》を生みまつります。大日孁貴《おほひるめのむち》と号《まう》す。一書に云はく、天照《あまてらす》大神《おほみかみ》といふ。一書に云はく、天照大日孁尊《あまてらすおほひるめのみこと》といふ。此の子《みこ》、光華明彩《ひかりうるは》しくして、六合《くに》の内《うち》に照《て》り徹《とほ》る。故《かれ》、二の神《ふたはしら》喜《よろこ》びて曰《のたま》はく、「吾《わ》が息《こ》多《さは》ありと雖《いへど》も、未《いま》だ若此《かく》霊《くしび》に異《あや》しき児《こ》有《あ》らず。久《ひさ》しく此の国《くに》に留《と》めまつるべからず。自《おの》づから当《まさ》に早《すみやか》に天《あめ》に送《おくりまつ》りて、授《さづ》くるに天上《あめ》の事《こと》を以《も》てすべし」とのたまふ。是《こ》の時に、天地《あめつち》、相去《あひさ》ること未《いま》だ遠《とほ》からず。故、天柱《あめのみはしら》を以て、天上《あめ》に挙《おくりあ》ぐ。次に月《つき》の神を生みまつります。一書に云《い》はく、月弓尊《つくゆみのみこと》、月夜見《つくよみ》尊《みこと》、月読尊《つくよみのみこと》といふ。其の光彩《ひかりうるは》しきこと、日に亜《つ》げり。以て日に配《なら》べて治《しら》すべし。故、亦《また》天に送《おく》りまつる。次に蛭児《ひるこ》を生む。已《すで》に三歳《みとせ》になるまで、脚猶《あしなほ》し立たず。故、天磐櫲樟船《あまのいはくすぶね》に載《の》せて、風《かぜ》の順《まにま》に放《はな》ち棄《す》つ。次に素戔《すさの》鳴尊《をのみこと》を生みまつります。一書に云はく、神素《かむす》戔鳴尊《さのをのみこと》、速素《はやす》戔鳴尊《さのをのみこと》といふ。此《こ》の神《かみ》、勇悍《いさみたけ》くして安忍《いぶり》なること有《あ》り。且《また》常《つね》に哭《な》き泣《いさ》つるを以《も》て行《わざ》とす。故、国内《くにのうち》の人民《ひとくさ》をして、多《さは》に以て夭折《あからさまにし》なしむ。復使《また》、青山《あをやま》を枯《からやま》に変《な》す。故、其《そ》の父母《かぞいろは》の二《ふたはしら》の神、素《す》戔鳴尊《さのをのみこと》に勅《ことよさ》したまはく、「汝《いまし》、甚《はなは》だ無道《あづきな》し。以て宇宙《あめのした》に君臨《きみ》たるべからず。固《まこと》に当《まさ》に遠く根国《ねのくに》に適《い》ね」とのたまひて、遂《つひ》に逐《やら》ひき。

これに続いて本文では、イザナキの冥界探訪はなく、すぐに、スサノヲが根国《ねのくに》に行く前に、姉のアマテラスに挨拶しに高天原へ行こうとするところへと、話は続くことになる。このあたりは『古事記』に比べると話が相当に単純になっているが、おそらく外国向けの公的な話として、黄泉の国を訪ねるとか、父親の目や鼻から子どもが生まれるとか、あまりにも非現実的と思われる話を避けたのかもしれない。

このことはともかくとして、『日本書紀』も本文を見る限りでは、ツクヨミについて、その誕生が語られるだけで、他には何の物語も存在していない。これは『古事記』と同様である。

ところが、第五段「一書曰」⑾には、一か所だけ、ツクヨミに関する話が語られている。それは次のような話である。

イザナキはアマテラスに高天原を治めよと言い、ツクヨミには「日に配《なら》べて天《あめ》の事を知《しら》すべし」、スサノヲには「滄海之海《あをうなはら》」を治めよと言う。そこで、アマテラスは天にあって、ツクヨミに「葦原中国《あしはらのなかつくに》に保食神《うけもちのかみ》がいるので、そこを訪れるように」と命じる。ツクヨミが行ってみると、ウケモチは、国の方に顔を向けると口から飯が出てきて、海に向かうと魚が口から出る。山に向かうと獣が出てくるので、それらを取りそろえてツクヨミをもてなそうとした。ツクヨミは口から吐き出したものを自分に食べさそうとするのは汚いと怒り、剣を抜いて切り殺してしまう。このことをアマテラスに報告すると、アマテラスは怒って、「お前は悪い神だから、相見ることはない」と「月夜見尊《つくよみのみこと》と、一日一夜、隔て離れて住みたまふ」ことになる。ウケモチは死んでしまうが、その体から牛馬や粟、稗、稲など食糧となるものが、つぎつぎと生まれていた。

ここに、ツクヨミの大変興味深い話が語られるのだが、実はこれと同じ話が『古事記』には、スサノヲを主人公として語られているのだ。それは、スサノヲが追放されて下界に下るときに、オオゲツヒメ(大気都比売)に何か食物が欲しいと言ったとき、先ほどのウケモチの場合と同様のことが起こり、スサノヲはオオゲツヒメを殺し、そこからいろいろな食物や蚕が生まれるのである。

これはおそらく、『古事記』に語られるように、スサノヲに関するエピソードが本来のことであり、「一書曰」は、それを『日本書紀』に取り込むとき、ツクヨミと混同したのではないかと思われる。この点については、後でもう一度触れることにする。

神話においては、以上のようにツクヨミはほとんど何も語られていない。ところが、『万葉集』にアマテラスは出て来ないが、ツクヨミは出て来るのである。

まず、七巻一三七二の歌、

み空ゆく月読壮士《つくよみをとこ》夕去らず
目には見れども寄る縁《よし》も無し

同巻の一〇七五の歌、

海原《うなはら》の道遠みかも月読《つくよみ》の
　光すくなき夜は降《くた》ちつつ

このどちらの歌にも、月が「月読壮士」、「月読」として歌われている。古人の心のなかにツクヨミは大切なものとして存在していた。それに『万葉集』を見ればわかるように、「月」を歌う歌は多いのだが、太陽の歌はほとんどないと言ってもいいほどである。

それに次のような歌はどうであろう。一〇六八と一〇八〇の歌である。

天《あめ》の海に雲の波立ち月の船
　星の林に漕ぎ隠る見ゆ

ひさかたの天照《あま》る月は神代にか
　出でかへるらむ年は経につつ

国文学者や歌人がこれらの歌をどのように解釈するかは知らないが、筆者にとって印象的なのは、どちらも「太陽」のイメージに重なると感じられる点である。最初の歌は柿本人麻呂の歌であるが、天海に月の船が進んでゆく姿は、エジプト神話の太陽神ラアが天空を船によって渡ってゆくのとそっくりである。また、次の歌では月の形容として「天照る」が用いられているが、これはアマテラスの名前そのものである。これらから感じられるのは、月がまるで太陽のイメージをそのまま背負っているということである。それに対して、エジプトの太陽神ラアの崇拝のように、アマテラスを詠んだ歌などは存在しないのである。

ここには『万葉集』の例を少し示したが、その後の世において、日本人が「月」を愛でる事実は周知のとおりである。中秋の名月を観賞することは現代も続いている。花鳥風月、雪月花、などと日本人の美意識にかかわる重要なアイテムとして、月は欠かすことのできない存在である。月は「秋」と結びつけられることが多く、先にあげた『万葉集』の例とは異なり、秋の悲しさや淋しさと結びついた歌が多い。これらについては、敢えて例をあげる必要はないだろう。それにしても、これほどまでに日本人に愛でられている月に関して、神話のなかで何も語られないというのは、一見、奇異な感じを受けるのではないだろうか。

月のイメージについて考える上で参考になると思われる昔話をひとつ紹介しよう。「お月お星」という話である。(3)

お月とお星は姉妹であるが、お月は先妻の娘である。継母はお月をいじめ、何とか殺してしまおうとする。ところが、妹のお星が優しい子で、自分の母の悪だくみを知っては、うまく工夫をしてお月を助ける。継母はとうとう石切どのに頼んで石の唐櫃《からと》をつくらせてお月を入れ、奥山に棄てさせようとする。これを知ったお星は、石切どのに頼んで唐櫃の底に小さい穴をあけておいてもらう。お月を棄てることになったとき、お星は、姉に焼米と水をもたせ、それに菜種の袋を渡し、道々、唐櫃の穴から菜種を少しずつこぼしておくように言う。春になって、お星は菜種の花の道をたどって奥山にゆき、唐櫃に入っていた姉を救いだす。お月は長い間泣きくらしていたので、目がつぶれ見えなくなっていたが、お星の左の目から流れる涙がお月の右の目に、右の目から流れる涙がお月の左の目に入ると、ふしぎに両方の目がぱっちりと開いた。

二人は殿様に助けられ、その館に住むことになった。それからしばらく経って、二人が街道を眺めていると、一人の目の見えない爺さまが、

天にも地にもかえがたい
お月お星はなんとした
お月お星があるならば
なにしてこの鉦《かね》たたくべや
かーんかん

と鉦をたたきながらやってきた。あれは自分たちの父親だと二人がかけ寄り、三人が抱きあって泣き、お月の涙が父の左の目に、お星の涙が右の目に入ると、ふしぎに父の両方の目が開いた。殿様はこんな話を聞き、三人を館にいつまでも住まわせて大事にすることにした。

これでこのお話は終わりである。継母と娘の話はシンデレラをはじめとして世界中に分布していると言っていいほどである。この話はシンデレラのように、ヒロインの結婚によるハッピーエンドの形をとらないところが日本的だが、それらについての詳しい考察は控えることにして、ここに注目したいのは、月と目の結びつきが示されていること、月が女性であり、「父の娘」として登場していることである。神話では「ツクヨミ」として男性になっているが、それ以後の日本人一般にとっては、女性として感じる面も強かったに違いない。そのことが、

お月を女性として、しかも悲しいヒロインとして描くことになったと思われる。

お月は母に先立たれ、継母にいじめられている。最後のところで、父親と共に暮らすことになって、めでたしめでたし、というのだから、まさに「父の娘」である。しかし、この「父」はアメリカの現代女性の言う「父」とまったく異なっている。娘を思う気持は深いが頼りにならない、という点ではどこかで、イザナキに通じるところがある。このような点で、このお月は、アマテラスと少し似通っている。つまり、日本では、日と月とが意外な重なりを見せるのである。

ツクヨミの役割ということで、この節に述べたことをまとめてみよう。『古事記』『日本書紀』の本文に注目する限り、ツクヨミはほとんど「無」に等しいと言っていいだろう。三貴子と言いつつ、中心のツクヨミが無為であることは極めて重要である。

その上で、『日本書紀』の「一書曰」や『万葉集』、昔話などを参照して、「月」のイメージについて考えてみると、ツクヨミはスサノヲと混同されたり、アマテラス的な属性をそなえたものとしてとらえられたりしている。これは、あまりにも徹底した無為というのは考えにくいので、何か目に見える形で考えようとすると、中心のツクヨミの両側に存在するアマテラスやスサノヲのイメージを少し借りてくるようなことになるのかもしれない。と言うよりは、中心としてのツクヨミはまったく無為ではあるが、そのなかに、アマテラス、スサノヲ的なものを内在させている、と見る方が適切かもしれない。

五　第二のトライアッド

三貴子が日本神話の中心を占めるトライアッドであることは、誰しも認めるところであろう。このなかのアマテラスとスサノヲの物語は今後続いてゆくのであるが、ここに一応このトライアッドの性格を、第一のトライアッドとの対応によって検討しておこう。

この対応関係で、まず注目すべきは、アメノミナカヌシとツクヨミのそれである。第一のトライアッドにおいては、無為の中心、アメノミナカヌシが、父性原理を体現すると見られるタカミムスヒ、母性原理を体現すると見られるカミムスヒの間に存在している。これに対応して、第二のトライアッドでも、無為の中心、ツクヨミが、アマテラスという女性、スサノヲという男性の中央に存在している。このような対応に気づくと、ツクヨミについて何も語られないということも、納得がいくのである。

次に、タカミムスヒ、カミムスヒと、アマテラス、スサノヲの対応関係はなかなか微妙であり、これが日本神話の特徴をよく表わしている。対応関係が単純な構成をとるのなら、母性原理のカミムスヒが女性のアマテラスと結合し、父性原理のタカミムスヒが男性のスサノヲと結合して、男性対女性という対立関係が明白になるだろう。ところが、実際は、タカミムスヒは常にアマテラスの背後に立っていると言いたいほど、この二柱の神はペアになって現われ、スサノヲおよびその子孫であるオオクニヌシは、カミムスヒとの関係が深いのである。

これらの話は今後の神話の展開と共に語られるのであるが、トライアッドの構成との関係で少し先取りして語ると、次のようになる。まず、タカミムスヒであるが、この神は、まるでアマテラスの父親のような役割を担っている。タカミムスヒは『古事記』ではタカギノカミとも呼ばれ、「高木神」と表記されている。高い木のイメージは極めて男性性を感じさせるものだが、本居宣長は「高木神」をむしろ「タカグミの神」のなまったものと解釈している。いずれにしろ「高い」イメージは強く、常に高天原にあって、アマテラスを補佐している感じがある。

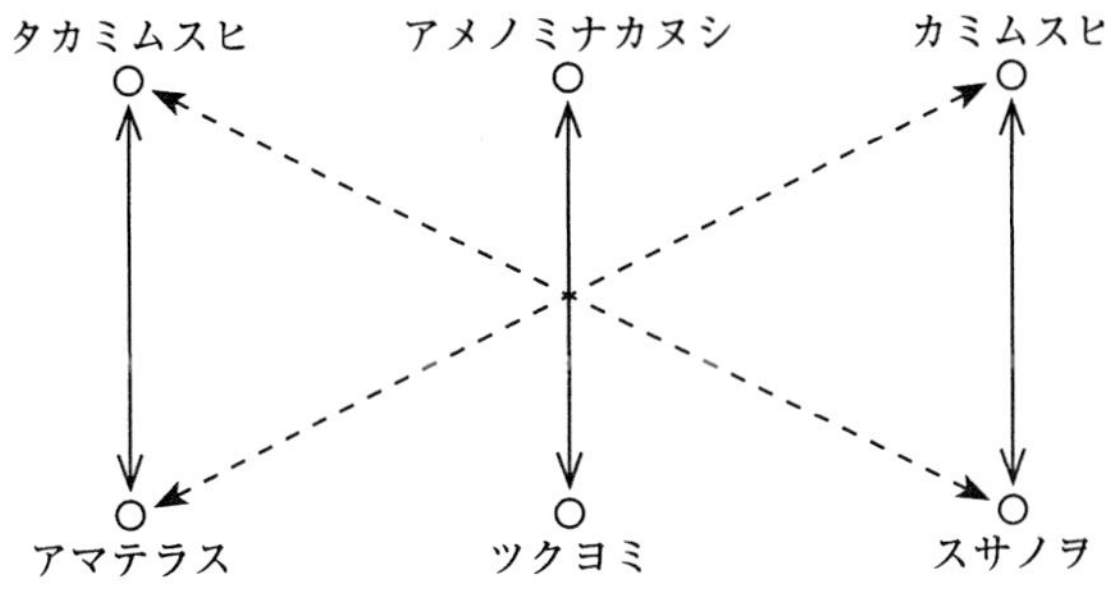

図1　第1と第2のトライアッド

タカミムスヒが、天孫降臨の神話に関連して多く登場することは既に第一章にも触れたが、その息子がオモヒカネであることも再び指摘しておこう。アマテラスが岩戸に隠れたときなど、オモヒカネはその名のとおり「思考する」ことに活躍するが、その父親がタカミムスヒである。タカミムスヒは「思考」という機能を生み出す能力をもっている。

また、アマテラスが自分の子が地上の世界を治めるようにと決めてからは、誰を遣わすかなどの決定に、アマテラスをいつも補佐するかのような形で現われている。特に、遣わしたアメノワカヒコが出雲の国に住みついて帰って来ないときに、鳴女《なきめ》という雉を遣わしたところ、アメノワカヒコはそれを射殺してしまう。ところが、その矢が天《あめ》の安《やす》の河《かわ》の河原にいたアマテラス、タカミムスヒのところまで飛んでくる。そのときに、「或《も》し天若日子《あめのわかひこ》、命《みこと》を誤《あやま》たず、悪しき神を射つる矢の至《きた》りしならば、天若日子に中《あた》らざれ。或《も》し邪《きたな》き心有らば、天若日子この矢に禍《まが》れ」と言って、その矢を投げ返し、それはアメノワカヒコに当たって彼を殺してしまう。なかなかの強い意志と行動力である。

タカギノカミは『古事記』の中巻にも登場する。カムヤマトイハレビコ、すなわち神武天皇が熊野で苦戦しているとき、高倉下《たかくらじ》が横刀《たち》をもってやってきて、「天照大神、高木神、二柱の神の命《みこと》もちて」タケミカヅチを通じてその横刀を下される夢を見たが、夢のとおりにその横刀が自分の倉に屋根をつらぬいて降ろされてきていた、と言う。それによって、天皇の軍は勝利することができる。また、道案内の八《や》咫烏《たがらす》を遣わすときも「高木大神の命もちて」と記されている。このようにタカミムスヒが決断や戦いなどと関連が深く、アマテラスと強く結びついていることは明らかである。

これに比して、カミムスヒの方はその機能も、結びつきも異なっている。『古事記』によると、すでに紹介したように、スサノヲがオオゲツヒメを殺し、その身体から蚕や稲、粟などが生じてきたとき、それらをとって種としたのは、カミムスヒである。

また、これももっと後になってからの話であるが、スサノヲの子孫のオオクニヌシが八十《やそ》神に謀殺されたとき、それを再生させたのは、カミムスヒである。八十神がオオクニヌシに猪をつかまえるように言って猪に似た大石を焼いて、それを転ばし、受けとめたオオクニヌシが焼け死んだとき、カミムスヒがキサガヒヒメ(蚶貝比売)とウムギヒメ(蛤貝比売)を遣わして、オオクニヌシを「麗《うるは》しき壮夫《をとこ》」として生き返らせるのである。

あるいは、これも後に詳しく語ることになるスクナビコナは、オオクニヌシと協力して出雲の国を興こすのだが、このスクナビコナはカミムスヒの子だとされている。これは、高天原で活躍するオモヒカネがタカミムスヒの子であるのと対比されることである。

このように、カミムスヒはその機能としては、衣食などの生活や、薬による治癒に関連し、明白に出雲系、すなわちスサノヲの系統と深く結びついている。実際に、カミムスヒ系の神社は多く出雲に見出されるのである。

このように、第一のトライアッドと第二のトライアッドは興味深い対応を示している。両者に一貫して不変なのは、無為の中心を有することであり、次は、タカミムスヒとアマテラスは、常に高天原にあって共同して行動している点では結びつきが強く、カミムスヒとスサノヲも明白に出雲系であるという点で結びついているが、その機能としては、女性のアマテラスと結びつくタカミムスヒがむしろ父性原理的であり、男性のスサノヲと結びつくカミムスヒは母性原理的であって、ここに興味深い交錯が生じている。これが日本神話の特徴である。

つまり、何らかの原理によって統一するとか、対立する原理をどのように統合してゆくかという考えによらず、原理的対立が生じる前に、微妙なバランスを保つように、異種のものの混在や、結びつきをはかるのである。そこにおいて最も大切なのは調和の感覚なのである。

このようにトライアッドの構造を通じて、日本神話の調和的な姿を先取りして語ってしまったが、実際はそれがつくられる前には、アマテラスとスサノヲの間の相当な対立や葛藤を経験しなくてはならなかった。そのことについては次章に論じることにする。

（1） 第二章注1前掲書。
（2） シルヴィア・B・ペレラ著、山中康裕監修、杉岡津岐子・小坂和子・谷口節子訳『神話にみる女性のイニシエーション』ユング心理学選書20、創元社、一九九八年。
（3） 関敬吾編『桃太郎・舌きり雀・花さか爺　日本の昔ばなしII』岩波文庫、一九五六年、所収。

第五章　アマテラスとスサノヲ

一　スサノヲの侵入

三貴子の誕生について述べ、無為のツクヨミを中心として、対照的なアマテラスとスサノヲが存在するトライアッドの構造を明らかにした。これ以後、そのアマテラスとスサノヲとの間で、日本神話のなかの最も劇的で重要なドラマが展開する。その前に三貴子誕生の続きを、『古事記』より引用する。

故《かれ》、各《おのおの》依《よ》さしたまひし命《みこと》の随《まにま》に、知らしめす中《なか》に、速須《はやす》佐《さ》之《の》男《をの》命、命《よ》させし国を治《し》らさずて、八《や》拳須《つかひげ》心《むね》の前《さき》に至るまで、啼きいさちき。その泣く状《さま》は、青山は枯山《からやま》の如く泣き枯らし、河海は悉《ことごと》に泣き乾《ほ》しき。ここをもちて悪《あ》しき神の音《こゑ》は、さ蠅《ばへ》如《な》す皆満ち、万《よろづ》の物の妖《わざわひ》悉に発《おこ》りき。故《かれ》、伊邪那岐《の》大御神、速須佐之男《の》命に詔りたまひしく、「何由《なにし》かも汝《いまし》は事依させし国を治らさずて、哭《な》きいさちる。」とのりたまひき。ここに答へ白《まを》しく、「僕《あ》は妣《はは》の国根《ね》の堅州国《かたすくに》に罷《まか》らむと欲《おも》ふ。故《かれ》、哭《な》くなり。」とまをしき。ここに伊邪那岐《の》大御神、大《いた》く忿怒《いか》りて詔りたまひしく、「然《しか》らば汝《いまし》はこの国に住むべからず。」とのりたまひて、すなはち神逐《かむや》らひに逐らひたまひき。故《かれ》、その伊邪那岐《の》大御神は、淡海《あふみ》の多賀《たが》に坐《ま》すなり。

ここに既にアマテラスとスサノヲの姿が対照的に描かれている。アマテラスは父イザナキの命のままに高天原の統治をすることになるが、スサノヲは命に服さずに泣き叫ぶ。そして、自分は「妣《はは》の国」に行きたいと言うのだ。アマテラスが「父の娘」であるのに対して、スサノヲは父親の鼻から生まれたのにもかかわらず、明らかに、「母の息子」なのである。そこで、イザナキは怒って、高天原からスサノヲを追放しようとする。スサノヲはそれならばと、姉のアマテラスのところに挨拶に行こうとするが、ここから物語が展開するのである。『古事記』を引用しよう。

故《かれ》ここに速須佐之《の》男命言ひしく、「然らば天照大御神に請《まを》して罷らむ。」といひて、すなはち天《あめ》に参上《まゐのぼ》る時、山川悉《ことごと》に動《とよ》み、国土《くにつち》皆震《ゆ》りき。ここに天照大御神聞き驚きて詔りたまひしく、「我《あ》が汝弟《なせ》の命《みこと》の上《のぼ》り来《く》る由《ゆゑ》は、必ず善き心ならじ。我が国を奪《うば》はむと欲《おも》ふにこそあれ。」とのりたまひて、すなはち御髪を解きて、御《み》角髪《みづら》に纏《ま》きて、すなはち左右《ひだりみぎ》の御角髪にも、また御鬘にも、また左右の御手にも、各《おのおの》八尺《やさか》の勾璁《まがたま》の五百箇《いほつ》の御統《みすまる》の珠《たま》を纏《ま》き持ちて、背《そびら》には千入《ちのり》の靫《ゆぎ》を負《お》ひ、ひらには五百入《いほのり》の靫《ゆぎ》を附け、また稜威《いつ》の高鞆《たかとも》を取り佩《お》ばして、弓腹《ゆはら》振り立てて、堅庭《かたには》は向股《むかもも》に踏《ふ》みなづみ、沫雪《あわゆき》如《な》す蹶散《くゑはらら》かして、稜威《いつ》の男建《をたけび》踏《ふ》み建《たけ》びて待ち問ひたまひしく、「何故《なにしか》上《のぼ》り来つる。」と、とひたまひき。ここに速須佐之《の》男命、答へ白《まを》ししく、「僕《あ》は邪《きたな》き心無し。ただ大御神の命《みこと》もちて、僕《あ》が哭《な》きいさちる事を問ひたまへり。故《かれ》、白《まを》しつらく『僕《あ》は妣《はは》の国に往《ゆ》かむと欲《おも》ひて哭《な》くなり。』とまをしつ。ここに大御神詔りたまひしく、『汝《いまし》はこの国に在るべからず。』とのりたまひて、神逐《かむや》らひ逐らひたまへり。故《かれ》、罷《まか》り往《ゆ》かむ状《さま》を請《まを》さむと以為《おも》ひてこそ参上《まゐのぼ》りつれ。異心《ことごころ》無し。」とまをしき。

ここに天照大御神詔りたまひしく、「然らば汝《いまし》の心の清く明《あか》きは何《いか》にして知らむ。」とのりたまひき。ここに速須佐之男命《の》答へ白ししく、「各誓《うけ》ひて子生まむ。」とまをしき。

このように、スサノヲはただ挨拶のつもりで訪ねたのに、アマテラスはそれを自分の国を奪おうとするものだと誤解して、武装して雄叫びまであげて待ち受けたのだ。それに、スサノヲが経緯を説明しているのに、それをそのままに受けとらず、疑ってかかっている。アマテラスがここにはっきりと誤りを犯すところは注目すべきである。つまり、日本神話は、アマテラスを絶対的な無謬性をもった神としていないのである。アマテラスを最高神と考える方が一般的であるが、アマテラスはしかし無謬の神ではない。彼女は父親から高天原の統治をまかされるし、弟のスサノヲは母を慕って泣き叫んでいるようなあり様なので、自分のことを過信したのかもわからない。したがって、スサノヲの意図を曲解し、武装までするのだ。彼女のこの姿はアテーナーの甲冑姿にも比すべき勇ましさであるが、その勇ましさは誤解に基づいたものだった。

そこで、次の誓約の場面においては、スサノヲが勝つことになる。ところが、そのスサノヲにしても、自分が勝ったというので有頂点になりすぎて失敗してしまうのは、以後に語るとおりである。つまり、日本神話においては、誰かが絶対的優位を誇ることはできず、自分が中心を占めていると思うや否や、すぐに転落につながるのである。やはり、真の中心は、アマテラスでもスサノヲでもなく、何もせずにただそこにいるツクヨミなのである。結論的なことを先に言ってしまったが、次は、誓約の場面を詳しく見ることにしよう。

二　誓約

スサノヲの「清く明き」心を証明するためには、各々が子どもを生むことにしよう、ということになったが、この場面がなかなか複雑で興味深いのである。まずその場面を『古事記』はどう語っているのか見てみよう。

> 故《かれ》ここに各天《あめ》の安《やす》の河《かは》を中に置きて誓《うけ》ふ時に、天照大御神、まづ建速須佐之《の》男命の佩《は》ける十拳剣《とつかつるぎ》を乞《こ》ひ度《わた》して、三段《みきだ》に打ち折りて、瓊音《ぬなと》もゆらに、天《あめ》の真名井《まなゐ》に振り滌《すす》ぎて、さ嚙《が》みに嚙みて、吹き棄《う》つる気吹《いぶき》のさ霧《ぎり》に成れる神の御名《みな》は、多紀理毘売《たきりびめの》命。亦の御名は奥津《おきつ》島比売《しまひめの》命と謂ふ。次に市寸《いちき》島比売《しまひめの》命。亦の御名は狭《さ》依毘売《よりびめの》命と謂ふ。次に多岐都比売《たきつひめの》命。三柱速須佐之《の》男命、天照大御神の左の御角髪に纏《ま》かせる八尺《やさか》の勾璁《まがたま》の五百箇《いほつ》の御統《みすまる》の珠《たま》を乞《こ》ひ度《わた》して、瓊音《ぬなと》もゆらに、天《あめ》の真名井《まなゐ》に振り滌《すす》ぎて、さ嚙《が》みに嚙みて、吹き棄《う》つる気吹《いぶき》のさ霧《ぎり》に成れる神の御名は、正勝吾《まさかつあ》勝速日《かつかちはやひ》天之《あめの》忍穂耳《おしほみみの》命。また右の御角髪に纏かせる珠を乞ひ度して、さ嚙みに嚙みて、吹き棄つる気吹のさ霧に成れる神の御名は、天之《あめの》菩卑能《ほひの》命。また御鬘《みかづら》に纏かせる珠を乞ひ度して、さ嚙みに嚙みて、吹き棄つる気吹のさ霧に成れる神の御名は、天津日子根《あまつひこねの》命。また左の御手に纏かせる珠を乞ひ度して、さ嚙みに嚙みて、吹き棄つる気吹のさ霧に成れる神の御名は、活津日子根《いくつひこねの》命。また右の御手に纏かせる珠を乞ひ度して、さ嚙みに嚙みて、吹き棄つる気吹のさ霧に成れる神の御名は、熊野久須毘《くまのくすびの》命。幷《あは》せて五柱《いつはしら》なり。ここに天照大御神、速須佐之《の》男命に告《の》りたまひしく、「この後《のち》に生《あ》れし五柱の男子《をのこご》は、物実《ものざね》我が物によりて成れり。故《かれ》、自《おのづか》ら吾《あ》が子ぞ。先《さき》に生《あ》れし三柱の女子《をみなご》は、物実汝《ものざねいまし》が物によりて成れり。

故《かれ》、すなはち汝《いまし》が子ぞ。」かく詔《の》り別《わ》けたまひき。

このようにそれぞれが子どもを生んだ後に、スサノヲが「自分の心が清らかだったので、わたしの生んだ子が女だった」と言って、勝利を宣言する。この場合、男と女とどちらを生んだら勝ちかを先に決めていないのだが、女の子だから清らかだと断定しているのだから、ここは女性優位の立場を表明している、と言っていいだろう。ところが、このとき、アマテラスから生まれた男の子のなかの長男オシホミミは、アマテラスがその後に出雲の国に遣わそうとして、その子孫が天皇家につながってゆくのだから、男性優位と考えることもできる。つまり、ここで男女のいずれを優位と考えるかに混乱があると言っていい。この混乱は『日本書紀』を参考にすると、ますます大となるのだが、それは後に論じることにする。

男女のことを論じる前に、まず両者の子どもの生み方に注目してみよう。剣や勾珠《まがたま》から子どもが生まれても、これまでの神話の語り方から見て、別に不思議でもないのだが、この際、アマテラスとスサノヲがまったく別個に子どもを生んだとは言い難い。つまり、両者の何らかの「関係」から子どもが生まれていると言っていいのではなかろうか。アマテラスの勾珠から子どもが勝手に生まれたのではなく、スサノヲがそれを天の真名井に振り滌ぎ、嚙みくだき吹き棄てる息の霧の中からあらわれるのであるから、明らかにその誕生にはスサノヲが「関係している」のである。これはスサノヲの子どもたちも同様、アマテラスとの関係から生まれている。

ここでわざわざこのような描写をしたのは、性《セックス》に関することを単純に避けたのでないことは明白である。と言うのは、すでに、イザナキ、イザナミの結婚の際に、相当直接的な性に関する記述があるからである。したがって、ここは、スサノヲを「父」とし、アマテラスを「母」として、子どもが生まれてきたのだ、とイザナキ、イ

表3　誓約神話のバリエーション

	アマテラスの子	スサノヲの子	清き心の証	勝　者
古　事　記	5人の男（スサノヲがアマテラスの勾璁（まがたま）より）	3人の女（アマテラスがスサノヲの剣より）	女	スサノヲ
日本書紀本文	5人の男（スサノヲがアマテラス御統（みすまる）より）	3人の女（アマテラスがスサノヲの剣より）	男	アマテラス？
一　書　曰(1)	3人の女（アマテラスが自分の剣より）	5人の男（スサノヲが自分の瓊（たま）より）	男	スサノヲ
一　書　曰(2)	3人の女（アマテラスがスサノヲの瓊より）	5人の男（スサノヲがアマテラスの剣より）	男	スサノヲ
一　書　曰(3)	3人の女（アマテラスが自分の剣より）	5人の男（スサノヲが自分の瓊より）	男	スサノヲ

ザナミと同様に表現はしたくない。さりとて、イザナキが三貴子を生んだように、明白な父親からの出産という形も取りたくない、というのでこのような物語が生まれたのではなかろうか。

　こう考えるのはまったくの推察なのだが、この誓約の場面に生まれた男の子たちは、天皇家の先祖となるのみならず、天皇家の周囲の氏族の先祖ともなっているから、『古事記』『日本書紀』の成立する頃の、天皇家およびそれを囲む氏族のアイデンティティにかかわる神話である。そのとき、『日本書紀』第六段の「一書曰」(1)(2)(3)（表3を参照）のような場合、五人の男の子がスサノヲの子どもと単純に割切ってしまうと、天皇家およびその周辺の氏族はすべてスサノヲの子孫ということになってしまう。そのあたりのことを考慮して、誓約の判断の際はどちらの子かを明確にしてはいるが、両者の「関係」という点ではあいまいにしたと思われるのである。

ところで、『古事記』『日本書紀』の細かい記述を比較してみよう。これも簡単に表に示しておいたが、これを見てもわかるとおり、細部には相当なバリエーションがある。

『古事記』の本文は先に引用したが、それによると、アマテラスがスサノヲの剣を噛み砕いて三柱の女性神を生み、スサノヲはアマテラスの勾珠を噛み砕いて五人の男性神を生む。ここで、アマテラスの勾珠から生まれたので、男神はアマテラスの子であり、スサノヲの剣から生まれたので、女神はスサノヲの子とされる。そして、スサノヲは女子を生むことによって清い心が証明されたとし、自らの勝ちを宣言する。

ところが興味深いことに、『日本書紀』には実に多くのバリエーションが語られているのである。まず注目すべきは、本文をはじめどのバリエーションにおいても、男の子を生むことによって清い心が証明されたとし、この点で、『古事記』とまったく対立しているのである。

その上に、このような状況で生まれた子をどちらの子かと判定する上においても混乱が生じてくる。『古事記』本文では、スサノヲがアマテラスの勾珠を噛み砕いて、息のなかから生んだ子は、アマテラスの持物から生まれてきたのでアマテラスの子とされる。ところが、『日本書紀』第六段「一書曰」(2)では、アマテラスがスサノヲの珠より生んだ子は、アマテラスが生んだのだから、彼女の子であるとされて、判定規準は逆転している。

このように、いろいろなバリエーションが生じるのは、その神話の内包する意味が確定していない、つまり、そこに多様な観点が存在し得ることを示している。これとまったく同様のことは、イザナキ、イザナミの結婚の儀式の物語にも生じたことである(第二章表1参照)。これらはやはり、父性原理、母性原理のどちらを重く見るかに混乱があったか、どちらかを決定的に優位とすることに迷いがあったことを示すのであろう。ただ、どちらかと言えば、『古事記』は母性原理優位で大体一貫しており、おそらくこれが古代日本の姿で、『日本書紀』は中国のことなどを考慮して、父性を正面に立てようとするが、やはりそれによって全体に整合的な物語とするのは難しかったのであろう。

『日本書紀』本文では、最初から男の子を生んだ方が勝ちと決められていて、男性優位の話になっているのだが、アマテラスが男の子を生み、スサノヲが女の子を生むので、ここではアマテラスが勝ちとなるはずである。ところが、『日本書紀』では勝負の判定については語らず、これに続いて、「是の後に、素戔嗚尊の為行《しわざ》、甚だ無状《あづきな》し」と述べられている。この場合は、スサノヲが勝ち誇って、その勢いで乱行に及ぶというところがなくなってしまう。

これらの類話のなかで、『古事記』の話がおそらく古い形をよく備えているのではないかと思うのは、女性優位の点と、まずアマテラスが自分のことを過信して、スサノヲの意図を誤解する失敗をし、続いて、スサノヲは誓約に勝って、勝ったことによって転落してゆくという様相がよく語られている、と思うからである。

三　天の岩戸

『古事記』によれば、スサノヲは誓約に勝ったので、それに乗じてつぎつぎと悪業をはたらく。それについては、『古事記』は次のように語っている。

> 天照大御神の営田《つくだ》の畔《あ》を離《はな》ち、その溝《みぞ》を埋《うづ》め、またその大嘗《おほにへ》を聞《き》こしめす殿《との》に屎《くそ》まり散らしき。汝《かれ》、然為《しかす》れども天照大御神は咎《とが》めずて告《の》りたまひしく、「屎如《くそな》すは、酔《ゑ》ひて吐き散らすとこそ、我《あ》が汝弟《なせ》の命《みこと》、かく為《し》つらめ。また田の畔《あ》を離ち、溝を埋むるは、地《ところ》を惜《あたら》しとこそ、我《あ》が汝弟《なせ》の命、かく為《し》つらめ。」と詔《の》り直《なほ》したまへども、なほその悪しき態《わざ》止《や》まずて転《うたて》ありき。天照大御神、忌服屋《いみはたや》に坐《ま》して、神御衣《かむみそ》織《お》らしめたまひし時、その服屋《はたや》の頂《むね》を穿《うが》ち、天《あめ》の斑馬《ふちこま》を逆剝《さかは》ぎに剝《は》ぎて堕《おと》し入るる時に、天の服織女《はたおりめ》見驚きて、梭《ひ》に陰上《ほと》を衝《つ》きて死にき。

スサノヲは田の畔《あぜ》を壊したり、食事をしているところに屎《くそ》をまき散らしたりする。これに対するアマテラスの対応が極めて印象的である。スサノヲの来訪を国を奪いに来たと誤解したときは、武装して雄叫びをあげて迎えた。男性と同等、あるいは、それ以上に戦う強い姿勢を見せたアマテラスは、今度はスサノヲと対決したり罰したりするよりは、むしろそれを善意に解釈することによって、事態を収めようとしている。

しかし、スサノヲはそれでおさまらず、ついに、アマテラスの忌服屋《いみはたや》に「天《あめ》の斑馬《ふちこま》を逆剝ぎに」して、屋根を破って投げ込むのだ。そして、このときは、服織女が「梭《ひ》に陰上《ほと》を衝《つ》きて」死んでしまうのである。このときは、さすがのアマテラスも怒りに耐えられなくなる。しかし、そこでスサノヲと戦ったのではなく、自ら天の岩戸にこもってしまう。この行為も印象的である。あれほど積極的にスサノヲに立ち向かおうとした女神は、すっかり受動的になってしまう。立ち向かうのではなく、引きこもってしまうのである。

ここでスサノヲの行なった悪業が、稲田や機織に関することなので、アマテラスの系統が農耕や養蚕を大事にしていた部族であることがよくわかる。スサノヲはここでは、まったくの悪者として現われているが、天の岩戸の物語に続き、罰せられて下界に下り、そこではむしろその国を拓く文化英雄になる。このあたりも非常に興味深い「悪」の問題を提起しているが、それは後に論じるとして、アマテラスの行為の方を見てみよう。

アマテラスが岩戸に引きこもるときの文は注目に値する。天の服織女が梭に陰上を衝いて死んだとき、「故《かれ》ここに天照大御神見畏《みかしこ》みて、天の石屋戸《いはやと》を開きてさし籠《こも》りましき」とある。ここに用いられた「見畏みて」というのは、イザナキがイザナミの禁を破り、一つ火を灯してイザナミの死体を見たときにも出てくる言葉である。「ここに伊耶那岐命、見畏みて逃げ還る」と語られている。この繰り返しはなかなか見事なものと感じられる。父親と娘とがそれぞれ「見畏む」体験をしている。これは単なる恐怖の体験ではない。己を超える存在に対する感情が含まれている。父親が見たものは、女性の暗い半面であったし、娘の見たものは、男性の暗い半面であった。陰上を梭で衝かれるイメージは明らかに性的な暴力を示唆している。この点については、次章に詳しく論じるが、このようにして、男性も女性も異性の暗い半面を知り、己のコントロールを超えた存在の認知を重ね、人間として成長してゆく過程を描いていると思うと、「見畏む」体験の繰り返しの意義が理解できるのである。イザナキはひたすら逃走し、アマテラスは岩戸のなかにこもった。いずれの場合も、立ち向かえば破滅があるだけだろう。

イザナキの逃走は敗北ではなかった。それに続いて、まったく新しい展開が生じてきたことは既に見てきたとおりである。アマテラスの引きこもりも敗北ではない。彼女の思いきった受動性が世界を動かすのである。

アマテラスが岩戸に引きこもった後に起こったことを、『古事記』によって見ることにする。

ここに高天《たかま》の原皆暗《くら》く、葦原中国《あしはらのなかつくに》悉に闇《くら》し。これによりて常夜《とこよ》往《ゆ》きき。ここに万《よろづ》の神の声《こゑ》は、さ蠅《ばへ》なす満ち、万《よろづ》の妖《わざはひ》悉に発《おこ》りき。ここをもちて八百万《やほよろづ》の神、天《あめ》の安《やす》の河原《かはら》に神集《かむつど》ひ集《つど》ひて、高御《たかみ》産《む》巣《す》日《ひの》神の子、思《おもひ》金《かねの》神に思はしめて、常世《とこよ》の長鳴鳥《ながなきどり》を集めて鳴かしめて、天《あめ》の安《やす》の河《かは》の河上《かはかみ》の天《あめ》の堅石《かたしは》を取り、天の金山《かなやま》の鉄《まがね》を取りて、鍛人《かぬち》天津麻羅《あまつまら》を求《ま》ぎて、伊斯許理度売命《いしこりどめの》に科《おほ》せて鏡を作らしめ、玉祖命《たまのやの》に科せて、八尺《やさか》の勾璁《まがたま》の五百箇《いほつ》の御統《みすまる》の珠を作らしめて、天児屋命《あめのこやねの》、布刀玉命《ふとだまの》を召《め》して、天《あめ》の香山《かぐやま》の真男鹿《まをしか》の肩《かた》を内抜《うつぬ》きに抜きて、天の香山の天の朱桜《ははか》を取りて、占合《うらな》ひまかなはしめて、天の香山の五百箇《いほつ》真賢木《まさかき》を根《ね》こじにこじて、上枝《ほつえ》に八尺の勾璁の五百箇の御統《みすまる》の玉を取り著け、中枝《なかつえ》に八尺鏡《やたかがみ》を取り繫《か》け、下枝《しづえ》に白和幣《しらにきて》、青和幣《あおにきて》を取り垂《し》でて、この種種《くさぐさ》の物は、布刀玉命《の》、太御幣《ふとみてぐら》と取り持ちて、天児屋命《の》、太詔戸《ふとのりと》言禱《ごとは》き白《まを》して、天手力男神《あめのたぢからをの》、戸の掖《わき》に隠《かく》り立ちて、天宇受売命《あめのうずめの》、天の香山の天の日影《ひかげ》を手次《たすき》に繫《か》けて、天の真拆《まさき》を鬘《かづら》として、天の香山の小竹葉《ささば》を手草《たぐさ》に結《ゆ》ひて、天の石屋戸《いわやと》に槽伏《うけふ》せて踏《ふ》み轟《とどろ》こし、神懸《かむがか》りして、胸乳《むなち》をかき出《い》で裳緒《もひも》を陰《ほと》に押《お》し垂《た》れき。ここに高天の原動《とよ》みて、八百万の神共《とも》に咲《わら》ひき。

アマテラスが岩戸にこもったので大変なことになった。世界は闇に包まれてしまう。そして「常夜往《とこよゆ》く」と表現されるように、それは永遠に続くかと思われた。多くの災いが起こり、八百万神がこの対策のために集まった。事態を解決するためにそれぞれの神がいろいろなことをする。万事簡潔な記述をする神話のなかで、ここの神々の行為は、その名も共に詳しく記述されているのが特徴である。いかに神々が心を合わせて仕事をしたのかがよく読みとれるし、祈りのための神事の起源となることが語られているとも思う。

このような神々の工夫と力の結集の前提に、アマテラスの無為があったということを忘れてはならない。スサノヲに対して彼女はまず武装して対抗しようとした。しかし、これは失敗に終わった。次は、スサノヲの悪業に対して、それを何とか善意によって取りなそうとした。それでもうまくゆかなかった。最後に、スサノヲの直接的侵入ともいうべき行為を受けたとき、彼女は自ら退き闇のなかに身を隠した。まったくの無為の姿勢である。このような状況のとき、他文化の神話には、悪なるスサノヲの侵入に対して、善なるアマテラスが手勢を率いて立ち向かい勝利する、というパターンが多く見られるが、ここで、アマテラスのとった態度はまったく異なっていた。しかし、彼女の徹底的な受動性が、すべての神々の活性化をうながしたのである。

　神々はそれぞれに行動する。しかし、このときのリーダーは誰であったかと考えてみると、答は不明なのである。まず、「高御産巣日神《たかみむすひの》の子、思金神《おもひかねの》に思はしめて」とあるので、その後に続く神々の一連の行動は、オモヒカネの神の考えだした策によるのだろうとは推察できる。しかし、そのオモヒカネに「思はしめ」たのは誰かがわからない。おそらく「八百万の神」ということになるのだろうか。考えてみると、神々のリーダーはアマテラスではないか。アマテラスはリーダーとして、自分が先頭に立って行為するよりも、徹底的な受動性によってこそ、すべての神々を動かすことができると考えたのだ、などと推察するのもおもしろいのではなかろうか。この点については、次章で他文化の神話と比較するときに、再度論じることになろう。

　さて、神々の行為について少し触れてみよう。まず長鳴鳥《ながなきどり》は、おそらく夜明けを告げる鳥として準備されたのだろう。鏡は後に述べるように重要な役割をもつ。次に鹿の骨を焼く占いについて述べられる。当時の占いの技法がわかって興味深いが、その結果がどうであったかを何も言わないのも不思議と言えば不思議である。占いをすること自体は大切だが、結果はまるでどうでもいいようにもとれるし、すべて占いどおりに事が運んだのだ、ということかもしれない。次に、天の香山の賢木《さかき》を根こそぎもってきて、それを勾玉や鏡などで飾り、アメノコヤネが荘重に祝詞《のりと》をあげ、アメノタヂカラヲは岩戸の陰に隠れて立つ、これらすべて準備を整えた上で、アメノウズメの登場でハイライトを迎える。

それにしても、このような準備万端を、八百万の神々が相談して行なったのだが、誰もリーダーなしに、よくこれだけうまくできたものと思う。こんなときに、別にリードはしなかったが、すべてが整うようにアレンジしたのは、無為の中心のツクヨミだったのだ、などと考えてみるのも一興ではなかろうか。後にも述べるが、日本と同じく多くの神々の存在するギリシャにおいては、主神ゼウスが調整役を務めることが多い。この重要な危機場面に誰も明確な調整役もリーダーもいないのが、日本神話の特徴である。

四　アマテラスの変容

神々の周到な準備の果てに、アメノウズメの「胸乳《むなち》をかき出で裳《も》緒《ひも》を陰《ほと》に押し垂れ」ての踊りがあり、それを見て神々が笑い声をあげる。これがアマテラスを岩戸の外に引き出すためのきめ手になる。このあたりを『古事記』は次のように語っている。

ここに天照大御神、怪しと以為《おも》ほして、天の石屋戸《いはやと》を細めに開きて、内より告《の》りたまひしく、「吾《わ》が隠《こも》りますによりて、天の原自《おのづか》ら闇《くら》く、また葦原中国《あしはらのなかつくに》も皆闇けむと以為《おも》ふを、何由《なにのゆゑ》にか、天宇受売《あめのうずめ》は楽《あそび》をし、また八百万《やほよろづ》の神も諸《もろもろ》咲《わら》へる。」とのりたまひき。ここに天《の》宇受売白《まを》ししく、「汝命《いましみこと》に益《ま》して貴き神坐《いま》す。故《かれ》、歓喜《よろこ》び咲《わら》ひ楽《あそ》ぶぞ。」とまをしき。かく言《まを》す間に、天児屋《の》命、布刀玉《の》命、その鏡を指《さ》し出《いだ》して、天照大御神に示《み》せ奉《まつ》る時、天照大御神、いよよ奇《あや》しと思ほして、稍《やや》戸より出でて臨《のぞ》みます時に、その隠《かく》り立てりし天《の》手力男《の》神、その御《み》手《て》を取りて引き出《いだ》す即ち、布刀玉《の》命、尻《しり》くめ縄《なは》をその御《み》後方《しりへ》に控《ひ》き度《わた》して白《まを》しく、「これより内にな還《かへ》り入りそ。」とまをしき。故《かれ》、天照大御神出でましし時、高天の原も葦原《の》中《つ》国も、自《おのづか》ら照《て》り明《あか》りき。

自分が岩戸にこもって世界が暗闇になり、神々は困り果てているだろうと思っていたところ、まったく逆に神々が笑い興じている。どうしてだろうかと訊くと、アメノウズメは「あなたよりも貴い神がいるから、皆が笑っている」と答える。アマテラスがおかしいと思っているところに、用意していた鏡を見せる。これは明確には書かれていないが、おそらく鏡に写った自分の姿を見て、アメノウズメの言ったように、自分よりも貴い神と思ったのだろう。よく見ようとして戸より少し出たところで、タヂカラヲがその手を取って引き出し、フトダマはその後にしめ縄を張って戻れないようにする。アマテラスが出てきたので、世界中が再び明るくなった。

この話のなかには重要なことが多く含まれているが、まず、アメノウズメの性器を露出しての踊りがある。この意味については、次章のギリシャ神話との対比の際にもっと詳しく論じることになるが、ここでまず注目したいのは、アマテラスとアメノウズメの対照性である。どちらも「天」という字をいただく二柱の女性は、多くの点で対照的である。アマテラスは輝かしい存在であり、天上的で、最初のときは武装して雄叫びをあげるほどの男性性をもっている。次章にも論じるように、スサノヲの侵入は、おそらく、スサノヲとアマテラスとの性関係を示唆するものだが、神話は巧みにそれを避けていて、アマテラスの肉体性を感じさせないように工夫されている。アマテラスの姿は、したがって、アテーナーの姿、あるいは聖処女に近い存在として提示されている。これに対して、アメノウズメは、まさに肉体を露呈するのだから、まったくの逆と言っていいだろう。そして、アメノウズメがアマテラスに対して、「あなたより貴い神がいる」と言っているのは、言うならば、このようなアメノウズメ的な側面を自分のものにすることによって、アマテラスは「より貴い神」になると言っていると解釈することができる。

鏡は、周知の白雪姫の母のもっている鏡のように、「真実」を写す力をもつと考えられている。いわゆる魔法の鏡である。この際、アマテラスを写した鏡は、聖処女的なアマテラスが肉体性をそなえることによって、「より貴く」なった。あるいは、かつては積極的に行動し、輝かしかったアマテラスが、受動性を体験し、闇を知ることによって、「より貴い」神として再生してきた、と考えることができる。このような点で、『日本書紀』第七段の「一書曰」(2)によれば、アマテラスが岩屋を出るときに、鏡を岩屋に入れたのだが戸に触れて少し瑕《きず》がつき、「其の瑕、今に猶存《うせず》」と述べられているのは、前記の点と符合すると思われる。つまり「瑕ついてこそ、より貴くなる」という逆説を語っている、と思われるからである。アマテラスの姿は、このように変容したのである。

天の岩戸神話の全体としての意味は、次章に総合的に論じるが、ここで性器の露出にまつわる、その他の神話を紹介しておく。

まず、金田一京助によると、次のようなアイヌの話がある。(1) この話で印象的なのは冒頭に、「春は女の季節である。春が来ると青草が国土の上に萌えいで、梢々が萌え出でる。冬は男の季節である。冬が来ると青草が国土の上に長々と寝てしまい、梢も散りつくし、白い雪が国土の上に積る」と語られていることである。「春は女の季節である」という言葉は、次章に詳しく論じるように、天の岩戸神話の本質につながっている。冬から春に移る季節は農耕民族にとって、穀物の「死と再生」を感じさせる季節なのである。

アイヌの村に飢饉魔がやってきて、人間の郷を飢饉に陥れようとして、通りすがりの若者に、いっしょにやろ

う と声をかける。その若者はオキクルミというアイヌの文化英雄的存在なので、彼は何とか魔神の行為を妨げようと考える。オキクルミはそこで魔神に酒を飲もうと誘うが、「酒は善神の喜ぶものだ、なに悪神などが飲みたがるものか」と相手にしない。そのとき、オキクルミの妹が「婦人着の前紐をはらはらとほどき、ぽっくりした乳房をあらわに前をはだけた。すると東の方がぱっと明るくなり、西の方がぱっと暗くなった」。これを見ると悪神は考えが変わって、家に入ってきてオキクルミのすすめる毒酒を知らずに飲み、退治されてしまう。

このアイヌの伝承を紹介した松本信広は、オキクルミの妹の行為は、「飢饉の魔をほほえます。笑いというものは思いつめた意思をゆるませるものである。悪魔の憤り、獰猛さは、笑いの中に消えてしまう」と述べている。(2) アイヌの魔神が笑ったかどうかは不明ではあるが、女性の性器露出によって、「思いつめた意志をゆるませ」たことは事実である。そこには緊張からの解放、「開け」ということが認められる。この「開け」ということは、天の岩戸の戸が「開く」ことにも通じることである。

女性の性器露出が緊張の解放につながる例を示したが、それが威圧的な力を発揮することもある。琉球の古伝承では次のように語られている。昔首里の金城に食人鬼がいて、人々は困っていた。ある人の妹が鬼に性器を示した。鬼はその口は何をする口かと尋ねた。女は上の口は餅を食う口で、下の口は鬼を食う口だと答えたので、鬼は恐怖のあまり、崖から落ちて死んでしまった。この伝承の場合は、女性性器が鬼をも恐怖せしめるもの、として語られている。

次に吉田敦彦の紹介しているケルト伝説について見てみよう。(3) アルスターの王コンホバルの甥、クーフラインは半神的な勇士である。彼は強敵をつぎつぎと倒し、都に帰ってくる。しかし、戦いの熱によって身体を灼熱させているので、コンホバル王は彼がそのままの状態で帰ってくると、自分の都が危険に陥ると考えた。そこで王は王妃のムガインを先頭に、百五十人の女たちに、全裸になって城外に出て、クーフラインの前で裸体と恥部を露呈するように命じた。すると彼はこの光景を見まいとして、懸命に顔をそむけた。その隙に人々は彼の灼熱した身体を冷水を満たした桶につぎつぎと漬け、その熱をさますのに成功した。コンホバルはクーフラインを自分のもとに連れて来させ、武功を称えた。

このケルト伝説では、性器の露出は灼熱した勇士の勢いを静めるのに役立っており、呪術的な力を感じさせるが、勇士を威圧するというよりも、むしろ、その心を和らげる力をもったのではないかと思われる。キリスト教以前にヨーロッパ大陸に広がっていたケルト文明に対して、最近は急激に関心が高まりつつあるが、神話も昔話も、わが国と共通する感じのものが多くあって興味深い。

以上、性器の露出についてのいろいろな物語を紹介してきたが、それが威圧的であったり、和らげる力をもったり呪術的な力をもつと共に、何らかの意味で「開け」に通じ、夜の開けることや、冬の終わりに春の花開くときが来ることにまで関連することがわかった。なおこれらと共に、それは「笑い」にも関連してくるが、これについては、次章でギリシャ神話との対比などを通じて論じることにする。

（1） 金田一京助『アイヌラックルの伝説』『アイヌの研究』による（次の注2に挙げた松本信広著に引用）。
（2） 松本信広『日本神話の研究』平凡社東洋文庫、一九七一年。
（3） 吉田敦彦『小さ子とハイヌウェレ』みすず書房、一九七六年。

第六章　大女神の受難

前章においては、日本神話における極めて重要な物語を紹介し、日の女神アマテラスが強い苦しみを体験し、それを通じて変容してくる過程について論じた。このような大女神の受難の物語は、日本だけではなく他文化においても認められることであるが、まず、ギリシャ神話のデーメーテールのそれは、わが国の話とあまりにも類似性が高く、驚くべきことである。一九六四年、スイスのユング研究所において、「日の女神」について論文を書くとき、この類似に気づいて感動したのを、今もよく覚えている。神話というものがどれほど遠い地域においても共通性をもつという事実、および、このことによって、日本神話の意味を深く理解することができたことに感動したのである。

当時は、何の手引きもないままに自分勝手に神話を読んで考えたのであったが、このような「発見」に喜ぶと共に、独りよがりの考えなのではないかと不安も感じていた。ところが一九六五年に帰国後、日本の神話学者もこの点に注目していることを知り、特に吉田敦彦の周到な研究に触れて、その成果によって学ぶことも多かったが、また自分の考えが独りよがりのものでないことを知って、非常に心強く思った。

吉田敦彦の当時の関心は、ギリシャ神話がいかにして日本に伝播してきたかという点にあったが、筆者としては、むしろ、その心理的な意味の方に関心を抱くわけである。地域は離れていても、人類共通の心のはたらきが認められる、という点に焦点が向けられる。つまり、日本文化はそれなりの特性をもっているが、その深層においては、人類に普遍的なものとのつながりを有している、と考えるのである。

ギリシャ神話との比較によって、アマテラスの理解が深まったと思っていたが、一九八〇年代になって、筆者も渡米、渡欧する機会が多くなり、欧米のユング派の分析家との接触を通じて、日本神話の理解が一層深まってゆくことになった。そのなかでひとつ大きいことは、シュメールの神話における「イナンナの冥界下り」の物語が、天の岩戸神話の理解を深めるのに役立ったことである。これは、ユング派の女性分析家たちが、今までどうしても「男の目」による神話の研究や分析が一般的であったのに対して、「女の目」によって、それを行うことを試みようとしたことから生じてきた。既に論じたように、彼女たちは、「父の娘」としてではなく、「個としての女性」としての生き方を探ろうとしているうちに、この神話にめぐりあったのである。

彼女たちのなかには、古代バビロニアの「聖娼」(sacred prostitute)の制度のなかに、女性の永遠の相を見出そうとする者もあった。この論考も、天の岩戸神話の解明に役立つものであった。これらの主張によって、彼女たちは、「精神と物質が、そして霊性(spirituality)と性(sexuality)が切り離されているいま、この二つの言葉はどうやって結びつくことができる」のか、という課題に取り組むのである。(1)

これらのことを参考にしつつ、日本の天の岩戸神話の意味について考えてみたい。

一　大女神デーメーテール

天の岩戸神話と、ギリシャ神話におけるデーメーテールとペルセポネーの神話は、驚くほど類似性の高いものである。吉田敦彦の研究を参照しつつ、次に紹介しよう(2)。

デーメーテールはギリシャ神話のなかの大地母神で、日本の神話のイザナミにも比すべきほどである。大地の豊穣と結びつく神である。そのデーメーテールの娘ペルセポネーは、牧原に咲き乱れる春の草花を摘んでいた。彼女は一輪の水仙を摘もうとしたが、実はこれは主神ゼウスが彼女を冥府の王ハーデースの妃にしようと企んだことであった。そこで、大地が割れて、黄金の馬車に乗ったハーデースが現われ、ペルセポネーを地下の世界へと強奪していった。最愛の娘の悲鳴を聞き、デーメーテールは、すぐに彼女を探しに出かけるが、なかなか見つからない。とうとうそれがゼウスの企みであることを知ったデーメーテールは烈しく怒り、神々のすみかオリュンポスに近づかず、人間の世界を放浪した。

女神は老婆の姿に身をやつし、人間世界をさまよううちに、エレウシースの王ケレオスの館に招かれる。彼女は娘のことを思って、悲しみのため、押し黙って、食物を何も食べなかった。そこで王の侍女のイアムベーがさまざまなおかしな仕草をしたので、彼女も笑い出し心が和んだ様子を示した。その後、デーメーテールがケレオスの息子を養育するエピソードがあるが、これはわれわれの話とはあまり関連しないので省略する。

その後、デーメーテールは女神の本性を顕し、エレウシースの神殿に祀られるが、隠棲して娘を失った悲しみに沈みこんでいるので、大地の実りが止まってしまい、人々は飢えに苦しむことになる。これはゼウスも予想していなかったことで困ってしまい、ハーデースを説得し、ペルセポネーを母親のもとに帰らせることにする。

しかし、ハーデースは一計を案じ、ペルセポネーが彼のもとを離れようとするときに、柘榴の実を食べさせる。何も知らないペルセポネーは柘榴を四粒食べた後に、母親のもとに帰ってくる。ところが死者の国で食物をとった者はその国との縁を完全に絶ち切ることはできないという掟がある。これは日本の場合と同じで興味深いことだが、ともかく、せっかく母親のもとに帰ってきたペルセポネーも、再びハーデースのところに連れ戻されねばならない。これではまたデーメーテールが沈みこんで大変なことになるので、ゼウスの妥協案によって、ペルセポネーは柘榴を四粒食べたので、一年のうち四カ月は地下の夫と共に暮らし、後の八カ月は母親のもとで暮らすことになった。このため、一年のうち四カ月は、デーメーテールが大地を実らさないので冬がくるが、その後に春がくる、ということが毎年繰り返されるのである。

これは一見すると天の岩戸神話と似ていないようだが、少し検討してみると、両者の類似性が明らかになってくる。それは個々のモチーフの類似というよりも、神話全体の根本構造の類似である。それを簡単に述べると、男性神の暴行によって、大女神が怒って身を隠し、そのため世界は実りを失って困り果てるが、神々がさまざまの手段によって大女神の心を和らげ、そこに笑いが生じ、それによって新たな世界が開ける、ということになる。

これが、日本とギリシャの神話にどのような形で語られているかを検討するが、その前に一言述べておくべきことがある。それは、人類の精神史における最初の状態ともいうべき母‐娘一体の状況である。すべてのものは母親から生まれる。このときに男性のもつ役割について知らないか、あるいは無視をするかすれば、母から娘が生まれ、その娘が母となり、ということが繰り返されるので、母と娘はまさに同体であり、この存在を基盤にして、「いのち」は永遠に続くことになる。そこには、個人などということはまったく問題外で、母‐娘一体の世界がそこにどっしりとあるということで、すべては安泰なのである。

わき道に入ることになるが、このような母‐娘一体の心性が日本の現在においても、まだ強くはたらいているのが見られる。母‐娘一体の強い結合力がはたらいている家庭では、父親はほとんど無に等しくなってくる。表面的に威張ったりできるとしても、深層においては無に近いことは、家族のすべてが感じとっている。これに業を煮やして、やたらに暴君ぶりを発揮する男性もあるが、それに比例して無化の状態が進行するだけである。

神話の世界に戻って考える。強い母‐娘一体の結合を破るものは、男性の強い行為である。それは象徴的には暴行の形をとることが多い。ハーデースは突如として地下から出現してペルセポネーを強奪してゆく。直接的な行為は娘の方に向けられているが、アルカディア地方に伝わる話によると、愛する娘を尋ねて遍歴していたデーメーテールは、ポセイドーンに凌辱されたのである。女神はポセイドーンが欲情を燃やして後についてきているのを悟り、一頭の牝馬に変身して身を隠そうとする。しかし、ポセイドーンは女神の変身を見破り、自ら牡馬となってデーメーテールの牝馬に対して想いを遂げるのである。つまり、ここでは大女神が暴行を受けることになる。

母‐娘一体というのがもともとのアイデアなので、母が暴行を受ける話になったり、娘が襲われる話になったりする。これが日本神話の場合は、もっと母‐娘の区別が不明確な形で語られることになる。と言っても、スサノヲがアマテラスを暴行したなどということは直接には語られていない。ただ、そこにひとつの隠喩的な意味合いとして、そのモチーフの存在を感じるというのである。『古事記』の原文は前章に引用したが、もう一度繰り返してみてみると、「天照大御神、忌服屋《いみはたや》に坐《ま》して、神御衣《かむみそ》織らしめたまひし時、その服屋《はたや》の頂《むね》を穿《うが》ち、天《あめ》の斑《ふち》馬《こま》を逆剝《さかは》ぎに剝ぎて堕《おと》し入るる時に、天の服織女《はたおりめ》見驚きて、梭《ひ》に陰上《ほと》を衝《つ》きて死にき」とある。かつて武装してスサノヲに立ち向かおうとしたアマテラスは、女性の重要な仕事と考えられていた服織に従事している。このとき、スサノヲが馬を投げいれるが、馬はすでに述べたポセイドーンの物語に登場しているので、この符合は印象的である。「梭に陰上を衝」いて死ぬ、というのは、性的な暴行を示唆しているが、この対象はアマテラスではない。しかし、このような間接表現は、アマテラスのような大女神に対しては、おそれおおいとして用いられる表現のひとつと考えられる。ここにアマテラスは死に、天の岩戸の体験を経て再生してくるというのが、その真意であろう。

以上の考えを支持するものとして、『日本書紀』の文を引用してみよう。「又《また》天照大神の、方《みざかり》に神衣《かむみそ》を織《お》りつつ、斎服殿《いみはたどの》に居《ま》しますを見て、則ち天斑駒《あまのぶちこま》を剝《さかはぎには》ぎて、殿《おほとの》の甍《いらか》を穿《うが》ちて投《な》げ納《い》る。是《こ》の時に、天照大神、驚《おど》動《ろ》きたまひて、梭《かび》を以《も》て身《み》を傷《いた》ましむ」。機織りや馬を投げいれるところは、『古事記』と同様であるが、ここではアマテラス自身が傷ついたことが明確に語られる。しかし、ここでは「陰上を衝きて死にき」という直接的表現は避けられている。ところで、『日本書紀』第七段の「一書曰」(1)には、次のような記述が認められる。「稚日女尊《わかひるめのみこと》、斎《いみ》服殿《はたどの》に坐《ま》しまして、神之御服《かむみそ》織《お》りたまふ。素戔嗚尊《すさのをのみこと》見《みそなは》して、則ち斑駒《ぶちこま》を逆剝《さかはぎには》ぎて、殿《みあらか》の内《うち》に投《な》げ入《い》る。稚日女尊、乃ち驚《おどろ》きたまひて、機《はたもの》より堕《お》ちて、持《も》たる梭《かび》を以《も》て体《み》を傷《やぶ》らしめて、神退《かむさ》りましぬ」。ここでは、興味深いことに、ワカヒルメという女神が登場し、その女神が梭で体を傷つけて死んだと語られている。このワカヒルメはアマテラスが大日孁(オオヒルメ)と呼ばれることから考えて、アマテラスの娘と類推することができるだろう。そうなると暴行を受けたのは、大女神の娘であることになって、ギリシャ神話との類似性は高くなる。

母‐娘一体の結合を破り、母と娘の分離を行うためには、荒々しい異性の侵入が必要であり、ギリシャ神話においては、それは地下の王ハーデースによって示され、日本では荒ぶる神スサノヲのこととして語られる。スサノヲはその後の物語で、根《ね》の堅州《かたす》国の王とされるが、これもハーデースの地位と相応していて納得がいくのである。また、ここに馬のイメージが重なるのも、おそらくその猛々しく突進する姿からの連想であろうと思われる。このような異性の侵入の際に、女性性器の露出と笑い、というモチーフが重なってくる。これもギリシャ、日本のどちらの神話にも共通のことである。これについては次節で考えることにしたい。

二　再生の春、笑い

日本とギリシャの神話について考察をすすめてゆく上で、これらと極めて類似のモチーフをもち、特に「笑い」の意味を考える上で参考になると思われる日本の昔話、「鬼が笑う」について、まず、その話の要点のみを次に示す。(3)

昔、あるところに身上のよい旦那さまがいた。その一人娘を嫁入りさせることになって、嫁を駕籠に乗せてゆく途中、まっ黒い雲がおりてきて、花嫁をさらっていってしまった。母親は気も狂わんばかりに心配して、娘を探す旅に出る。日が暮れたので小さいお堂に泊ると、庵女《あんじょ》さまが出てきて、娘は鬼屋敷にさらわれてきている、そこは大犬、狗犬が番をしているが、居眠りするときがあるので、そのときに入ればよいと教えてくれる。翌日、母親が目を覚ますと、一面の野原で、お堂も何もなく一本の石塔があるだけだった。母親は鬼屋敷にゆくと、「ちゃんちゃんちゃんかりん」と聞き覚えのある機《はた》の音がする。母親が「じょうや」と叫ぶと、娘がいて二人は抱き合って喜んだ。

娘は母親を石の櫃に隠したが、鬼が帰ってきて「どうも人間くさい」と言う。庭にある不思議な花は家にいる人間の数だけ咲くのだが、それが三つ咲いているので、どこかに人間を隠しているはずだと思い、鬼が怒る。娘は「俺が身持になった」からだと嘘をつくと、鬼は喜んで、家来どもを集めて「酒だ太鼓だ、それお犬こま犬たたき殺せ」と大騒ぎをして酔いつぶれて眠ってしまう。

その間に、母娘は舟で逃げるが、鬼は目を覚まして家来と共に追いかけてくる。そして鬼は家来どもに川の水

表4　日本の昔話・日本神話・ギリシャ神話の比較

	日本昔話	日本神話	ギリシャ神話
侵入者	鬼	スサノヲ(馬)	ハーデース ポセイドーン(馬)
侵される者	娘	アマテラス ワカヒルメ	ペルセポネー(娘) デーメーテール(母)
探しだす人	母	神々	デーメーテール(母)
笑わせる人 (性器の露出)	母・娘・庵女	アメノウズメ	バウボー(イアムベー)
笑う人	鬼の家来ども	神々	デーメーテール

出典）河合隼雄『昔話と日本人の心』岩波書店，1982年．

を呑みほしてしまえと言う。鬼どもがどんどん水を呑むので、母子の舟は後もどりをし、鬼の手が今にもとどきそうになる。そこへ庵女さまが現われ、「お前さんたちぐずぐずせんで、早よ大事なところを鬼に見せてやりなされ」と言って、庵女さまも一緒になって、着物のすそをめくると、鬼どもはげらげら笑い、その拍子に呑んだ水を吐き出してしまう。このため母子は難を逃れる。これも庵女さまのおかげだと礼を言うと、庵女さまは、自分は野中の石塔だが、毎年自分の傍に石塔を一つ立てて欲しいという。母子は無事に帰宅し、それからは毎年一本ずつ石塔を立てたということである。

これが「鬼が笑う」の話の要約であるが、ここにも、母‐娘の結合が「鬼」という荒々しい存在によって破られ、母親が嘆いて娘を探しに行く、そして、娘を取り戻す過程において、性器の露出と笑いということが生じる、という点で、われわれの神話と多くの類似点をもっている。これらの比較を表にして示す。

これを見ると三者間の異同が明確に認められるが、それにしても類似度の高いことは注目に値する。やはり、この全体的な構造がよほど人間の心の普遍的なありようを反映しているからだと思われる。この表をみると、男性的な侵入者の存在は三者に共通である。それによって侵される者が娘であり、それを探し出そうとするのが母である点は、ギリシャ神話と日本昔話は同じである。この点、日本神話では、アマテラスが母‐娘の合体したような存在である(ワカヒルメ説の場合は、母と娘が分離しているが)。次に性器を露出して笑わせる人と、笑う側とになると、相当に相違が見られる。笑うのは、日本の昔話では鬼どもであり、日本の神話は神々、ギリシャ神話ではデーメーテールである。性器を露出するのは、日本神話のアメノウズメとギリシャ神話のバウボー(イアムベー)とは類似性があるが、日本昔話では、母と娘、それに庵女さままでが加わっている。

母‐娘一体の結合を破る者としての男性の侵入について述べたが、母と娘の分離を認めるとしても、母は死んで若い娘として再生してくるという過程を示すものと、この神話を考えることができる。実際に、デーメーテール、ペルセポネーの神話はエレウシースにおいて、再生を祝う秘儀として、その後に発展してゆく。そして、この再生の儀式が春の祭典と結びついているのも重要なことである。冬になって死んだと思われていた穀物が、春になると再生してくるのだ。

春は現代においては、「うららか」な季節としてのみ意識されるが、古代においては、むしろ「おそれ、おののき」を感じさせるものであった。ストラヴィンスキーの音楽「春の祭典」は、その感じを見事にとらえて表現している。死に絶えたと思っていたところに、生命の鼓動が感じられてくる驚きと怖れ。古代の人々の感じた「春」は、真の暗闇に、岩戸が開いて光がさしてくるようなものであったに違いない。

前章に紹介したアイヌの伝説でも、「春は女の季節である」という言葉からはじまっている。あるいは、昔話の「お月お星」においても、月が太陽のような役割を担っていると述べたが、そのときも、お月が石櫃から救い出されるのが春であり、菜種の花咲く季節に、隠れていたお月が出現してくる。これも明らかな死と再生のモチーフであり、それが春に結びついていることがわかる。

春が花開く季節として「開く」そして「笑い」を連想させることは、すぐに理解できるであろう。アマテラスを岩戸から誘い出すのに重要な役を果たしたアメノウズメは、「開く」ということに深く関連している。それはまず衣服を「開い」て自分の身体を露呈したことに示されているし、後の天孫降臨の際に、サルダビコという猛々しい男性神の口を「開く」ことにも関係している。また、その後に語られる物語として、アメノウズメは魚たちに「汝《な》は天つ神の御子に仕へ奉らむや」と問い、諸《もろもろ》の魚はすべて「仕へ奉らむ」と答えたのに、海鼠《ナマコ》だけが黙っていた。そこでアメノウズメは「この口や答へぬ口」と言って、刀で口をさいた。ここにも明らかに閉ざされた口を開くという機能が認められる。

春、開くに関連しての「笑い」であるが、この点で、ギリシャ神話、日本の神話と昔話、三者三様になっているのが興味深い。ギリシャ神話では大女神デーメーテールが笑っているが、日本の神話では神々が、そして昔話では鬼どもが笑っている。笑いは開放的である。人間の心も体も笑いによって開かれる。デーメーテールの場合は悲しみに沈んでいたのが、笑いに転じるし、鬼どもの場合は怒っていたのに一挙に笑いに変わってしまう。これらは、闇のところに光がさす、あるいは、冬の寒さのなかに春が一挙に訪れてくるという感じである。日本神話の神々の笑いが、一番そのイメージに合っているると言えるであろう。

三　イナンナの冥界下り

天の岩戸神話は、ギリシャのデーメーテールとペルセポネーの神話と比較して考えることによって、その意味が明らかになったが、その意味を一層深めるものとして、ギリシャよりももっと古い、シュメールの「イナンナの冥界下り」の神話を取りあげてみたい。シュメールは紀元前五千―二千年頃に、ティグリス・ユーフラテスの河口あたりに栄えた文明である。多くの遺跡や発掘品によって、その高度な文明を推察できるが、何よりも楔形文字という独特の文字による記録が残されており、その読解が可能になったために、その神話なども知ることができるのである。

イナンナはシュメールの偉大な女神であるが、アッカド語ではイシュタールと呼ばれている。イナンナの冥界下りとは、女神イナンナの受難の神話であり、したがって、それはアマテラスの体験と比較ができるのである。なお、アッカドでは「イシュタールの冥界下り」の物語があり、それはイナンナの物語と極めて類似のものである。まず、「イナンナの冥界下り」の物語をごくごく簡略にしたのを、次に紹介する。

大女神イナンナは冥界に下ってゆくのだが、その理由は定かではない。彼女はその前に、侍女のニンシュブルに、もし自分が三日経っても戻らなかったら、神々に助けを乞うように命じておく。イナンナは彼女の姉で冥界の女王であるエレシュキガルの許可を得て下降してゆくが、七つの門をくぐるたびに彼女の身につけていた装飾品や衣服はひとつずつはがされてゆくことは、既に述べた。ついには一糸まとわぬ裸の姿になるが、これも冥界の掟とあっては抗弁もできない。冥界の女王はイナンナに「死の目」を向け、彼女は死体となって、杭にぶらさげられる。

三日後、侍女のニンシュブルは命令に従って神々を訪ね、援助を乞う。父の神エンリルや、もう一人の父の神ナンナルは、これに対して言を左右にして動こうとしない。最後に訪ねていった父の神エンキは、幸いにもイナンナのことを心配し、自分の爪の垢で、カラトゥルとクルガルラという二つの生物をつくり、生命の食物と水を託して、イナンナを救うように命令する。彼らは命令をよく守って、イナンナの死体をエレシュキガルより貰い受け、生命の食物と水を死体にふりかけて生き返らせる。

イナンナは地上に戻ったが、自分の身代りを冥界に差し出さねばならない。彼女に冥界からついてきた悪霊は、ニンシュブルやイナンナの息子のシャラを身代りにしようとするが、イナンナは彼らの忠誠ぶりをほめたたえて、これを拒む。最後に、彼らはイナンナの夫ドゥムジのところへ来ると、彼はニンシュブルやシャラと違って、少しもイナンナの身を心配することもなく、生活を楽しんでいた。そこで、イナンナが「死の目」で彼を見つめ、悪霊に彼を身代りとして冥界に連れてゆくように言う。ドゥムジはイナンナの兄ウトゥに助けを求め、ウトゥによって姿を蛇に変えられて逃げ、姉のゲシュティンアンナのところに身を寄せる。それでも悪霊たちが追跡し、羊小屋にいたドゥムジをさんざんな目に遭わせて冥界に連れ去る。そこで、姉のゲシュティンアンナは弟を求めて放浪する。その後、イナンナは、ドゥムジとゲシュティンアンナに対して、それぞれ半年ずつ冥界にとどまるようにさせる。

この神話においても大女神の受難と、そこからの回復が語られる。ここで大切なことは、イナンナの冥界探訪に確とした理由が語られないことである。デーメーテールとペルセポネーの物語では、地下の神ハーデースによるペルセポネーの強奪ということがあった。あるいは、日本の昔話「鬼が笑う」では、娘が鬼にさらわれたのであったし、神話では、スサノヲの乱暴ということがあった。それと、ギリシャ神話では明確に母‐娘の物語となっているのに、イナンナの場合は、母も娘も登場しない。これらを考えるにあたって、まず根本はこれらはすべて「女性の物語」であることを出発点にしたい。その女性の物語を、母と娘の分離ということをテーマにし、そのためには、そこに侵入してくる荒々しい男性神と、最後に全体を調整する男性の主神がいるというギリシャ神話(ここで、ハーデースは地下のゼウスなのだという考え方も出てくる)は、構造的にわかりやすいが、これは既に父権意識によって見た女性の物語になっている。それに対して、シュメールの神話は、それよりずっと以前の時代における、母権意識によって見た女性のものというふうに考えられないだろうか。その線に沿って、イナンナの冥界下りについて検討してみよう。

デーメーテールは大地母神と呼ぶのにふさわしい神で、豊穣の神であった。それでは、イナンナはどのような神であるのか、これを一言で言うのは難しい。イナンナの冥界下りの神話に、女性のイニシエーションの過程を見ようとするユング派の女性の分析家シルヴィア・B・ペレラは、女神イナンナの多面性を口を極めて語っている(4)。一言で言えば「単なる母性を超えた、女性性の多面的な象徴イメージ、つまり全体性《ホールネス》のパターンを与えてくれ」るということになる。彼女を形容する言葉として、「愛に満ち、嫉妬深く、悲しみ深く、喜びにあふれ、臆病な、自己露出的な、泥棒の如く、情熱的、野心的、寛大な」などが詩のなかに用いられていると言う。「つまり、感情のすべての領域が、彼女のものだということでしょう」。

ペレラがイナンナについて述べているのを列挙すると、「天の女神」「大地と豊饒の女王」「闘いの女神」「情熱的な性愛の女神」であり、「豊饒、秩序、戦争、愛、天界、癒し、情動、そして歌の女神としての力」をもちつつ「放浪者」であるという。矛盾した要素をいっぱいかかえこむ彼女の姿をもっとも端的に伝えるのは、「処女の娼婦」ということになるだろう。矛盾を排するために明確な分離を行い、肯定的と思えるものを「支配」しようとするのが父権の意識であるのに対して、母権の意識はすべてをかかえこむのだ。ペレラが「イナンナの受容性は能動的なもの」だというのも、うなずけるのである。つまり、彼女は父権以前の、女性としての全体性をそなえた存在なのである。

偉大な女神イナンナは受難する。何のために。受難はそれに続く死と再生の過程があり、より高みに至るための循環ということが強調される。このようなイナンナの受難について、ペレラは、「イナンナの苦しみ、衣服を剝ぎとられること、屈辱、鞭打たれること、そして死、彼女の下降の留《ステーション》、地下界の杭に「磔になること」、そして復活」と述べてくると、これがキリストの受難の道筋と非常に似通っていることに気がつくが、両者の決定的な差は「人間の罪のためではなく、大地の求める生命と再生のために、イナンナは自らを犠牲に」すると述べている。イナンナは大地に根ざしており、「彼女が関わっているのは善悪というよりも命」なのである。ペレラのこのような考えは、まことに卓見と言うべきで、イナンナの冥界下りの本質を衝いている。

イナンナはエレシュキガルによって死を与えられる。しかし、地上にいるニンシュブルが救済に乗り出す。ここで、ギリシャ神話の場合は、受難の娘を助けようとする母、すべてを調整する主神としての男性神、という組合せができるのだが(母‐娘の一体性の強調があるときは、受難した者は母だったり、娘だったりするが)、シュメールの場合は、話はそれほど明確にいかない。ニンシュブルはイナンナの命によって動いているし、ニンシュブルが最初に依頼する「父なる神」は、ゼウスのようにすぐ動こうとしない。つまり、このあたりは父権意識の確立以前の状態をよく反映している。結局はエンキの爪の垢が役立つことになる。これは実に興味深い。これはつまり、それまでは見向きもされず、捨ておかれるような、取るに足りないものが役に立つ、という逆説を示している。イナンナの周辺には数多くの逆説が生じるのである。

イナンナは「爪の垢」の努力で地上に戻ってくる。これはまさに死と再生の過程であり、喜ばしいことである。しかし、話はそこで終わらない。彼女は代償を差し出す必要があり、そこで自分の夫のドゥムジを代償として選ぶのだ。これは実に驚きである。父権的な考え方からするとこれは考えられないことだろう。物語は、一応、ドゥムジがイナンナの身を心配せずにいたので、イナンナが怒って彼を冥界に追いやったようになっているが、この意味はもう少し深いように思う。簡単に言ってしまえば、イナンナは自分の体験した冥界探訪を、夫にも体験させようとしたのではないだろうか。

回帰してきたイナンナは天上の女神である。彼女に対して冥界にはエレシュキガルがいる。この天上と冥界の女神たちの中間の世界において、男性のドゥムジは、イナンナの代りに冥界に降りてゆく。しかし、彼は女神のようにうまく助けを得て回帰してくることはできない。このとき、彼の姉のゲシュティンアンナが彼の身代りになることによって彼を救おうとする。これを知って同情したイナンナは、ゲシュティンアンナとドゥムジが交代で半年ずつ冥界にとどまるようにする。

イナンナの冥界下りは、既に述べたように確たる個人的な原因などなかったが、「大地の求める生命と再生のため」であった。これに比して、ゲシュティンアンナの場合は、はっきりと個人的なものであり、弟のドゥムジを救うためである。イナンナの行為はまさに女神のそれとして非個人的であるが、ゲシュティンアンナの方はより人間的になっている。そして最後のところでは、ゲシュティンアンナとドゥムジとによる永遠の循環というところで話は終わりとなっている。これは、もっと後の神話、父権的意識にかかわるものにおいては、何らかの達成をもって終わりになるのと対照的である。しかし、このような循環によってこそ、生命は永遠に続くのである。

四　イザナミ・アマテラス・アメノウズメ

シュメールの「イナンナの冥界下り」の神話を紹介し、その意味についてごく簡単に考察をした。詳細にわたって考えるならば、もっと言うべきことがあるが、何と言っても、その要点は、女性の物語を女性の目から見て語っていることにあった。これに比して、ギリシャのデーメーテールとペルセポネーの物語は、女性の物語を男性の目から見たものと言える。このように考えてみると、日本の天の岩戸神話は、その中間、あるいは両者の混在したようなものであることがわかる。既に言ったようにギリシャと日本の神話の類似性は極めて高いのだが、ギリシャの場合、ゼウスという主神が男性であるのに対して、日本の場合は、主神が明確ではない。あるいは、主神をアマテラスと考えた場合は、それが女性であり、主神自身が受難するということになる点で話が異なってくる。後者の方に力点をおくと、それはむしろシュメールの神話に近くなるのである。

まず、イナンナの冥界下りに相応することとして、アマテラスの岩戸に籠ることが考えられるが、それ以前に、イザナミの冥界への下降の方を取りあげるべきだと感じられる。イザナミの死こそ、大女神の受難というのにふさわしい。しかし、そこには母‐娘というテーマもないし、この世への回帰ということは生じない。イザナミは冥界にとどまって、そこの女王になってしまう。そして、言わばイザナミの仕事の完成を担うような形で、アマテラスが岩戸の闇と、そのなかからの再生の体験をする、と考えることができるであろう。この際、スサノヲの行為をハーデースのそれとなぞらえて考えると、日本神話はギリシャ神話に近くなる。その点については既に述べたが、やや疑問の残るところがある。それは、アマテラスとワカヒルメという母‐娘の姿にしろ、スサノヲが性的な侵入を試みたのかどうか、という点においても、どちらも暗示にとどまるか、もしくは「一書曰」に記されたものであったりして、明確ではない。それは、アマテラスが天上に輝く太陽の姿をもつとか、日本神話のなかで主神的な地位――ゼウスほど明白な主神とは言い難いが――をもつことなどによって、どうしても話をあいまいにせざるを得なかったのではないか、と推察されるが、それだけではすまされない点もある。シュメールの神話との類似性を感じさせる要因も多いのだ。その点について考えてみたい。

イナンナの冥界下りにおいては、男性の侵入による母‐娘の分離というテーマが認められない。そこで、シュメールにおいては、母‐娘の分離、あるいは、娘が母になるイニシエーションはいかにして行われたのか、という疑問が生じてくる。これを行うための、男性の侵入――ハーデースのペルセポネー強奪――は、父権意識より見たものであることは既に指摘したとおりであるが、シュメールのような母権意識の文化において、母‐娘の分離はどのような神話、あるいは、儀式によって行われたのであろうか。

これに対する答が、聖娼(sacred prostitute)の制度である。この点についても、女性の自己実現の課題に取り組んでいるユング派の女性の分析家、クォールズ‐コルベットが『聖娼』に詳細に論じている。[5] この本の序文を書いたマリオン・ウッドマンは「「聖なる」とは、神聖な精神(spirit)への献身を意味していますし、「娼婦」とは、人間のからだを汚すことを意味しています。精神と物質が、そして霊性(spirituality)と性(sexuality)が切り離されているいま、この二つの言葉はどうやって結びつくことができるのでしょうか」と述べている。現代の世界の状況を「人のからだの叡知は精神(mind)によって荒らされて」いるという認識に立つとき、この「聖娼」という逆説的なイメージがそれを癒す力をもっていると、著者たちは考えている。その点については原書に譲るとして、ここでは、そのような「聖娼」の考えと、われわれの神話との結びつきについて考えてみたい。

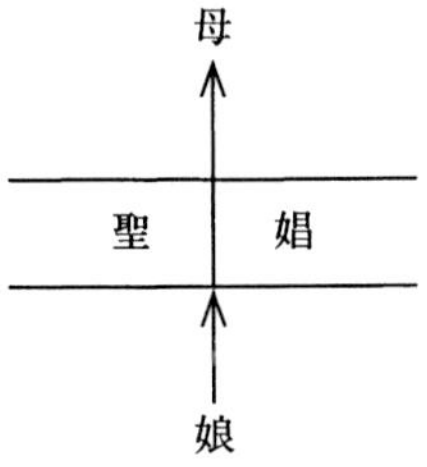

図2　聖娼によるイニシエーション

「聖娼」の娼という呼び名は、おそらくシュメールの文明を発掘調査などによって研究した後代の学者の命名なのであろう。当時は、偉大なる女神の神殿に仕える巫女として認識されていたと思われる。現代の父権的意識に毒された考えにとらわれていては、この「聖娼」ということの本質を理解するのは非常に難しいことであろう。聖娼の制度は定かではないが、古代バビロニアでは、女性は結婚する前に女神の聖なる神殿に仕え、そこに来る外来の男（異邦人）と性交する。それは、女神との一体感の聖なる経験をするためであり、その後に女性は家に帰り、来たるべき結婚の仕度をした。このことによって、彼女たちの女性性は「より高い目的、すなわち女神の豊饒の力を人間の生のなかに効果的にもたらすという目的のために捧げられた」のである。

このような制度は女性のイニシエーションとして行われた、と思われる。ここで大切なことは、これは聖なる儀式として個人的なことを超越してなされるべきことである。聖娼はベールによって顔を隠していることもあり、彼女と交わる男性は見知らぬ人でなければならず、以後は二度と会うことはない。女性たちは自らのイニシエーションのために、自らの意志で身を捧げるのであり、これは、ギリシャ神話に語られるような、男性の侵入によって母-娘が分離させられるというイメージとは異なっている。母権の意識においては、このような女性の「能動的な受容」の姿が重視されるのである。

このような考えに立って天の岩戸神話を見ると、最初スサノヲが高天原に昇ってきたときは、アマテラスはそれに武装して立ち向かっているが、その後では、アマテラスは自分の意志で岩戸に入っている。つまり、そこに「能動的な受容」の姿勢が認められる。ただ、このときに、アマテラスは闇の体験をするが、聖娼のような性に関することは語られない。イナンナの多くの属性のなかの天上神の特性をアマテラスはもちろんもっている。しかし、情熱的な性的な側面はまったく欠落している。こう考えると、イナンナのそのような面を体現している者として、アメノウズメがぴったりではないかと思えてくる。裸になり、性器を露わにして踊る彼女の姿は、娼の側を表わす姿として見ることができる。

以上述べたことをまとめてみると、イザナミ、アマテラス、アメノウズメの三神を一体とすると、シュメールの女神イナンナに近くなる、ということになる。アマテラスを天上の日の女神とし、主神的な性格をもつとしたために、イナンナのもつ処女の娼婦、という側面を分離せざるを得ず、娼婦的な側面はアメノウズメに負わせることになったと考える。このように考えると、ギリシャ神話との比較で、バウボーに匹敵する神としてアメノウズメを見るよりは、アメノウズメのもつ役割はもっと重くなる、と言えるだろう。

アマテラスが岩戸から出るときに、自分よりも秀でた神がいると言われたことや、鏡に傷がついたエピソードなども考え合わせるなら、アマテラスはそれまでよりも、自分の影の部分を取り入れ――つまり、アメノウズメ的な要素を取り入れて、再生してきたと考えられるのである。

アマテラスが岩戸から出て来た後に、スサノヲは神々によって罰せられ、地界に追いやられる。ここのところは、イナンナの回帰のときに、夫のドゥムジが代償として冥界におくられるのと照合している。シュメールの話では、ドゥムジとゲシュティンアンナとの循環へと話は続くのだが、日本神話の場合はそれとまったく異なり、スサノヲは地上において、あらたに文化英雄として活躍することになる。日本神話は母権意識によるもの、との見方を相当にもっているのだが、すべてがそのようにならないところに特徴がある。父権、母権のいずれかに割り切れず、いつも不思議なバランスが認められるところが、重要なのである

(1) N・クォールズ-コルベット著、菅野信夫・高石恭子訳『聖娼――永遠なる女性の姿』日本評論社、一九九八年、所収のマリオン・ウッドマンによる序文。

(2) 吉田敦彦『ギリシァ神話と日本神話――比較神話学の試み』みすず書房、一九七四年。

(3) 第四章注3前掲書、所収。
(4) 第四章注2前掲書。
(5) 注1前掲書。

第七章　スサノヲの多面性

スサノヲは、日本神話のなかで特別に興味深い神である。スサノヲにまつわる神々のことを調べていると、日本神話の全容が浮かびあがってくる、と言いたいほどである。極めて多彩、多面的である。このような点もあって、かつて、吉田敦彦、湯浅泰雄両氏と共に、スサノヲをめぐって一書を上梓したことがある。(1) その際の話し合いを通じて、多くのことを知ると共に、自分のスサノヲに対する理解も深めることができた。それを基にしつつ、スサノヲについて論じてみたい。

そのときの話し合いで印象的だったのは、吉田敦彦は、スサノヲの女性に対する依存性の強さを強調し、湯浅泰雄は、スサノヲの英雄的行為の方を強調し、対立的に思えたが、結局はそのような両面をもつところにスサノヲの特徴があると結論づけられていったことであった。また、湯浅は、スサノヲについて、言わば、幼児期、青年期、壮年期、老年期とそれぞれの時期について物語があり、一柱の神について、このような人生周期にかかわる記述があるのは珍しいと指摘した。これも、確かにスサノヲの特性をよく示している。これらのことを勘案しつつ論議をすすめたい。

一　スサノヲの幼児性

スサノヲは既に述べたように、父親から生まれるのだが、その母への固着の強さはなかなかのものである。『古事記』はそれを次のように語っている。既に引用した部分だが、再び掲げる。

速須《はやす》佐《さ》之《の》男《をの》命、命《よ》させし国を治《し》らさずて、八《や》拳《つか》須《ひげ》心《むね》の前《さき》に至るまで、啼きいさちき。その泣く状《さま》は青山は枯《から》山《やま》の如く泣き枯らし、河海は悉《ことごと》に泣き乾《ほ》しき。ここをもちて悪《あ》しき神の音《こゑ》は、さ蠅《ばへ》如《な》す皆満ち、万《よろづ》の物の妖《わざはひ》悉に発《おこ》りき。故《かれ》、伊邪那岐《の》大御神、速須佐之《の》男命に詔りたまひしく、「何由《なにし》かも汝《いまし》は事依させし国を治らさずて、哭《な》きいさちる。」とのりたまひき。ここに答へ白《まを》ししく、「僕《あ》は妣《はは》の国根《ね》の堅州《かたす》国《くに》に罷《まか》らむと欲《おも》ふ。故《かれ》、哭《な》くなり。」とまをしき。ここに伊邪那岐《の》大御神、大《いた》く忿《い》怒《か》りて詔りたまひしく、「然《しか》らば汝《いまし》はこの国に住むべからず。」とのりたまひて、すなはち神逐《かむや》らひに逐らひたまひき。

彼の他のきょうだい、アマテラスとツクヨミは父親の命令どおり「高天《たかま》の原」と「夜の食国《をすくに》」をそれぞれ治めることになるのに、スサノヲだけは、「海原」を治めるように言われたのに従わず、泣き叫んでばかりいる。しかも、その泣き方も凄くて、山は枯れ、河は干あがり、いろいろな災いが生じたという。なぜそんなに泣くのかという父の問いに、彼は、母の居る「根《ね》の堅州《かたす》国《くに》」に行きたいと答える。父よりも母が大事なことを公言したのだから、父は怒って息子のスサノヲを追放する。彼は父親から生まれたのだが、大変な母親っ子である。この点に注目して、レヴィ＝ストロースは、彼の神話論のなかに、南北両アメリカ大陸の先住民の神話のなかにまじって、スサノヲの神話を取りあげて論じている(2)。

レヴィ＝ストロースがなぜ、わざわざスサノヲの神話を取りあげたのか、この点について吉田敦彦の説を参考にしつつ述べてみたい。レヴィ＝ストロースがスサノヲ神話を論じる上で重視している、ブラジルの奥地に住んでいるボロロ族の神話をできるだけ要約して次に示す。

大昔に、女たちが成年式において若者たちに与えられるペニス・ケースの材料とするためのシュロを集めようと森に出かけて行った。ところがそのときに一人の少年がこっそり母のあとをつけて行き、不意を襲って彼女を犯した。

この母親が帰宅したとき、彼女の夫は、妻の帯に若者たちが飾りとしてつけている鳥の羽根が付着したままになっているのを見つけた。それを証拠に、息子に妻が犯されたことを知ったこの男は復讐をしようとして、息子に命を失いそうな難題をつぎつぎに与える。しかし、彼の祖母の助言によっていつも難を逃れる。この詳細は略すが、ここで大切なことは、ボロロ族は母系で、この祖母は母方の祖母である。

父親は最後に息子に、岩壁に巣をつくる金剛インコを捕えるようにと、長い竿に息子をよじ登らせて、竿を倒した。少年は祖母にもらっていた杖を岩の割れ目につっこんでぶらさがり、難を逃れる。彼はやっとの思いで岩壁を頂上まで登り、たくさんのトカゲを狩り、腹いっぱい食べる。食べた残りの肉を腰などに吊るしていたが、肉が腐敗しその悪臭のために少年は気を失う。そこへハゲタカが飛んできて腐肉を食べ、少年の尻まで食べる。痛みで目覚めた少年はハゲタカを追い払う。

ハゲタカはここで少年を助けてくれ、岩壁の麓まで降ろしてくれる。少年は以前に祖母から聞いた話を思い出して、芋をつぶして練粉にし、人造の尻をつくって自分の尻を補修する。その後も長い話が続くが、結局、少年は祖母のところに帰り、父親に復讐して殺し、父親の妻たち——自分の実母を含む——に対しても復讐した。

長い話を相当に思い切って要約して示したが、この話とスサノヲの話の類似性として、レヴィ＝ストロースが注目しているのは、息子と母との結びつきの強さである。ボロロ族では、少年たちは長期にわたる成年式を受け、バと呼ばれるペニス・ケースをもらって身につけることによってはじめて、成人となる。したがって、この物語で、母親をはじめ女たちだけで行われる採集活動に、少年がこっそりあとをつけることなど決して許されないことである。つまり、ここに、この少年がいかに母から離れることができないかが示されている。その上、母との相姦関係まで生じるのだから、母‐息子の一体性がはっきりと示されている。

スサノヲの場合は、父の命に服さず、母のところに行きたいと泣き叫ぶのだから、母への愛着の強さは明らかである。そのために父の怒りを買うところも、ボロロ族の物語と同様である。ただ、スサノヲの場合は、母との相姦は語られないし、父に対する復讐というのもない。このあたりのことまで問題にすると、ボロロ族の話とスサノヲの話の類似性は非常に薄くなる。

このような相違にもかかわらず、レヴィ＝ストロースが南北両大陸のアメリカ先住民の神話のなかに、特に日本のスサノヲ神話を取りあげて記載したのは、おそらく、スサノヲの誕生にまつわる話における、母との結びつきの強さに印象づけられたためと推察される。ただ、このことをもって、スサノヲの性質を、幼児性、あるいは、母との一体性のみとして見るのは、その後の物語の展開を見てゆくと、どうしても一面的にすぎると思う。やはり、スサノヲは多くの側面をもつ極めて多面的な存在であると見る方が妥当と思われる。その点については次に論じることにする。

二　トリックスター

スサノヲは父親から追放された後に、高天原にいる姉のアマテラスを訪問しようとする。そこでどのようなことが生じたか、それがアマテラスにとってどのような意味をもつ体験となったかについては、前章に論じたが、これを、スサノヲを中心としてみるとどうなるかについて考えてみたい。

スサノヲの性格を考える上で大切になってくるのは、「トリックスター」の姿である。トリックスターはぴったりの日本語訳を見つけ難いが、一種の「いたずら者」である。日本の昔話に出て来る「彦一」や「きっちょむ」がその例であるが、日常的な常識を破る知恵や行為によって、既成の秩序に対して反抗するが、失敗に終わるときは単なるいたずら者、もしくは悪者とさえ思われるが、成功するときは、破壊を通じて新しい秩序を創造する英雄ということにもなる。そのような点で著しい二面性を有し、変幻自在でとらえようのない、という特性ももっている。

トリックスターは、アフリカや南北アメリカの神話にはよく登場し、昔話、伝説など世界中の物語のなかでよく語られる。人間のみではなく、狐、兎などの動物としても語られる。一九六二―六五年、ユング研究所に留学中、ユング、ケレニイと共著で『トリックスター』という書物を書いているポール・ラディンの講義などを通じて、「トリックスター」のことをはじめて知った。非常に興味深く聞いたし、日本神話について論文を書いたときは、スサノヲを「トリックスター」として解釈した。論文を提出して帰国したのが一九六五年で、こんなことは日本で話をしても通じることはないと沈黙を守っていた。

ところが、しばらく経って一九七一年刊の山口昌男『アフリカの神話的世界』を読むと、アフリカの神話におけるトリックスターを詳しく論じるのみならず、「妖怪に策略で立ち向うという構造においてはヤマトタケルの場合も、スサノオノミコトの場合も、基本的には「いたずら者《トリックスター》」の英雄のパターンの上に成立しているということができるのである」と明言してある。[3] これには驚くと共に、大変嬉しく思った。スイスで一人で勝手に考えていたことが、それほど的はずれでないことがわかったからである。その後、山口昌男の相続く著作活動によって、日本人の多くが「トリックスター」や「道化」の意義についてよく理解するようになったのは周知のとおりである。

山口昌男は前述の書物のなかで、スサノヲの物語に類似のものとして、多くの類話をあげているが、そのなかのひとつをごく簡略化して次に示すことにする。これは、アフリカのムバイ＝モイサラ族の神話である。

ロアとスウは兄弟であるが、ロアは素晴らしいことをするがスウは悪事ばかりしている。ロアには口がなく、スウはロアに何か語らせようとしている。ロアはある日丸木舟を造る。スウはそれを見て自分も造るがろくなものはできない。スウはそこでロアのカヌーを取ってしまう。この他にもスウは悪事をはたらくので、ロアはこの地上にあきあきしたと言って、スウに地上を任せて自分は天空の彼方に去ってしまった。数年の後に、雷鳴が鳴り響く日、スウは天にいる兄のところに行こうと決心する。

スウは天空からの根が地上にまで下っているのを見つけ、それをよじ登って天空にたどりついた。スウがロアの村にやってきたとき、ロアは畑に行っていて、いなかった。そのとき、ロアは息子を雨乞い石の張り番として残しておいた。スウはそこへやってきて、雨乞い石を取りあげて、地上に突風を起こしたり、雷を起こしたりし、雨もたくさん降らせた。弟が来たと知ったロアは帰宅し、激怒する。しかし、ロアは弟に村の滞在を許した。しばらくして、彼は弟にドラムと投槍を与え、木をつたって地上に帰るように言う。そして、エペルヴィエ（ハゲタカに似た鳥）がドラムを叩きに来るだろうから、それを槍で叩きふせるだけにして、地上に降りたらドラムを鳴らせ、そうするとお前が地上に着いたことがわかるだろう、と助言する。

スウは下界に降りるとき、エペルヴィエがやってきた。スウは急いで投槍を投げつけてしまった。このためにエペルヴィエを防ぎきることができず、鳥にドラムを叩かれてしまう。このため、ロアはスウが地上に着いたと思って、根を切ってしまった。根にしがみついていたスウは墜落する。人々が駆けよってきて嘆き悲しんでいると、死に際のスウが、「私が死んだら、私の死体を河の向う岸に埋めて下さい」と言い遺した。人々がスウの死体を運んで河を渡ろうとしたとき、スウは彼らの頭越しに飛び降りて、水の中に姿を隠してしまった。

これがアフリカのムバイ＝モイサラ族の神話のひとつの概略である。この物語をスサノヲのそれと比較すると、アフリカの場合は兄弟で、スサノヲの方は姉弟の関係であるが、細部は異なるとしても、基本的なパターンはよく似ていることがわかる。

ロアは善いことをして、スウは悪事をはたらく。善悪の区別が明瞭にも見えるが、スウが最初のころに悪事をするのは、何とか兄のロアに声をかけてもらおうと思ってしているので、まったく故なしとしない。また、スウがロアを天上に訪ねていったとき、ロアは怒ってはいるのだが、しばらく滞在を許したり、地上に帰るときは、こまごまと忠告を与えたりしている。こんなところは、アマテラスがスサノヲに対していろいろ配慮するところとよく似ている。また、スウが嵐と親近性のあるところもスサノヲと同様で、天上に登ってくるときの恐ろしい音なども、両者は共通している。

これらの細部にわたって山口昌男もよく検討しているが、その最も骨格となるところを、彼は図のようにして

スサノヲ　哭泣度がすぎる→暴風雨→昇　天→破　壊→追　放
（異常）→（グロテスク）→（両世界的）→（反秩序）→（秩序の外界に帰属）
スウ　いたずら度がすぎる→昇　天→破　壊→地上に墜落

図3　スサノヲとスウ
出典）山口昌男『アフリカの神話的世界』岩波新書, 1971年.

示している。このように図示すると両者の構造の類似性がよくわかる。どちらも、「度がすぎる」馬鹿げたことをした上で、天上にいるきょうだい（姉あるいは兄）に会いに行く。このとき、スサノヲの方は挨拶に行くのだが、スウの方は兄に何とか自分に対して声をかけてもらおうとして追いかけて行く、という点では両者は異なっている。その後「破壊」によって「追放あるいは墜落」ということになるが、スサノヲの方は相当に複雑な話の展開になるのに対して、スウの方は単純である。スサノヲの悪業に対してアマテラスが何とか好意的に受けとめようとするが、スウの物語では、兄のロアはスウの悪業に対して怒りながらも、滞在を許したり、下界に降りるのに親切に忠告したりするところは、両者共通と考えられる。兄や姉の好意に対して、結局はそれを無にする破壊、そして、天上よりの追放、墜落ということになる点も両者同じである。

ここで、スサノヲの行為によって、前章に詳しく分析したように、アマテラスが意味ある体験をしているところは、スサノヲの「トリックスター」性をよく反映している。つまり、高天原のアマテラスの内的世界では、彼の秩序の破壊によって、新しい秩序が生まれているのである。これは、スウの神話にはあまり定かに認められぬところである。

このように見てくると、スサノヲをトリックスターとしてみることは、まったく妥当であるし、しかも、それと類似性の高いものをアフリカ神話にも見出すことができて、それが相当な普遍性をもつことが明らかとなって、意義深いと思う。ただ、スサノヲの特性はこれだけで話が終わらなくて、まだまだ続くのである。トリックスター性を残しつつ、彼の姿は「英雄《ヒーロー》」の方に近接してゆくのだが、その前にまだ、もうひとつ大切なエピソードを語らねばならない。

三　オオゲツヒメの殺害

スサノヲは追放後に出雲国に降り、ここで八俣《やまた》の大蛇《おろち》退治という大仕事を成し遂げるのだが、それに至る間に、非常に大切な行為をしている。それについて、『古事記』は次のように語っている。

また食物《をしもの》を大気津比売神《おほげつひめの》に乞《こ》ひき。ここに大気都比売、鼻口《はなくち》また尻《しり》より、種種《くさぐさ》の味物《ためつもの》を取り出《いだ》して、種種《くさぐさ》作り具《そな》へて進《たてまつ》る時に、速須佐之男命《の》、その態《しわざ》を立ち伺《うかが》ひて、穢汚《けが》して奉進《たてまつ》るとおもひて、すなはちその大宜津比売神《の》を殺しき。故《かれ》、殺さえし神の身《み》に生《な》れる物は、頭《かしら》に蚕《かひこ》生《な》り、二つの目に稲種《いなだね》生《な》り、二つの耳に粟《あは》生《な》り、鼻に小豆《あづき》生《な》り、陰《ほと》に麦《むぎ》生《な》り、尻《しり》に大豆《まめ》生《な》りき。故《かれ》ここに神産巣日《かみむすひ》の御祖命《みおやの》、これを取らしめて、種《たね》と成《な》しき。

スサノヲはオオゲツヒメに食物を求めると、鼻、口、尻などより出してきたものを差し出してきたので、汚ないと思って怒り、ヒメを殺してしまった。ところが、その死体の頭からは蚕が生まれ、目からは稲、耳に粟、鼻に小豆、陰部には麦、尻に大豆、が生じてきた。そこで、カミムスヒがこれらを種とした、というのである。つまり、これは農作物の起源と言っていいだろう。なお、ここにカミムスヒが登場するのも印象的である。タカミムスヒが天上のことにかかわるのに対して、カミムスヒは地上のことにかかわることが多いのである。

　これと類似の話が、『日本書紀』第五段には「一書曰」⑾として語られている。ここでは、父親のイザナキが、アマテラスには高天原を治めるように言った後に、ツクヨミには「日に配《なら》べて天《あめ》の事を知《しら》すべし」と言われる。そこで、アマテラスがツクヨミに対して、葦原中国《あしはらのなかつくに》にいるウケモチノカミ(保食神)を訪ねるようにと言う。ツクヨミはウケモチのところに行くが、口から出した食物をいろいろと差し出され、けがらわしいと怒って殺してしまう。そして、そのことをアマテラスに報告すると、アマテラスが大変に怒って、「汝《いまし》は是悪《これあ》しき神なり。相見《あひみ》じ」と言い、それ以後、ツクヨミとは「一日《ひとひ》一夜《ひとよ》、隔《へだ》て離れて住みたまふ」ということになる。アマテラスがアマノクマヒト(天熊人)を遣わしてみると、ウケモチの死体からは、「神の頂《いただき》に、牛馬《うしうま》化為《な》る有《あ》り。顱《ひたひ》の上《うへ》に粟生《あはな》れり。眉《まゆ》の上に蠒《かひこ》生れり。眼《め》の中《なか》に稗《ひえ》生れり。腹《はら》の中に稲《いね》生れり。陰《ほと》に麦及《むぎおよ》び大小豆《まめあづき》生れり」ということになって、アマノクマヒトはこれをアマテラスに献上して喜ばれる。

　『日本書紀』の場合も、基本的なパターンは同じで、死体から農作物が生まれてくるのであるが、これらは、ウケモチを殺したのがツクヨミになっているのと、カミムスヒが登場しないことが『古事記』と異なっている。そして、こちらは、日月が「離れて住む」ことの由来の説明にもなっている。スサノヲとツクヨミのこの話は既に述べたように、日本の神話全体から考えて、スサノヲの話が本来のものではないかと判断される。日月の離れ住む由来話になっているところも、後世の知恵によってつけ加えた、という感じがするところである。

　このスサノヲによるオオゲツヒメの殺害、およびその死体から農作物が生じてくる、という神話は、かつてドイツの神話学者イェンゼンによって「ハイヌヴェレ型神話」と名づけられた、インドネシアのセラム島に住むヴェマーレ族の神話と類似性の高いものである。(4) これも詳細に語ると長い神話であるが、ごく簡単に要約して、次に示す。

ヴェマーレ族で、「最初の人間」たちは九つの家族を作っていたが、そのなかにアメタ(「暗い」「黒い」「夜」などの意味をもつ)と呼ばれる独身者がいた。彼は一匹の野猿を追いかけ、池にとびこんで死んだ野猿を引きあげると、その牙にココ椰子の実がついていた。これは世界に生じた最初のココ椰子の実であった。アメタはそれを家に持ち帰り、夢に出てきた一人の男の指示に従って、土中に埋めた。

椰子は芽を出してどんどん成長し、花を咲かせた。アメタは花から酒をつくろうと木によじのぼり花を切りはじめた。ところが、彼は誤って自分の指を切り、血が出て花にかかった。三日後にはアメタの血と花の汁がまじり合って女の子が生じはじめた。アメタはこの子にハイヌヴェレ(ココ椰子の枝を意味する名)と名づけて育てた。彼女は三日後には成長して結婚適齢期の娘になる。彼女は普通の人間ではなく、大便として陶器の皿やどらなどを出したので、アメタはたちまち裕福になった。

この村で盛大なマロ祭が行われる。マロ踊りでは夜に男たちが九重のらせん形に踊り、女たちが環のなかにいて、男たちが踊りながら嚙むためのびんろう樹の実とシリーの葉を男たちに渡す。ハイヌヴェレはその環のまん中に居た。第一夜は普通だったが、第二夜にはハイヌヴェレは男たちにサンゴを与え、三夜目には磁器の皿を配る。このようにして毎晩高価なものを与えるので、男たちはハイヌヴェレをねたましく思ったり、薄気味悪く思ったりして、遂に九日目の夜、ハイヌヴェレを地中に埋めてしまう。

アメタはこれに気づいて、ハイヌヴェレの死体を掘り出し切り刻んで、その断片を一つ一つ別々に広場のまわりに埋めた。そうするとそこにはそれまで世界になかった、いろいろな種類の芋が生じ、それが人間たちの主食になった。話は実はまだ続くのだが、一応ここまでで終わっておくことにしよう。

この話で非常に大切なことは、女性の殺害と、その死体の部分から農作物が生じるという点であり、これはスサノヲのオオゲツヒメ殺害の話と同様である。この話を採集し、極めて重要視したイェンゼンは、これと類似の神話が熱帯で芋や果樹の類を原始的方法で栽培している諸民族の間に多く見出されることを明らかにし、このような話を「ハイヌヴェレ型神話」と呼ぶことを提唱した。そして、この型の神話は、彼が「古栽培民《アルトプフランツァー》」と呼ぶ民族の文化に固有のもので、その民族の世界観を表現したものであると主張した。

この神話は、イェンゼンの説も参考にして考えると、作物の起源神話であると共に、死の起源神話であり、そこにおける重要な主題は「死と再生」ということである。農作物の場合、土に埋められ「殺された」と思うものから、新たな命が再生してくるのだから、これは古代の人々にとってまさに「神秘」であったろうし、そこからの類推で、人間の「死」も再生に結びつくと考えられるのは、むしろ当然と言えるだろう。またこのように考えることによって、人間にとっての重大な問題である「死」を受けとめることができたものと思われる。まさに、古代の栽培民にとっての世界観の中核をなす神話であるということができる。

ここで興味深いのが、この「ハイヌヴェレ型」の神話が日本神話のなかにおいて語られている、という事実である。しかも、それがスサノヲを片方の主人公、つまり殺害する側の神として登場させる形で語られていることも注目に値する。この神話が果たして伝播によるものか、自然発生的に日本に生じたかについては不問にして、ともかく、これが日本の神話の体系の一部として語られている、という事実に注目してみよう。農耕民族における「死と再生」の儀式を支える神話としては、アマテラスの天の岩戸神話が、ギリシャ神話との対比によって明らかにしたように、おそらく、より新しく、中核的な神話と考えられるだろう。実際に、それは日本神話全体のなかで極めて重要な地位を占めていることは、既に見たとおりである。

天の岩戸神話をもちつつ、言わばその「周辺」の神話として、より古層的なこのオオゲツヒメ殺害の話が語られるところに、日本神話の特徴がある、とも考えられる。つまりいろいろな神話素をできる限り取りこみつつ、全体を構成するように日本神話ができている。そして、その際に、スサノヲが多面的にそれらにかかわる役割を担っているのである。スサノヲの役割はこれで終わったのではなく、次へと続いてゆくが、このようにいろいろと多様な役割をとらせつつ、なおかつ、スサノヲは主神ではない、という構造を日本神話はもっている。

四　英雄スサノヲ

『古事記』によると、高天原を追放されたスサノヲは、出雲国に降りてゆき、そこで特筆すべき重要な仕事を成就する。一般に神話においては、善と悪の対立が語られ、善が悪に打ち勝ち、悪は消滅して話は終わりとなるが、日本神話においては、アマテラスと対立したスサノヲが「悪」として葬り去られるのではなく、先のオオゲツヒメとのエピソードを経た上で、その後に重要な「英雄」となるところが特徴的である。次に述べる物語は、『日本書紀』においても大筋において変わるところはないが、一応『古事記』によって話をすすめる。

スサノヲは出雲国の肥《ひ》の河上《かはかみ》、鳥髪《とりかみ》というところに降りてくる。このとき、箸が河上より流れてきたので、人が住んでいると思い河上の方にゆくと、老いた男女が娘《むすめ》と共に泣いていた。誰かと問うと、「僕《あれ》は国つ神、大山《おほやま》津見《つみの》神の子ぞ。僕《あ》が名は足名椎《あしなづち》と謂ひ、妻《め》の名は手名椎《てなづち》と謂ひ、女の名は櫛名田比売《くしなだひめ》と謂ふ」と答える。ここではじめて「国つ神」という言葉が出てきて、高天原の神に対して、地上に住む神々がいることが明らかにされる。そこで、なぜ泣いているのかを尋ねると、自分は娘を八人もっていたが、「八俣《やまた》の大蛇《おろち》」に年に一人ずつ食べられ、今また、それがやってくるので泣いていると言う。そして、八俣の大蛇について、「その目は赤かがちの如くして、身一つに八頭八尾《やかしらやを》あり。またその身に蘿《こけ》と檜榲《ひすぎ》を生《お》ひ、その長《たけ》は谿八谷峡八尾《たにやたにをやを》に度《わた》りて、その腹を見れば、悉に常に血爛《ちただ》れつ」と言う。

そこで、スサノヲは「この汝《な》が女《むすめ》をは吾《あれ》に奉らむや」と言うが、アシナヅチは「恐《かしこ》けれども御名を覚《し》らず」と言う。素姓もわからないものに娘はやれない、というわけで、なかなか親もしっかりしている。これに対して、スサノヲは「吾《あ》は天照大御神の同母弟《いろせ》なり。故《かれ》今、天より降りましつ」と答える。それは恐れおおいことと、アシナヅチ、テナヅチは娘を奉ることになる。ここで注目すべきは、スサノヲがわざわざ「アマテラスの弟」と名乗っていることである。彼はアマテラスによって追われたとも考えられるのだが、自分のアイデンティティをあくまで、アマテラスという姉の弟として位置づけているのである。このことは、後に彼が大蛇から得た刀をアマテラスに献上することにもつながってくる、と思われる。

スサノヲは親の同意を得た後で、「すなはち湯津《ゆつ》爪櫛《つまぐし》にその童女《をとめ》を取り成《な》して、御角髪に刺《さ》す。これはなかなか興味深い記述である。クシナダヒメ(櫛名田比売)は、『日本書紀』では奇稲田姫と表記されるが、櫛は奇に通じて、霊力をもつものと考えられたのであろう。したがって、娘を櫛に変じて自分の身につけるのは、女性のもつ霊力を自らの守りとする、という意味があったと思われる。あるいは、このことを、スサノヲが女装をして、姫の身代りになって大蛇を待ったのだと考えると、後にヤマトタケルがクマソタケルを討つときに女装したことが連想されて、スサノヲのトリックスター的な特性が現われている、と考えることもできる。

スサノヲは続いて、アシナヅチ、テナヅチに命じて酒船を八つつくり、それに酒を満たせて、大蛇を待つ。大蛇はその酒を飲み、酔って眠ってしまう。そこで、スサノヲは十拳剣《とつかつるぎ》をもって大蛇を切り殺し、肥河は血の河となる。スサノヲが尾を切ったとき、剣の刃が欠けたので、不思議に思って調べると、尾のなかに大刀があった。それが「草薙《くさなぎ》の大刀」であり、スサノヲはそれをアマテラスに献上した。

この後に、スサノヲは出雲国で宮を作るべきところを探し求め、須賀《すが》の地に至ったときに、「我《あ》が御心すがすがし」と言って、そこに宮を作った。そのとき、雲が立ちのぼったので、

八雲《やくも》立つ　出雲八重垣《いづもやへがき》　妻籠《つまご》みに　八重垣作る　その八重垣を

という歌を詠んだ。これは、スサノヲが武力において優れているのみではなく、文化的にも能力の高いことを示す重要な出来事で、スサノヲの日本神話における地位は非常に高いものとなるのである。

スサノヲの神話は英雄による怪物退治の典型的な物語である。ギリシャ神話では、英雄ペルセウスが怪物の餌食となるはずだったアンドロメダーを救うために、怪物と戦って殺し、その後に彼女と結婚している。西洋にはこれと類似のパターンをもつ伝説や昔話が多い。スサノヲの話は、彼が獲得した剣を姉のアマテラスに贈ったという点を除いて、まったくこの英雄物語のパターンと同様であることがわかる。

このような英雄神話についての心理学的な解釈として、ユング派の分析家エーリッヒ・ノイマンは西洋における近代的な自我確立の過程を示すものと考えている。(5) この点については、これまでもたびたび他に論じてきたが、非常に重要なことなので、繰り返しを厭わず次に簡単に述べる。彼は人類の精神史のなかでも、西洋における近

代自我は極めて特異なものと考え、無意識から明確に分離され、無意識の影響から自由になり、それを支配しようとする傾向の強い意識を父権的意識(patriarchal consciousness)と呼んでいる。このような父権的意識をもった自我が確立される過程が、英雄神話のなかに象徴的に語られている。つまり、この物語のなかの男性の英雄は、そのような自我の象徴であり、彼が退治する怪物は、「母なるもの」とも呼ぶべき、常に自我意識を呑みこんでしまう力をもつ存在である。それを殺すことによって関係を切断し、独立することが必要である。そして、その後に、女性的なものと再び結ばれ(女性との結婚)、孤立することなく、世界との関係を維持しつつ自立する、と考えるのである。

フロイトは、このような怪物退治の物語を、息子と母親との個人的関係として考え、周知のエディプス・コンプレックスと結びつけるのであるが、ユング派ではこれを人間一般の普遍的な問題としてとらえ、「男性性」と「母なるもの」との関係として考えるのである。したがって、これは個人としての息子と母の戦いと見るよりは、自我を呑みこむものとしての「母なるもの」との戦いであり、自我が無意識の力に抗して自立性を獲得するための戦いであると考えるのである。

なおこの際、自我は男性像によって示されているが、ノイマンの説では、これはあくまで象徴として示されているもので、近代自我に関しては、男にとっても女にとっても、その自我は男性像で表わされると考えるのである。したがって、父権的意識という場合も、それは意識のあり方についての呼称であって、必ずしも社会制度としての、父系制や父権制と一致するものではないとしている。

ところで、ノイマンの説に従って日本の昔話を考えると、彼の言う「英雄物語」に相応するような話が極めて少ないことに気づく。グリムの昔話のように、結婚でめでたく終わる話が少なく、既に取りあげた「夕鶴」(「鶴女房」)の物語のように、せっかく結婚していた夫婦が別れて終わるようなのが多い。この点に注目して、『昔話と日本人の心』を書いたと言ってよいほどであるが、筆者は日本人の「自我」のあり方について、物語を通じて考えることを常にし続けてきた。その点で言うと、日本神話のなかに、スサノヲの大蛇退治の話があるのは、実に注目に値することになる。

しかし、日本神話全体としてみるときに、これにはいろいろと留保条件がついてくる。まず、これまで述べてきたように、日本神話全体の構造としては、ツクヨミによって示されるような無為の中心をもつことが最大の特徴であるが、一応、天皇家へのつながりとして、表に見えてくるのがアマテラスの系統である。それに対して、それと補償関係にあるものとして、スサノヲ＝出雲系があると考えられるのだが、この「英雄神話」は、表としてではなく、スサノヲ系のこととして語られている。このように考えると、スサノヲが草薙剣をアマテラスに献上した、ということはよく理解される。つまり、この両者はさまざまの対立点をもちつつも敵対関係ではなく、微妙なバランスによって関係が保たれているのである。アマテラスの天の岩戸神話における母権的意識と関連する意味については前章に論じたが、父権的意識に関するスサノヲ神話がそれと対立して存在しつつ、両者はいずれを正しいとか、中心とかにするのではなく、微妙なバランスをとって共存しているのである。

スサノヲは大蛇退治の英雄的行為の後に、須賀の宮を建て、そこで歌を詠む。「八雲立つ」の歌はあまりにも有名だが、これは日本最古の歌とも言うことができる。荒々しい戦いの後で、スサノヲは極めて文化的な仕事を成就したのである。このような多面性と変幻自在性はまさに「トリックスター」的と言えるが、彼の姿は単なるいたずら者の域をこえて、徐々に、英雄、文化英雄の姿に近づいている。実は、スサノヲの物語はこれで終わらず、もうひとつ重要な役割を演じるのであるが、それについては、オオクニヌシとの関連で、次章に語ることになろう。

五　スサノヲ・ヤマトタケル・ホムチワケ

スサノヲの大蛇退治の物語は、父権的意識の確立にかかわるものであり、その後の日本文化の発展の過程を見る限り、むしろ特異な位置を占めると考えられる。とは言っても、ヨーロッパ近代をスタンダードと考えれば、これはそのような「普遍性」に通じるもの、とも言えるわけである。ともかく、スサノヲの英雄神話をもつことは、日本神話として重要なことであるが、それが時と共にどのように変容していったかを、ここで見ておく必要があろう。そこで、スサノヲ神話を考える上で、どうしても取りあげておかねばならない二人の人物——いずれも神話時代を過ぎた「歴史」のなかに登場する人物——について考察しなくてはならない。その二人とは、ヤマトタケルと、ホムチワケである。

ヤマトタケルは、日本人の心に浮かぶ「英雄」の一人として、スサノヲの英雄的行為との対比のため、まず取りあげることにした。それに、彼はスサノヲが大蛇から取り出した草薙剣を用いるという点において、スサノヲとの深いつながりを感じさせるのである。

ヤマトタケルは父との関係がうまくゆかず、父に「追放」される形で父の世界から出てゆくところが、スサノヲと同様である。ヤマトタケルは、はじめヲウスノミコト(小碓命)と呼ばれていた。景行天皇の次男であったが、長男が天皇の朝夕の会食の場に顔を出さないので説得するように言われ、その兄を「つかみひしぎて」殺してしまった。天皇はヲウスの荒々しい強さに驚いてしまい、西方に住み天皇に反抗するクマソタケルを討つようにと命令する。つまり、上手に「追放」したようなものである。しかし、ここで、ヲウスはクマソタケルを倒すという英雄的行為をするところも、スサノヲと同様である。

ヲウスは女装してクマソタケルの宴に入りこみ、頃合いを見て剣を出してクマソを刺す。これも一種のだまし討ちであり、既にスサノヲの女装の可能性についても触れたが、彼にしても大蛇に酒を飲ませて討ちとっているのだから、両者ともに「英雄」と言いつつ、トリックスター性をもっている。死の間際にクマソタケルはヲウスの素姓を聞き、自分の「タケル」という名を贈ったので、ヲウスはそれ以後、ヤマトタケル(倭建)と呼ばれることになる。このあたりまでは、スサノヲとヤマトタケルの物語は類似性が高い。

ところで、ヤマトタケルの物語はここで終わらず、つぎつぎと続くのであるが、その間に彼の英雄像が少しずつかげりを見せるのである。ヲウスが兄を一挙にひしぎ殺す怪力を見せるところなどは、ギリシャの英雄ヘーラクレースが赤ちゃんのときに二匹の蛇をしめ殺してしまった姿を連想させるのだが、ヘーラクレースの方は彼の実の父親ゼウスとのつながりが、その後の彼の生涯において重要となるのに対して、ヲウスは既に述べたように父との折合いが悪く、彼を背後から支えるのは女性なのである。スサノヲは母に会いたいと泣いたが、ヲウスの場合は母親は登場しない。しかし、母親代理と見なされる、叔母のヤマトヒメとの結びつきが濃いのである。

ヤマトタケルはクマソタケルを伐った後にイヅモタケルも殺害するが、このときも策略を用いたもので、トリックスター的である。その後で歌を詠んでいるのも、スサノヲを連想させる。これらの功績にもかかわらず、天皇はヤマトタケルに東征を命じる。これは天皇が自分に死ねと言っているようなものと彼は嘆く。東征前にヤマトヒメを訪ね、ヲウスの嘆きを聞いた叔母は、彼に草薙剣を与える。これによって、ヲウスは命が助かるのだが、それは省略するとして、ヤマトタケルが草薙剣をもらったことについて考えてみよう。

剣はもちろん男性性の象徴として、世界共通に用いられる。ヤマトタケルが由緒ある草薙剣を手に入れたこと、しかも、それは大先達の英雄スサノヲが怪物を退治して獲得したものとなると、ますますその意味は重くなる。しかしながら、それは、男性の系譜のなかで伝わったものではなく、アマテラス、そして伊勢神宮に仕えているヤマトヒメという女性の系譜を経て、彼に手渡される。つまり、それは単純な男性性の象徴ではなくなっている。このあたりが、日本神話の極めて微妙なところである。したがって、ヤマトタケルもわかりやすい男性英雄像とは異なってくるのである。

まず、よく知られているように、ヤマトタケルは航海中に海が荒れたとき、その妻、オトタチバナヒメを犠牲として失っている。スサノヲがクシナダヒメを獲得したのとは逆に、女性の献身によって仕事を成就するのである。そして、ミヤズヒメを訪ねたとき、彼女の「襲《おすひ》の欄《すそ》に、月経《つきのさわり》著きたり」という状態にもかかわらず、歌を交わして後に、「ここに御合《みあひ》したまひて、その御刀《みはかし》の草薙剣を、その美夜受《みやず》比売の許に置きて、伊吹《いぶき》の山の神を取りに幸行《い》でましき」ということになるが、結局は、この伊吹の山で命を失うことになる。ヤマトタケルは死にあたって歌を詠み、ミヤズヒメのところに置いてきた剣のことを想っている。

嬢子《をとめ》の　床《とこ》の辺《べ》に　我《わ》が置きし　つるぎの大刀《たち》　その大刀はや

ヤマトタケルは、言うなればその男性性の象徴とも言うべき大刀を、母親代理の女性に返して、悲劇的な死を迎えている。これは、父権的意識の体現者としての「英雄」からは相当に異なった姿である。つまり、スサノヲの英雄的行為の継承者に、母権的意識の影響が相当に及んできているのだ。

月経期にある女性との交わりを、禁を犯しての女性への接近、あるいは女性の課した禁を破る行為と取れば、後に語ることになるホヲリとトヨタマビメの物語が連想される。つまり、トヨタマビメの課した禁止をホヲリが破ったばかりに、彼女はそこから立ち去ってしまうことになる。この点については、また後に詳しく論じることにして、ともかく、スサノヲと似た英雄ヤマトタケルには、母権意識的な影響力の強さを感じさせられるのである。

このような変化がいかにして生じたかという点に関しては、ヤマトタケルの父、景行天皇の前の垂仁天皇の息子、ホムチワケのことを語らねばならない。ホムチワケは「英雄」ではない。それどころか、反英雄《アンチ・ヒーロー》とでも言うべきであろう。彼の行為はすべて、英雄スサノヲの裏返しと言うべきなのだ。彼の生涯について次に述べる。

ホムチワケの誕生は実に劇的である。垂仁天皇の妻サホビメの兄サホビコが反乱し、戦いとなるが、ヒメは兄の陣中に参加。しかしサホビメは既に妊娠しており、戦いの最中、火のなかで出産し、そのためその子は、ホムチワケと名づけられる。ホムチワケは天皇の手に渡るが、母親のサホビメは兄と共に死んでしまう。これをスサノヲと比較すると、スサノヲは水中で父親から出産したのに対して、ホムチワケは火中に母親から出産している。まったく逆であり、この誕生は両者がいかに相反する生涯を歩むかを象徴的に語っているようである。

ところで、ホムチワケは「八拳鬚心《やつかひげむね》の前《さき》に至るまで真事《まこと》とはず」と言われる。つまり、大きくなってもものを言わなかったのである。ここに「八拳鬚心の前に至るまで」というのは、スサノヲが泣き叫んでいたときの表現そのままである。ここで興味深いのは、どちらも母親が居なくて父親っ子であるのは共通だが、父親の子どもに対する態度が対照的で、スサノヲの場合は父親は怒って彼を追い出そうとするのに対し、ホムチワケの方では、父親は徹底して子どものために何かしてやろうとする。ホムチワケは空を飛んでゆく鵠《くくひ》の声を聞いて、はじめて

「あぎ」と言ったが、その後は発言しない。このあたりは省略して、天皇は夢のなかで「我が宮を天皇の御舎《みあらか》の如修理《ごとをさめつく》りたまはば、御子必ず真事《まこと》とはむ」という声を聞き、占によって、それが「出雲の大神の御心」であることを知る。ここに出雲の神が出てくるところが興味深い。つまり、この頃は、アマテラスの後裔が天皇となり、アマテラス系が中心を占めているのだが、このように時として、出雲系をおろそかにしてはならぬことを思い起こさせる事件が生じるのである。バランスの回復である。

そこで、ホムチワケを出雲に参拝させると、そこで、彼ははっきりとものを言って部下を喜ばせる。ホムチワケはそこでヒナガヒメと一夜を共にし、その姿をかいま見ると、蛇《をろち》だったので驚いて逃げる。ヒナガヒメは追いかけるが、ホムチワケは船で逃げ、船を山の上まで引きあげて逃げおおせる。

この物語を見ると、最後の場面が特に印象的で、スサノヲは大蛇を退治することによって、クシナダヒメとの結婚を果たすのに対して、ホムチワケは、まずヒナガヒメと結婚し、それが蛇であることを知って逃走し、別れることになる。これはスサノヲの行為のまったく逆である。誕生の話からして既にそうであったように、ホムチワケは、スサノヲの行為をすべて打ち消すような反対の行為をしている。記録の端から消しゴムで消してゆくように、見事に打ち消してゆくのである。

このような「打ち消し」を経た後に、ヤマトタケルが「英雄」として出現し、既に述べたように、スサノヲとのつながりを有しながらも、その姿は母権意識の影響を受け、日本人好みの「悲しき英雄」になっていったものと思われる。

ここで、スサノヲの生涯を振り返ってみると——未だ老年の話には触れていないが——、母と結びつきの強い息子、トリックスター、ハイヌヴェレ型神話、怪物退治の英雄、など世界の各地にある普遍的なモチーフを順番に生きてきた、たぐい稀な人物像であると思われる。特に注目すべきは、父権的意識の確立と関係する英雄譚の主人公として登場していることであるが、これは既に述べたように、その後にそれを消去するはたらきが生じ、日本文化のなかの表向きの流れを形成することはできなかった。もっとも日本歴史のなかには「スサノヲの末裔」として見ると面白い人物が、ときどき現われているように思うのだが。

　ともあれ、スサノヲは以上のようなかずかずのことを成就し、須賀に宮を建て、歌まで詠み、多くの子どもを得たことも記されているが、そこに留まって出雲国の王とはならなかった。『古事記』には何も書かれていないが、『日本書紀』には、「已《すで》にして素戔嗚尊、遂に根国《ねのくに》に就《い》でましぬ」と記されている。この「根国」がどこを意味するか、諸説があるが、『古事記』によると、後にオオクニヌシがそこを訪れるときの描写などより、黄泉の国と同一視されている。おそらく、スサノヲは仕事を成し終えた後、真の国造りは息子にまかせることにして、自分は、母のイザナミの居るところへ行ったのであろう。しかし、そこで彼の使命は終わったのではなく、オオクニヌシとの間で重要な役割を演じることになる。それについては章を改めて語ることにしよう。

(1) 河合隼雄・吉田敦彦・湯浅泰雄『日本神話の思想――スサノヲ論』ミネルヴァ書房、一九八三年。
(2) 山口昌男が、その著書『アフリカの神話的世界』岩波新書、一九七一年、第Ⅱ章で言及している。
(3) 注2前掲書。
(4) Ad・E・イェンゼン著、大林太良・牛島巌・樋口大介訳『殺された女神』弘文堂、一九七七年。
(5) 第二章注4前掲書。

第八章　オオクニヌシの国造り

スサノヲは前章に述べたようにいろいろな仕事を成し遂げたにもかかわらず、出雲に留まって、その国の王とはならなかった。彼の仕事を継承し、出雲の国造りを成し遂げたのは、彼の五世の孫(『日本書紀』本文では実子、第八段「一書曰」(2)では六世の孫)のオオクニヌシであった。彼は『古事記』によると「亦の名は大穴牟遅《おほなむち》神と謂ひ、亦の名は葦原色許男《あしはらしこを》神と謂ひ、亦の名は八千矛《やちほこ》神と謂ひ、亦の名は宇都志国玉《うつしくにだま》神と謂ひ、幷《あは》せて五つの名あり」と言われている。『日本書紀』第八段「一書曰」(6)には、漢字表現は異なるが、この五つの名に加えて、大物主神《おほものぬしのかみ》、大国玉神《おほくにたまのかみ》があげられて七つになっている。語られる神話の状況に応じて名を変えたとも、いろいろな神格を統合して、国造りの神としての「大国主神」をつくりあげたとも考えられる。

出雲においてはこのように重要な神であるが、興味深いことに、以下に述べるようなオオクニヌシに関する多くの物語は、『古事記』には語られているが、『日本書紀』本文には取りあげられていない。ただ「一書曰」としては、『古事記』に述べられている物語のうち、「スクナビコナの出現」「オオナムヂとスクナビコナの国造り」「大三輪の神の出現」の話は記録されているがその他の話は書かれていない。このことはどう考えるといいだろうか。

これはおそらく歴史的には、出雲に強力な独立国があり、それがどのような経過をたどったかは定かでないが、天皇家の朝廷に従うようになったと思われる。したがって、神話としては、出雲系の神の祖をアマテラスの弟のスサノヲとする工夫をしたのではないかと推察される。この際、『日本書紀』の方は、外国(主として唐)に対して、日本の国としての存在と、天皇家の主権の正統性とを明確にしたい意図が強かったので、出雲の国のことは、「一書曰」に留めおいたのではなかろうか。そして、「稲羽《いなば》の素兎《しろうさぎ》」や「オオクニヌシの求婚」「スセリビメの嫉妬」などのような「お話」はますます不要のことと判断して無視したのではなかろうか。

もうひとつ注目すべき点は、この出雲国における物語では、きょうだい間の葛藤、だましと報復、嫉妬、いじめ、など相当に人間的な感情についてよく語られていることである。「神話」として語られているが、出雲は高天原に対して、地上のイメージが強いためであろう。「昔話」的な様相を帯びてくる。また、アマテラスに関して、父‐娘結合について論じたが、出雲で語られるスサノヲとスセリビメの父‐娘関係は、より人間的感情を伴ったものとして語られるのである。

『古事記』は『日本書紀』ほどの政治的意図をもたないため、以後に述べるような物語を記録してくれているので有難い。そして、そのような自由な記述によってこそ、全体として見事な構図が浮かびあがってくることにもなると思われる。以下、『古事記』に語られる、出雲の神話に基づいて考察をすすめてゆこう。

一　稲羽の素兎

稲羽の素兎の話は、日本人によく知られている話である。『古事記』に最初に動物が登場するという意味で大切である(もっとも『日本書紀』第四段の「一書曰」(5)では、イザナキ・イザナミが結婚するときに、鶺鴒《にはくなぶり》の頭を動かす動作を見て性交のことを知った、という話がある)。それに、その話の主人公が兎というのも注目すべきところである。

オオクニヌシは多くの兄弟(八十神《やそ》)があったが、誰もが稲羽のヤガミヒメ(八上比売)と結婚したいと思い、一同で訪ねてゆくとき、オオクニヌシに袋を負わせ、従者として連れていった。なぜそうなのかはわからないが、彼だけ兄弟のなかで疎外されていたのである。兄弟のなかで、一番弱いとか愚かとか思われている者が最後に成功する話は、世界中の昔話に多い。そして、その成功に至る間に動物に助けられる、というのもよくある。それは、その者だけが動物に親切にしてやったり、動物の忠告に耳を傾けたりしたからである。グリムの「黄金の鳥」などは、その典型であろう。三人兄弟の末弟が狐の助けによって成功するのである。これは、人間の普通の知恵ではなく、動物の知恵(あるいは自然のもつ知恵)を活かすことができる者が成功する、という考えによるのであろう。

ところで、出雲の話では、オオクニヌシの話というよりは、兎の話に重点がおかれている。もちろん、気の毒な兎に八十神は辛く、意地悪く接したのに対して、オオクニヌシは優しく接するわけであるが、それ以前の兎の話が面白いのだ。兎が鮫《わに》を首尾よくだましたものの得意になりすぎて裸にされてしまうのは、典型的なトリックスターである。もっともスサノヲのように英雄に近い類ではなく、いたずらがもとで命さえ失いかねない単純なトリックスターだ。

実は、兎はトリックスターとしてアフリカ大陸の神話では大活躍をするのである。話は省略するが、アフリカの神話の世界は、兎のトリックスター話に満ちている。わが国でも昔話や説話を見ると、兎は仏教説話のように、心優しい性質と、狼をだましてやっつけたりする狡猾な強さや、時には残忍さを示すものまであって、まさに多面的なトリックスターである。スサノヲの後継者としてのオオクニヌシが兎に親切なのも納得がいくのである。

兎はオオクニヌシの親切な忠告によって元気になり、オオクニヌシに向かって、「この八十神は、必ず八上比売を得じ。帒《ふくろ》を負へども、汝命《いましみこと》獲たまはむ」と言う。そして、兎の言葉どおり、ヤガミヒメは八十神を拒否して、オオクニヌシと結婚すると言う。ここで、兎の言葉とオオクニヌシの結婚とが並行的に語られていて、そこには、因果関係や報恩などのことが語られないのが特徴的である。たとえば、浦島の物語にしても、『丹後国風土記』逸文に語られる話では、亀が突然に姫に変身して結婚を申し込むのであって、亀の「報恩」は後世につけ加えられたものである。事象の間に因果関係、特に「報恩」ということを見出そうとするのは後代の考えであろう。

ヤガミヒメに拒否された八十神たちは怒り、オオクニヌシを殺そうとする。山にいる赤い猪を追い下すので、それを待って取るようにとオオクニヌシに命令し、八十神は猪に似た大石を焼いて転ばし落し、オオクニヌシはそれを抱きとめ、火傷して死ぬ。母親は悲しんで天に参上し、カミムスヒに助けを求める。

すなはち蚶貝比売《きさがひひめ》と蛤貝比売《うむぎひめ》とを遣はして、作り活《い》かさしめたまひき。ここに蚶貝比売、刮《きさ》げ集《あつ》めて、蛤貝比売、待ち承《う》けて、母《おも》の乳汁《ちしる》を塗りしかば、麗《うるは》しき壮夫《をとこ》に成りて、出で遊行《あそ》びき。

ここで貝が擬人化されて出てくるが、貝は象徴的に女性との結びつきが強く、ここでは、カミムスヒの母性的な特性と、出雲系の神との関係の深さを反映している。カミムスヒの「母なるもの」としてのはたらきによって、オオクニヌシは「死と再生」の体験をし、「壮夫《をとこ》」になってくるのだが、一人前になるまでには、まだ多くの試練が待ち受けている。普通の成人へのイニシエーションであれば、一度の「死と再生」の体験で十分かも知れないが、国を治める人としては、多くの試練を経てはじめて成人になるのである。

八十神の迫害は、これで終わらない。大木を切り裂いてその間にはさんで殺す。このときも母親が助けて生き返らせる。紀伊国まで逃げても、まだ八十神は追いかけてくる。そこで、スサノヲのいる根《ね》の堅州《かたす》国に行けば、必ず何かいいことを考えてくれるだろう、ということになる。

成人になるためのイニシエーション儀礼においては、何らかの意味での「死と再生」の体験が必要である。オオクニヌシは二度もそれを体験するが十分ではなく、根の堅州国にまでゆかねばならない。多くのイニシエーション儀礼において、若者は日常の世界から離されて、非日常的な場に移動することが必要である。そこでのまったく非日常的な体験をもって、日常の世界に帰ってくることによって、一人前の大人として認められるのだ。オオクニヌシの二度の「死と再生」の体験も、ある程度は非日常的な場ではあったが、それは十分ではなかったのだ。彼は、出雲国の王となる人だけに、「根の堅州国」という相当に次元の異なる世界へ行くことが必要だったのである。その上、何よりも大切なことは、そこで「父なるもの」と会うということであった。「父なるもの」との対決を経てこそ、大人になれるのである。そこへ、スサノヲが最後の役割を担って登場することになる。

日本神話の特徴のひとつは、似たようなことが繰り返し生じながら、その様相が少しずつ変化してゆく、ということである。オオクニヌシの根の堅州国訪問は、もちろん、イザナキの黄泉《よみ》の国の訪問を想起させる。後者の場合は、死んだ妻をこの世に連れ戻そうとする目的があった。オオクニヌシの場合は、兄弟に追われ、むしろ、そこに逃げこみ、「父なるもの」の庇護を求めてのことであった。イザナキの場合は、女性(妻)との関係が中心であった。オオクニヌシの場合は、もっぱら男性(兄弟と「父なるもの」)の関係のみの話と思われた。しかし、物語は思いがけない展開をするのである。

二　オオクニヌシの求婚

オオクニヌシの根の堅州国訪問の冒頭のところを引用してみよう。

　須佐之男《すさのを》命《の》の御所《みもと》に参到《まゐいた》れば、その女《むすめ》須勢理毘売《すせりびめ》出で見て、目合《まぐはひ》して、相婚《あ》ひたまひて、還り入りて、その父に白《まを》ししく、「甚《いと》麗しき神来《き》ましつ。」とまをしき。ここにその大神出で見て、「こは葦原色許男《あしはらしこを》と謂ふぞ。」と告《の》りたまひて、すなはち喚《よ》び入れて、その蛇《へみ》の室《むろや》に寝しめたまひき。ここにその妻《つま》須勢理毘売命《の》、蛇の領巾《ひれ》をその夫《ひこぢ》に授けて云《の》りたまひしく、「その蛇咋《く》はむとせば、この領巾を三たび挙《ふ》りて打ち撥《はら》ひたまへ。」とのりたまひき。故《かれ》、教への如《ごと》せしかば、蛇自ら静まりき。故《かれ》、平《やす》く寝《ね》て出でたまひき。

このようなのを読むと、神話を語るテンポの早さに驚いてしまう。先に、オオクニヌシの根の堅州国訪問は男性関係のなかで展開していると述べたのに、彼がそこに着くや否や、極めて重要な女性が出現し、あっと言う間に、話はその女性とオオクニヌシの関係をめぐって展開してゆくのだ。

オオクニヌシは根の堅州国に着くとすぐ、スサノヲの娘、スセリビメに会う。そして、両者ともに文字どおり一目ぼれをしてしまう。そこで、姫は父親に素晴らしい人が来たと報告。スサノヲは男を見て、「葦原色許男《あしはらしこを》」だと言う。葦原は豊原国で、色許男は『日本書紀』では「醜男」と表記されている。この「シコ」は悪源太七兵衛の「悪」と同様、強いことを示す語である。ここで、スサノヲはこの男性が誰かを知っていたわけであるが、ここでの彼の役割は、父‐娘結合の強いスセリビメの父として、外からその世界にやってきた若者に会う父親の役割をもって現われている。

父‐娘結合の強い関係の世界に、外から男性が侵入してきて、娘と結婚しようとするとき、父親が多くの難題を出して、男がそれを解けぬときは命を奪ってしまうというテーマは、世界中にある物語である。現代でも、相手を殺しはしないけれど、多くの「難題」によって、娘につきまとう男性を撃退している父親は多くいる。このことによってこそ、娘にふさわしい夫を選ぶことができる、ということだが、秘かな想いとしては、これによって、自分は娘を常に一人占めにできるということもある。

このような例はいくらでもあげることができるが、シェイクスピアの晩年の作である『ペリクリーズ』では、主人公が最初に求婚に訪れた、アンタイオケの国では、姫の父親の国王アンタイオカスが謎を出して解けぬ者は殺してしまう。(1) ところが、実はその国王は娘と近親相姦の関係にあるのだ。『ペリクリーズ』には、いろいろな父‐娘関係が描かれて興味深いのだが、その最初に父娘相姦の話を出してくるのは、さすがシェイクスピアと思う。その関係の基にある本質をズバリと言っているのだ。

スサノヲとスセリビメの関係もずいぶんと濃いようである。スサノヲはオオクニヌシ(このときは、アシハラシコヲなのだが、特別でないときは、この名で通してゆく)を見るや否や、「蛇《へみ》の室《むろや》」で寝るように言う。つまり、彼の命を奪うつもりである。ところが、このときにスセリビメはオオクニヌシに「蛇の領巾《ひれ》」を与え、それによって彼は難を逃れることができる。彼はスセリビメのお蔭で「平《やす》く寝て」平気な顔をして出てくるのだ。

スサノヲは不思議に思ったろうが、こんなことで心変わりしない。次は、呉公《むかで》と蜂の部屋に入れる。しかし、このときもスセリビメの「呉公蜂の領巾」によって、オオクニヌシは助かり、何食わぬ顔で起きてくる。彼は二度までも愛する女性によって命を救われたのである。

愛する女性が男性の導き手、救い手となる物語は、これも世界中にあると言っていいだろう。このテーマをもつ多くの神話、昔話があるし、かずかずの文学作品の名作も生み出されてきた。あるいは、現実にも多くの男性の芸術家が、愛する女性によって得たインスピレーションを基に、傑作をものすることができた。このような典型的な女性像を日本神話はしっかりと描いている。ただ大切なことに、『日本書紀』はこの話を取りあげていない。日本の一応「正統」と考える系譜では、母権意識——社会的に父権制なので複雑な様相になるが——を重視するので、「母なるもの」の偉大さを強調したいときは、このような女性像はむしろ妨害因子と感じられやすいのだ。それはともかく、『古事記』には、このような女性像がしっかりと描かれ、その女性を連れて、オオクニヌシが地上に帰ったのは、日本文化のなかでは実に偉大な出来事と言わねばならない。

救い手としての女性、スセリビメの活躍でオオクニヌシは難を逃れるが、スサノヲの意志はまだまだ衰えない。次は、鏑矢《かぶらや》を野に射入れて、それを取ってくるように言い、オオクニヌシが野に入ったときに、火を放って焼き殺そうとする。ここで、スサノヲのすることは、前二回とまったく異なっている。恐ろしい動物によって命を奪おうとするのではなく、戦いの道具である「矢」を手に入れることと、火による責めである。前二者のような、言わば「自然」の脅威に関しては、スセリビメの救いがあった。しかし、今度の場合は、それと次元が違っている。スセリビメも救う方法がない。彼女はオオクニヌシが死んだと思って葬式の準備をして迎えに来たほどである。ところが、オオクニヌシは思いがけず、鼠に助けられたのである。

出雲神話においては、動物が活躍すると先に指摘した。高天原における天上の知恵に対して、出雲は土の知恵、動物の知恵が大切になる。ここでオオクニヌシが先に兎を助けたことが効いてきたと言うべきか、今度は動物が彼を助けてくれるのだ。鼠の知恵によって、オオクニヌシは地面の下に隠れられる穴のあることを知る。スサノヲのはじめの二つの難題では、動物（蛇や呉公など）の難を、女性（スセリビメ）の力で逃げ、今度は、人間（スサノヲ）による火の難を、動物（鼠の知恵）で逃れる。なかなか神話の構成もうまくできている。

スサノヲは次にオオクニヌシに頭の虱《しらみ》を取らせるが、虱とは言うものの呉公が沢山いる。しかし、ここでスサノヲの課す仕事が、ずいぶんと自分と近づくものに変化していることがわかる。スサノヲの気持がオオクニヌシに大分接近してきているのだ。呉公のことになるとスセリビメは活躍できる。彼女は椋《むく》の木の実と赤土《はに》をオオクニヌシに渡し、彼はそれを嚙みくだいて吐き出すので、スサノヲは呉公を食い殺していると思い、「心に愛《は》しく思ひて寝ましき」。なかなかいい男だと気を許して寝てしまった。

その間に、オオクニヌシはスサノヲの髪をその室の樽木に結いつけ、戸には大きく石を置いて押さえ、スセリビメを背負い、スサノヲのもっていた「生大刀《いくたち》と生弓矢《いくゆみや》と、またその天《あめ》の詔琴《のりごと》」をもって逃げようとする。娘を奪うだけでなく、「父なるもの」の所有していた武器と、そして琴ももって逃げようとする。ここに「琴」がでてくるのが興味深い。スサノヲは武器のみではなく楽器ももっている。この場合の琴は、スサノヲの霊力を示すものではないかと思う。楽器の奏でる音というものは、人間の魂と関係することが多い。後代の『うつほ物語』を読むと、琴の霊力をつぶさに感じさせられる。

ところが、その琴が命取りになりかかる。琴が樹にふれて「地動《つちとよ》み鳴り」、スサノヲは目を覚まし、室を引き倒して追いかけようとする。スサノヲが樽木に結えられた髪をほどいている間に二人は遠く逃げ去ってゆく。黄泉比良坂《よもつひらさか》まで追いついてきたスサノヲは、遠くに逃げてゆくオオクニヌシに向かって大声で叫ぶ。ここのところが実に素晴らしい。

「その汝《いまし》が持てる生大刀・生弓矢をもちて、汝が庶兄弟《ままあにおと》をば、坂の御尾《みを》に追ひ伏せ、また河の瀬に追ひ撥《はら》ひて、おれ大国主神《の》となり、また宇都志国玉神《うつしくにだまの》となりて、その我が女《むすめ》須世理毘売を嫡妻《むかひめ》として、宇迦《うか》の山の本に、底《そこ》つ石根《いはね》に宮柱《みやばしら》ふとしり、高天の原に氷椽《ひぎ》たかしりて居れ。この奴《やつこ》。」

ここでスサノヲはガラリと変化するのだ。それまでは、娘に求婚する相手の男性を殺してしまうのではないかとさえ思われたのに、ここで、スサノヲは娘とその若い夫を祝福し、聟が「大国主神」となり、「宇都志国玉神」となることを予言しているのである。しかし、このような劇的な変化にこそ、娘を結婚させる父親の真の姿が描かれている、と言うことができる。この話は現代人の心をもとらえるようで、芥川龍之介も、この神話をもとにして、「老いたる素戔嗚尊」という短篇を書いている。「娘の父」としてのスサノヲの姿が印象的に描かれている。

三　スサノヲからオオクニヌシへ

スサノヲは先に述べたように、生まれたときからさまざまの経験を経て、日本には珍しく、父権意識の確立を思わせる英雄的行為を成し遂げたが、そこに止まることなく、地下の世界へと降っていった。このスサノヲの仕事を引き継ぐことを、スサノヲ自身による試練と祝福を受けて成し遂げたのが、オオクニヌシであると考えられる。

この両者の軌跡を図に示してみよう。スサノヲは天界へと侵入し、そこで、アマテラスという女神に会うのだが、追われて地上に降りてくる。しかし、そこで大蛇退治をして、クシナダヒメと結婚する。スサノヲはその後に、地上の世界に止まらず地下の世界に降りてしまう。その後を追うようにオオクニヌシが地下の世界に来てスサノヲに会い、恐ろしい試練を克服して、スセリビメと結婚し、地上に帰ってくる。これはまさにスサノヲがはじめた運動を引き継いで、ひとつのサイクルを完成させたかのように感じられる。

この図を神代におけるコスモロジーとしてみると、何と言っても特徴的なのは、天上と地下のいずれもが女性によって統治されているということである。天上には日の女神が存在し、地下には偉大な地母神イザナミがいる。

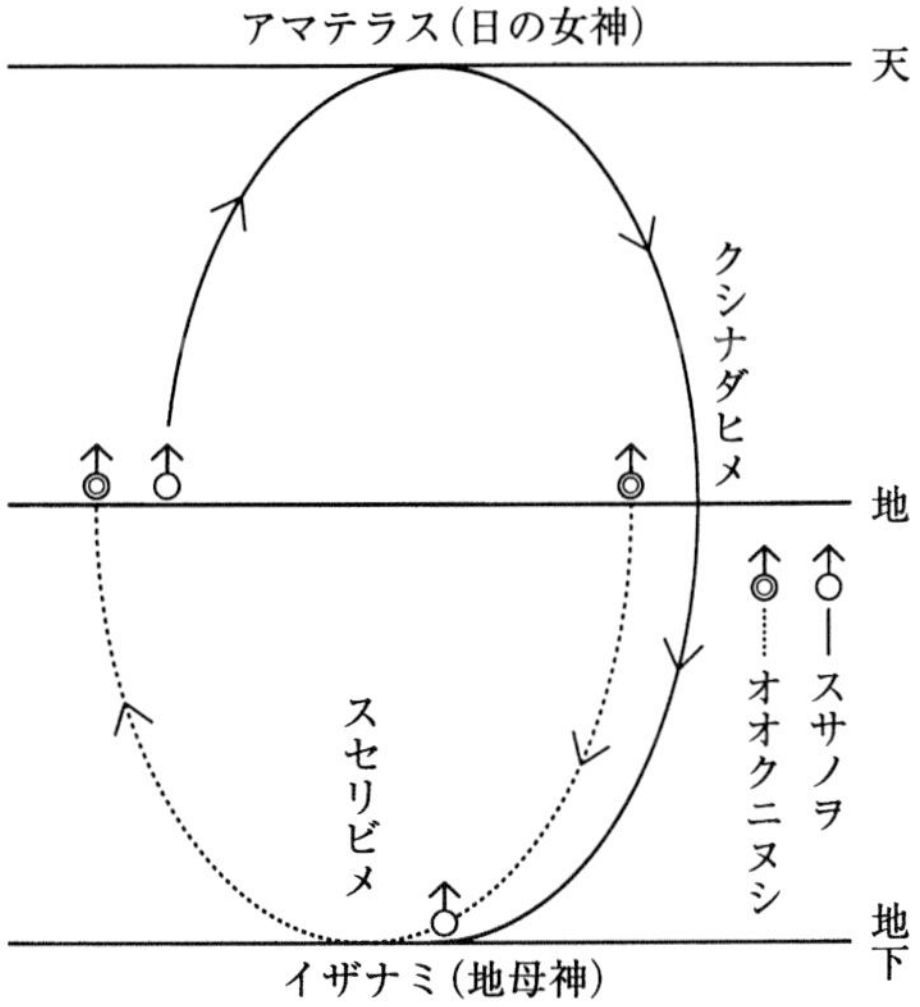

図4　スサノヲとオオクニヌシの軌跡

この両者の間に、地上の世界があるが、そこの英雄であるスサノヲは、天上のアマテラスと会い、おそらく地下に行ってからは、イザナミとも会っているだろう。これに対してオオクニヌシは、スサノヲの仕事を継承しているのだが、アマテラスの存在も、イザナミの存在も知らないようである。つまり、オオクニヌシの行なったサイクルの完成は、地上において一応成就されたが、それは十分ではなく、後に高天原との接触を経験しなくてはならない。あるいは、高天原から天孫降臨を受けいれるのにふさわしい状態にまで高めておくために、オオクニヌシの仕事があった、と考えられるのかもしれない。

オオクニヌシの仕事を考える上で、想起するもうひとつのことは、イザナキの地下の世界探訪のことである。イザナキは彼の妻を地上に連れもどそうとして、地下を訪れ失敗をしてしまう。これに対して、オオクニヌシは地下の世界を訪れ、自分の命の救い手としての意味をもつスセリビメを、見事に地上の世界にもたらすのである。この点でも、オオクニヌシの仕事の意味は非常に大きい。イザナキ、イザナミの場合における女性像と、オオクニヌシ、スセリビメのときの女性像は、すっかり変わっている。前者の場合では、何と言っても、太母の像が強力なのだ。それに対して、後者の場合は、父権意識をもって、男性が女性に接するときの肯定的なアニマ像(ユングの考える、男性にとってのたましいのイメージ)としての女性像が、明確に示されている。

地上に帰ってきたオオクニヌシは、女性との関係を歌いあげる文化人としての姿を見せている。スサノヲの場合も、「八雲立つ」の和歌によって、文化英雄としての姿を見せているが、オオクニヌシは、『古事記』のなかに最初に記録される長歌を残す、という文化的な姿を示している。この点でも、彼はスサノヲの後継者なのである。これを「長歌」とは呼べないかもしれないが、『古事記』に語られる多くの物語のなかでは、スサノヲの歌を最初として、時に短い形式の歌が出てくるのに対して、八千矛神《やちほこの》(オオクニヌシの別名)が高志国《こしの》のヌナカハヒメ(沼河比売)のところを訪ねたときには、「歌ひたまひしく」として、長い歌があげられており、これが実に珍しい例なのである。

『出雲国風土記』の嶋根《しまね》の郡《こほり》、美保《みほ》の郷《さと》の文に、「天の下造らしし大神の命、高志《こし》の国に坐《いま》す神、意支都久辰為《おきつくしゐの》命のみ子、俾都久辰為《へつくしゐの》命のみ子、奴奈宜波比売《ぬながはひめの》命にみ娶《あ》ひまして……」というのがあって、(2) オオクニヌシがヌナカハヒメと結婚したことが記されているが、これが『古事記』の話と同一のことを語っているかどうかは定かではない。

これはともかく、『古事記』に記されている歌は、

八千矛《やちほこ》の　神の命《みこと》は　八島国《やしまくに》　妻枕《つまま》きかねて　遠遠《とほとほ》し　高志《こし》の国に　賢《さか》し女《め》を　ありと聞《き》かして　麗《くは》し女《め》を
ありと聞こして　さ婚《よば》ひに　あり立たし　婚《よば》ひに　あり通《かよ》はせ　……

とはじまり、八千矛神が遠く高志の国に、賢く麗わしい女性がいるのを知って、通っていくことが歌われている。そして、はじめは「八千矛神」と三人称的に歌われていたのが、途中で「我」を主語として歌われ、いくら板戸を押し引きしても、らちが開かぬうちに、鳥どもが鳴きはじめて、夜も明けてくる。こんな鳥はいまいましくて殺してやりたい、と歌いかける。

これに対して、ヌナカハヒメは、いずれ私はあなたのものになるのだから、鳥を殺さないで欲しい。また夜になったら共に寝ましょうと答える。そして、「その夜は合はずて、明日《くるひ》の夜、御合《みあひ》したまひき」ということになる。

ところが、オオクニヌシの妻スセリビメはこれを知って激しく嫉妬をする。ここに「嫉妬」のことが語られるのも注目すべきである。ギリシャ神話で、ゼウスの妻ヘーラーが嫉妬する話は何度も出てくるが、日本神話においても、ゼウスと同様、オオクニヌシは多くの女性関係があり、妻の嫉妬が生じるのだ。ヘーラーの場合は、その感情は実に激しく、ゼウスの愛した女性たちへのヘーラーの復讐は厳しいものがあるが、日本の場合は相当に異なった結末を迎える。

スセリビメの嫉妬が激しいので、オオクニヌシは、出雲から倭国《やまとのくに》へ行こうとして、旅装を整え馬に乗ろうとし、

「片御手《かたみて》は御馬《みま》の鞍《くら》に繫《か》け、片御足《かたみあし》はその御鐙《みあぶみ》に踏み入れて」、歌を歌う。これも長い歌であるが、自分がこのようにして行ってしまったら、あなたは泣き悲しむことだろう、と言う。この歌などを見ると、私が去ったときあなたは泣き悲しむだろう、という最後の一行までに、ずいぶんと長く言葉をつらねるのだが、そこには形容詞がつらなり、言葉の重なりがあり、そして、内容的に言うなら「私が去れば」の一言ですむのを長々と歌いあげる。なんだかまわりくどい話とも言えそうだが、このような表現を通して、去り難い感情を述べている、と思うと了解できるのである。

これに対してのスセリビメの歌は、もちろん、感情を歌うため、オオクニヌシと同様の手法は用いられるものの、もっと端的な表現があるのが特徴的である。まず冒頭から、相手の男性に呼びかけている。

八千矛の　神の命や　吾が大国主

というのだから、実に直截である。そして歌いすすむなかで、

汝《な》を除《き》て　男《を》は無し　汝を除て　夫《つま》は無し

と明言し、最後は、

玉手さし枕《ま》き　百長《ももなが》に　寝《い》をし寝《な》せ　豊御酒《とよみき》　奉《たてまつ》らせ

としめくくる。

オオクニヌシもこれには心を動かされたのであろう。お互いに酒杯を交わし、「うながけりて今に至るまで鎮《しず》まり坐《ま》す」ということで、話はめでたく終わるのである。

このように、夫婦の情愛、それも嫉妬に揺れるなかで、歌に込めた感情の交錯と和解まで詳しく記載されているのは、やはり『古事記』の特徴であり、ここのところは、『日本書紀』にはまったく触れられていない。親子という縦の関係ではなく、夫婦という横の関係にここまで重きをおくことは、日本の精神史のなかではむしろ珍しいことで、そのような意味でも、スサノヲ―オオクニヌシの系譜は、非常に大切なものである。

また、八千矛神(オオクニヌシ)と、ヌナカハヒメ、スセリビメとの歌のやりとり、その関係などは、後代の王朝時代の物語に語られる男女の関係の祖型のようでもあり、そのような意味でも、オオクニヌシの文化的な役割は大きいと言わねばならない。

四　スクナビコナとの協調

オオクニヌシのなすべき大きい仕事として、出雲国の国造りということがある。これまでの神話は、彼がそのような偉大なことを成就するのに値するだけの、男性性をそなえた神であることを、はっきりとさせる類のものであった。以後に、オオクニヌシの国造りのことが語られるのだが、それを彼は一人で成したのではなかった。彼は極めて特異な協力者を必要とした。それがスクナビコナである。『古事記』では、まず、スクナビコナの登場するところから物語がはじまる。それは次のように描写されている。

故《かれ》、大国主《の》神、出雲の御大《みほ》の御前《みさき》に坐《ま》す時、波の穂《ほ》より天《あめ》の羅摩船《かかみぶね》に乗りて、鵝の皮を内剝《うつはぎ》に剝《は》ぎて衣服《きもの》にして、帰《よ》り来《く》る神ありき。ここにその名を問はせども答へず、また所従《みとも》の諸神《かみたち》に問はせども、皆「知らず。」と白《まを》しき。ここに谷蟆《たにくく》白《まを》しつらく、「こは崩彦《くえびこ》ぞ必ず知りつらむ。」とまをしつれば、すなはち崩彦を召して問はす時に、「こは神産《かみむ》巣《す》日《ひの》神の御子、少名《すくな》毘《び》古《こ》那《なの》神ぞ。」と答へ白しき。故《かれ》ここに神産巣日の御祖《みおやの》命に白し上げたまへば、答へ告《の》りたまひしく、「こは実《まこと》に我が子ぞ。子の中に、我が手俣《たなまた》より漏《く》きし子ぞ。故《かれ》、汝《いまし》葦原色許男《の》命と兄弟《あにおと》となりて、その国を作り堅《かた》めよ。」とのりたまひき。故、それより、大穴牟遅と少名毘古那と、二柱の神相並《なら》ばして、この国を作り堅めたまひき。

これはまたまことに奇妙な神の登場である。服装、背の高さ、出自、どれをとってみても普通ではない。それがオオクニヌシの国造りにとって、不可欠な協力者となったのである。記紀いずれを見ても、「国作り」という語は、出雲の神話にのみ用いられている。そのような重大な仕事を達成する上で、オオクニヌシ一人ではなく、スクナビコナという奇妙な協力者を必要とした、というところが非常に興味深い。

このスクナビコナとは、いったいどのような神であり、どのような役割をもって現われたのであろうか。スクナビコナという名前について、いろいろと考察があるが、オオクニヌシの別名、オオナムヂとの対照性に注目することで満足しておこう。この二神は絶対的と言ってよいほどのペアなのである。『風土記』を見ると、日本のあちこちでの二人一組の活躍ぶりが記録されており、それらは後に詳述するが、すべて、オオナムヂとスクナビコナのペアで語られている。ただ『伯耆国風土記』逸文《いつぶん》の「粟嶋《あはしま》」の記述のみ、スクナビコナ一人での行動が記されている。しかしこれは「粟に載《の》りて、常世《とこよ》の国に弾《はじ》かれ渡りましき」と彼が去ってゆくときの話なので、一人の名のみで、ペアでないのも当然である。このように、オオナムヂとスクナビコナの組合せは強力である。両者の対照的な性格については後に述べる。

スクナビコナの服装についても種々の考察があるが、ともかく自然との結びつきの濃さを示すものであろう。オオクニヌシが国造りの神格としての高さをもつのに対して、スクナビコナは、それを補償する自然との結びつきをもつと思われる。彼が出現し、何者かを誰も知らなかったとき、ひきがえる(谷蟆)が、案山子《かかし》(崩彦《くえびこ》)こそ知っていると言い、まさにそのとおりだったという事実も、前述したような考えと関連してくる。つまり、ひきがえるや案山子のように、「土」に親しい者たちこそ、スクナビコナのことをよく知っているのだ。そして、そこには、低い存在、動かない存在こそ、大切な知識をもっている、という逆説も含まれている。谷蟆、崩彦についてもいろいろ説があるが、それぞれ、ひきがえる、案山子とする一般的な説に従って考えた。そうすることで、スクナビコナの特性がよく示されていると思う。

案山子の示唆によって、カミムスヒに尋ねると、彼はまさしく自分の子であり、「我が手俣《たなまた》より漏《く》きし子ぞ」と言う。そして、オオクニヌシと兄弟になって、出雲を作り堅めるようにと告げる。ここで、カミムスヒが登場するのは意義深い。彼は最初の重要なトライアッドのなかの一神であり、出雲と縁の深いことは既に述べたとおりである。『出雲国風土記』を見ると、カミムスヒは、ときに「御《み》祖《おや》、神魂《かむむすびの》命」と呼ばれたりもするが、よく登場する。スクナビコナは、その子なのだから、出雲にとっては非常に重要な存在である。

スクナビコナはカミムスヒの指の間から落ちた子と言われるが、これについて『日本書紀』は次のように述べている。もっとも、『日本書紀』は例のごとく、スクナビコナに関しても本文ではまったく言及せず、第八段「一書曰」(6)に記載されているのである。ここでは、カミムスヒではなく、タカミムスヒの子になっており、彼は次のように言っている。

吾が産《う》みし児《こ》、凡《すべ》て一千五百座有り。其の中に一《ひとり》の児最悪《いとつら》くして、教養《をしへごと》に順《したが》はず。指間《たま》より漏《く》き堕《お》ちにしは、必ず彼ならむ。愛《めぐ》みて養《ひだ》せ

ここでタカミムスヒが出てくるのは、やはり『日本書紀』は、高天原系の重視傾向が強いからと思われる。それはともかく、ここでは、スクナビコナは相当な腕白坊主として描かれている。沖縄では非常に腕白ですばしこい、もてあまし気味の子を、「手のまたから吹きゆるわらび」と言うそうである。また「一書曰」のなかで、オオナムヂがスクナビコナを手のひらに乗せてやっていると、飛びあがって頬を噛んだ、という記述もある。このあたりを見ると、スクナビコナのトリックスター性が明らかに示されている。

トリックスターと言えば、『播磨国風土記』には次のような愉快な話が記されている。

昔、大汝命《おほなむちのみこと》と小比古尼命《すくなひこねのみこと》と相争《あひあらそ》ひて、のりたまひしく、「埴《はに》の荷《に》を担《にな》ひて遠《とほ》く行《ゆ》くと、屎下《くそま》らずして遠《とほ》く行《ゆ》くと、此の二つの事《こと》、何《いづ》れか能《よ》く為《せ》む」とのりたまひき。大汝命《おほなむちのみこと》のりたまひしく、「我《あ》は屎下《くそま》らずして行《ゆ》かむ」とのりたまひき。小比古尼命《すくなひこねのみこと》のりたまひしく、「我《あ》は埴《はに》の荷《に》を持《も》ちて行《ゆ》かむ」とのりたまひき。かく相争《あひあらそ》ひて行《い》でましき。数日《ひかず》逕《へ》て、大汝命《おほなむちのみこと》のりたまひしく、「我《あ》は行《ゆ》きあへず」とのりたまひて、即《やが》て坐《ゐ》て、

屎下《くそま》りたまひき。その時、小比古尼命《すくなひこねのみこと》、咲《わら》ひてのりたまひしく、「然苦《しかくる》し」とのりたまひて、亦《また》、其の堲《はに》を此の岡《をか》に擲《なげう》ちましき。故《かれ》、堲岡《はにをか》と号《なづ》く。又、屎下《くそま》りたまひし時、小竹《さき》、其の屎《くそ》を弾《はじ》き上《あ》げて、衣《みぞ》に行《は》ねき。故《かれ》、波自賀《はじか》の村《むら》と号《なづ》く。その堲《はに》と屎《くそ》とは、石と成《な》りて今に亡《う》せず。一家《あるひと》いへらく、品太《ほむだ》の天皇《すめらみこと》、巡《めぐ》り行《い》でましし時、宮《みや》を此の岡《をか》に造《つく》りて、勅《の》りたまひしく、「此の土《つち》は堲《はに》たるのみ」とのりたまひき、故《かれ》、堲岡《はにをか》といふ。

粘土の重い荷物を背負って歩くのと、大便をこらえて歩くのと、どちらが長く歩けるか、という勝負をしているのだから、何とも面白い、ユーモラスな話である。もっとも、投げ棄てたものが石になったとか、応神天皇(品太《ほむだ》の天皇)がやってきて、この土は壁塗りに用いる(堲)と言ったとか、いろいろな由来譚にはなっているが、やはり話の中核は、何だか底抜けしたような面白さだろう。

こうして見てくると、オオクニヌシがその名のように偉大でゆるぎのない存在であるのに対して、スクナビコナはトリックスター性を十分に発揮して、それを補償していることがよくわかる。かくして、このペアの神は、農耕、医薬、国土造り、の重要な仕事を成し遂げるのである。ここにいちいち引用はしないが、彼らの業績は、記紀のみならず、既にあげた以外にも、出雲国、播磨国の風土記、それに尾張、伊豆、伊予の各国の風土記逸文に記載されている。実に大きい功績をあげたと言わねばならない。

既に第一章に紹介したが、ユング派の分析家、フォン・フランツは、「二人の創造者」というのが全世界に広く分布しているテーマであることを指摘している。(3) 両者の間に存在する相補性が極めて重要なのである。これは、実際に相補性をもった二人の人物の協調の重要性とも、一人の人間のなかに存在する相補性の重要さとも、どちらにも解釈できることである。すべて大きい仕事は一筋縄ではできないのである。この両者が協調的にはたらいているときは、大きい仕事ができるが、敵対したり分裂したときは、完全な破局を迎えることになる。いずれの場合も、現代においても見られる現実の多くの例が示すとおりである。一人の人間のなかの相補性が分裂してしまった例が、二重人格の症例である。

オオクニヌシ、スクナビコナの両者が、一個の神格の相補的な両面を示すという解釈に関しては、『播磨国風土記』のなかに、

筥丘《はこをか》と称《い》ふ所以《ゆゑ》は、大汝少日子根命《おほなむちすくなひこねのみこと》、日女道丘《ひめぢをか》の神と期《ちぎ》り会《あ》ひましし時、日女道丘《ひめぢをか》の神、此の丘《をか》に、食物《をしもの》、及《また》、筥《はこ》の器等《うつはものども》の具《うつは》を備《そな》へき。故《かれ》、筥丘《はこをか》と号《なづ》く。

とあって、両者が一神の名として結合して語られている事実が、支持を与えてくれるであろう。実際は一人か二人かなどということにこだわらず、相補性の重視という点で、古代の知恵は、ものごとを「語る」ことをしたのであろう。

このような重要な役割をもつスクナビコナは、突然に消え失せる。『古事記』は実に淡々と、「然《さ》て後は、その少名毘古那神は、常世国《とこよの》に度《わた》りましき」と言うのみである。『日本書紀』の第八段「一書曰」(6)はもう少し詳しくて、熊野の御碕《みさき》(島根の熊野)より常世郷《とこよのくに》に行ったとか、「淡嶋《あはのしま》に至りて、粟茎《あはがら》に縁《のぼ》りしかば、弾《はじ》かれ渡りまして常世郷に至りましき」と記されている。後者については、既に引用した『伯耆国風土記』逸文の「粟嶋」の記述と一致している。

突然スクナビコナが去って行ったことに続いて、『古事記』は次のように語っている。オオクニヌシはスクナ

ビコナが居なくなり、自分は独りで、国造りができるだろうかと嘆いている。これはどうなるのだろうか。

ここに大国主神《の》、愁《うれ》ひて告《の》りたまひしく、「吾独《あれひとり》して何《いか》にかよくこの国を得《え》作らむ。孰《いづ》れの神と吾《あれ》と、能《よ》くこの国を相作らむや。」とのりたまひき。この時に海を光《てら》して依《よ》り来《く》る神ありき。その神の言《の》りたまひしく、「よく我が前を治めば、吾《あれ》能く共与《とも》に相作り成さむ。若《も》し然らずは国成り難《がた》けむ。」とのりたまひき。ここに大国主神《の》曰《まを》ししく、「然らば治め奉る状《さま》は奈何《いか》にぞ。」とまをしたまへば、「吾《あれ》をば倭の青垣の東の山の上《へ》に拝《いつ》き奉《まつ》れ。」と答へ言《の》りたまひき。こは御諸《みもろ》山の上《へ》に坐《ま》す神なり。

オオクニヌシが嘆いているところへ、海の方からやってくる神があり、自分を祀ってくれるなら、共に国造りをしよう、と言う。どのように祀ればいいのかと問うと、大和の国の東の山上に祀れと答える。そして、それは三輪山の神であるという。これについて、『日本書紀』の第八段「一書曰」(6)では、ここに現われた神の特性を伝える次のような文を記録している。

時《とき》に、神《あや》しき光《ひかり》海《うな》に照《てら》して、忽然《たちまち》に浮《うか》び来《く》る者《もの》有り。曰《い》はく、「如《も》し吾《あ》在らずは、汝何《いましいかに》ぞ能く此の国を平《む》けましや。吾《わ》が在《あ》るに由《よ》りての故《ゆゑ》に、汝其の大《おほ》きに造《つく》る績《いたはり》を建《た》つこと得《え》たり」といふ。是《こ》の時に、大己貴神《おほあなむちのかみ》問《と》ひて曰《のたま》はく、「然らば汝は是誰《これたれ》ぞ」とのたまふ。対《こた》へて曰《い》はく、「吾《われ》は是汝《これいまし》が幸魂《さきみたま》奇魂《くしみたま》なり」といふ。大己貴神の曰《のたま》はく、「唯然《しか》なり。廼《すなは》ち知《し》りぬ、汝《いまし》は是吾《これわ》が幸魂奇魂なり。今何処《いづこ》にか住《す》まむと欲《おも》ふ」とのたまふ。対えて曰《い》はく、「吾は日本国《やまとのくに》の三諸山《みもろのやま》に住まむと欲ふ」といふ。故《かれ》、則《すなは》ち宮《みや》を彼処《かしこ》に営《つく》りて、就《ゆ》きて居《ま》しまさしむ。此《これ》、大三輪《おほみわ》の神《かみ》なり。

ここで出現した神は、はっきりと自分はオオクニヌシの「幸魂奇魂《さきみたまくしみたま》」であると言っている。そこで、それを祀ることにしたのだが、これは、スクナビコナとオオクニヌシが一柱の神の相補的側面であると考える解釈に従うと、次のようになるだろう。つまり、オオクニヌシの意識的な、もっとも社会に通用している顔はオオクニヌシで表わされているが、その影の部分、第二人格的部分はスクナビコナで示されている。この両者がだんだん統合されてゆくと、両者はむしろオオクニヌシ一人の名で十分となり、その深層のたましいの部分は、「幸魂奇魂」として、非日常的な次元へとまつりあげ、それとの内面的つながりをもって十分とする、ということになるだろう。

ここで、突然、倭国が出てきて、その国の中心地帯にある三輪に、オオクニヌシの魂が祀られるのには驚かされるが、これは既に述べたような大和朝廷との和解を前提としての布石と考えるべきであろう。これが大和朝廷にとって重要な意味をもつことは、後代になってからわかることである。

オオクニヌシとスクナビコナを一体とは考えず、両者を別の存在と考えた場合、スクナビコナの突然の退去は何を意味しているのだろうか。二人の人間が偉大な仕事を成し遂げる際、いずれか一方——多くの場合、表向きの役割を取る者——に対して、それを裏から支える存在の方は、適切な時に「常世の国」というまったく次元の異なる世界に身を引き、残された者は、それを「まつりあげて」、精神的なつながりを忘れることなく一人で仕事を成就するのが、もっともいい方法なのであろう。二人で最後まで仕事を成し遂げたときは、いずれ、二人で雌雄を決する戦いをしなくてはならなくなるだろう。ものごとを平和裡に収める古代の知恵がこのような物語を生み出した、とも考えられる。

このようにして、出雲国の国造りは成就され、オオクニヌシはそこの王者としての地位を確立することができたのである。しかし、これによって、日本の国造りが終わったのではなく、まだ極めて重要な物語が残されているのである。

(1) 松岡和子訳『ペリクリーズ』ちくま文庫、二〇〇三年。
(2) 秋本吉郎校注『風土記』、第三章注2前掲書。以下、『風土記』の引用は本書に基づく。旧字体は新字体に改め、仮名遣いは旧仮名遣いのままとした。
(3) 第一章注1前掲書。

第九章　国譲り

出雲国の国造りは、オオクニヌシがスクナビコナの協力を経て成し遂げた。スサノヲの仕事をオオクニヌシが引き継いで完成させたのであるが、既に見てきたように、この両者と女性との関係を見ると、父権意識の確立に必要な重要な仕事をやり抜いた感があり、出雲国の完成というだけで、ひとつのまとまった神話体系を構成できると思うほどである。このままの系譜が現代の日本へとつながっていたらどうなっていただろう、などと考えてみると、なかなか面白い。それはともかくとして、話はここで終わらず、アマテラスという日の女神の統治する高天原の子孫に、出雲国を譲ることになり、国譲りの神話が語られる。これに続いて天孫降臨となり、葦原中国《あしはらのなかつくに》は、アマテラス系の天皇の統治する国になるのである。

このことは、神話全体の構成において画期的なことである。これで日本の神話は完成し、天皇の統治する日本の国の存在の基礎が明らかにされるからである。ここで「国譲り」というテーマが語られるのは、世界の神話のなかでも珍しいのではなかろうか。誰か、あるいはある部族が何かを得るときは、「戦い獲る」のが普通である。世界の神話は、そのような重要な戦いに満ちている。ギリシャ神話では、ゼウスはクロノスと戦わねばならなかったし、北欧神話のオージンはユミルという巨人と戦って殺している。このようにあげはじめるときりがない。それらの戦いはしばしば「善」が「悪」に勝つ、という形で語られている。

これに対して、「国譲り」においては、別に高天原が善で、出雲が悪という前提はない。本来ならそれらは同等である。しかし、天皇家の正統性を語るためには、どちらかに中心を決めねばならない。したがって、戦いによらず、話合いによる譲渡ということになって、そこにはいろいろな妥協が必要になってくる。

そうすると、なぜ出雲は天孫に国を譲らねばならないのか、ということになると、これには確とした返答がし難いのである。話をわかりやすくするのは、出雲国が邪神に満ちているから平定する、という考えである。実際に、神話時代が終わってから、歴史的記述(と思われる)になると、「神武東征」と呼ばれるように、天皇が「悪者」どもを討って大和に朝廷を確立するという、非常にわかりやすいパターンの話になる。このパターンを重視すると、日向に降臨した高天原系の部族が、徐々に日本の国を平定していったことになるのだが、そう考えると大きい疑問が生じてくる。つまり、出雲から国を譲り受けながら、なぜ日向に降臨したのか、そしてその後、出雲の話がなかなか語られないのはどうしたことか、という疑問である。

これらの疑問に対する答として、筆者は次のように推論している。神話はもちろん、何らかの歴史的事象と関係をもつだろう。しかし、神話の意図はそれを記述することではないという点は、既に序章に述べた。このような考えに立って国譲りの神話を見ると、ある程度は歴史的事実と関連しつつ、神話としての「体系」をもたせるための意図や工夫がそれに加わってくると見るべきである。天皇家の先祖となる部族が九州のどこか(日向)に侵入してきて、東征し、大和朝廷を築いた、というのが事実であろう。その後、それとは独立に大国として栄えていた出雲国との接触が生じ、少しは戦いもあったろうが、「国譲り」的な和議が生じたのではなかろうか。おそらく両者の接触点が播磨国あたりだったと思われる。このことは『播磨国風土記』に出雲系の神の話が多いことに反映されている。

神話的世界観では、既に示したような、天上と地下の間に「葦原中国」という地上の世界を想定していることと、後にも述べるように、戦いによらない「和」を強調しようとする思想があるため、高天原系と出雲系の間に和議のあったことは、高天原に葦原中国が「国譲り」をしたこととして大いに強調することになる。したがって、史的事実を逆にして「国譲り」に続いて「天孫降臨」という形で神話を語る方が、はるかに首尾一貫すると考えられたのではなかろうか。

神話では「国譲り」が強調されることになるが、以上に述べたような混乱があるために、記述の一貫性に欠けるところがあったり、『古事記』と『日本書紀』の間に微妙な記述の差が生じてきたのではないか、と思われる。専門外のことに勝手な口出しをしたが、このようにでも考えないと、「国譲り」「天孫降臨」と続く物語を読みとくのが、極めて困難なのである。

以上の点はともかくとして、自分の専門の立場にかえって、『古事記』の神話の体系を、心のことに引きつけて考えてみることにしよう。史実とかかわりなく、神話全体のなかにこめられている、心のあり方、思想、というのを読みとくことはできるはずである。

一　均衡の論理

『古事記』の全体を通じて大切なことは、「均衡」あるいは「調和」ということではないかと思われる。とは言っても、それは静止した均衡状態ではなく、常に変化し、それぞれの部分の間にはダイナミックな関係がありながら、全体として調和しているのである。部分的には対立や葛藤があるとしても、全体の調和が保たれている限りは許容できる。したがって、調和を壊してしまうような対立や衝突は回避しなければならない。

高天原のアマテラスの子孫が葦原中国を統治することになるが、このときも武力衝突は避けねばならない。このために「国譲り」が行われるのだが、これはそれほど簡単にゆくはずはなく、相当な迂余曲折があったことが語られる。それにしても、神武東征の物語のように、言うなれば悪者どもを平定して朝廷を打ち立てるような構図にすれば話は簡単であるのに、と思うのだが、やはり「調和」を尊ぶ態度は、古代において相当に強かったと言うべきであろう。そんな点で興味深いのは、神武東征の際にさえ、武力衝突を回避する物語が、『伊勢国風土記』逸文に記載されているのである。それによると、伊勢国は、天御中主尊《あめのみなかぬしのみこと》の十二世の孫の「天日別命《あめのひわけのみこと》」によって平定されたのであり、天日別命は、神武天皇に従ってこの国を平定したと記されている。彼は天皇に従って紀伊の熊野に至ったときに命を受ける。以下、風土記を引用する。

天日別命《あめのひわけのみこと》に勅《の》りたまひしく、「天津《あまつ》の方《かた》に国あり。其の国を平《ことむ》けよ」とのりたまひて、即《すなは》ち標《しるし》の剣《つるぎ》を賜ひき。天日別命《あめのひわけのみこと》、勅《みことのり》を奉《うけたまは》りて東《ひむがし》に入ること数百里《いくももさと》なりき。其の邑《むら》に神あり、名を伊勢津彦《いせつひこ》と曰《い》へり。天日《あめのひ》別命《わけのみこと》、問《と》ひけらく、「汝《いまし》の国を天孫《あめみま》に献《たてまつ》らむや」といへば、答へけらく、「吾《あれ》、此の国を覓《ま》ぎて居住《す》むこと日久《ひさ》し。命《みこと》を聞《き》き敢《あ》へじ」とまをしき。天日別命《あめのひわけのみこと》、兵《いくさ》を発《おこ》して其の神を戮《ころ》さむとしき。時に、畏《かしこ》み伏《ふ》して啓《まを》しけらく、「吾《あ》が国は悉《ことごと》に天孫《あめみま》に献《たてまつ》らむ。吾《あ》は敢《あ》へて居《を》らじ」とまをしき。天日別命《あめのひわけのみこと》、問ひけらく、「汝《いまし》の去《さ》らむ時は、何《なに》を以《も》ちてか験《しるし》と為《な》さむ」といへば、啓《まを》しけらく、「吾《あ》は今夜《こよひ》を以《も》ちて、八風《やかぜ》を起《おこ》して、海水《うしほ》を吹《ふ》き、波浪《なみ》に乗りて東《ひむがし》に入《い》らむ。此《こ》は則《すなは》ち吾《あ》が却《さ》る由《よし》なり」とまをしき。天日別命《あめのひわけのみこと》、兵《いくさ》を整《ととの》へて窺《うかが》ふに、中夜《よなか》に及《いた》る比《ころ》、大風《おほかぜ》四《よ》もに起《おこ》りて波瀾《なみ》を扇挙《うちあ》げ、光耀《てりかがや》きて日《ひる》の如く、陸《くが》も海《うみ》も共に朗《あきら》かに、遂《つひ》に波に乗りて東《ひむがし》にゆきき。古語《ふること》に、神風《かむかぜ》の伊勢《いせ》の国、常世《とこよ》の浪寄《なみよ》する国と云《い》へるは、蓋《けだ》しくは此《こ》れ、これを謂《い》ふなり。

天日別命と伊勢津彦《いせつひこ》の間に武力衝突が起こりかけるが、見事に回避される。伊勢津彦の立ち去るところが、敗北のイメージがなく、堂々として光輝いているところがいい。なお、この後に、天日別命がこの国の平定を報告すると、天皇は「国は宜《よろ》しく国神《くにつかみ》の名を取りて、伊勢と号《なづ》けよ」と言う。伊勢津彦の名誉をこのように保ち、バランスを取っているのである。このことは、国譲りのときに、オオクニヌシを祀る社を建てるのを思わせるものがある。

　さて『古事記』を見てみると、この「国譲り」のところの冒頭は次のようにはじまっている。

天照大御神《あまてらすおほみかみ》の命《みこと》もちて、「豊葦原《とよあしはら》の千《ち》秋長五百《あきのながいほ》秋《あき》の水穂《みづほの》国は、我が御子、正勝《まさかつ》吾《あ》勝勝速日《かつかちはやひ》天忍穂耳命《あめのおしほみみの》の知らす国ぞ。」と言《こと》よさしたまひて、天降《あまくだ》したまひき。ここに天《の》忍穂耳《の》命、天《あめ》の浮橋《うきはし》に立たして詔《の》りたまひしく、「豊葦原の千秋《の》長五百秋の水穂《の》国は、いたく騒《さや》ぎてありなり。」と告《の》りたまひて、更に還り上《のぼ》りて、天照大神に請《まを》したまひき。

　まず冒頭から、アマテラスが自分の子のアメノオシホミミが葦原の水穂《みづほの》国を統治することを宣言する。ここには、その土地に邪神が満ちているからなどという理由はない。アマテラスが生まれたとき、父親のイザナキが、彼女に高天原を統治するように言ったのと同じパターンである。アメノオシホミミは、決められたとおりを実行しようとするが、どうも行くべき土地は「いたく騒《さや》ぎてありなり」ということで、このことをアマテラスに復命する。以上の話によって、アマテラスが自分の息子に武力による平定を命じていないことが明らかにされる。既に述べたように『古事記』神話において大切なのは、武力の衝突によるのではなく、常に調和的に事を運ぶことである。

ところが、この冒頭の部分を『日本書紀』ではどう語っているのか。それは『古事記』の記述とは、はっきりと異なっていて、邪《あ》しきものの平定の形が示されている。

> 天照大神の子《みこ》正哉《まさか》吾《あ》勝勝速日天忍穂耳尊《かつかちはやひあまのおしほみみのみこと》、高皇産霊尊《たかみむすひのみこと》の女《みむすめ》栲幡千千姫《たくはたちぢひめ》を娶《ま》きたまひて、天津彦彦火瓊瓊杵《あまつひこひこほのににぎの》尊《みこと》を生《あ》れます。故《かれ》、皇祖《みおや》高皇産霊尊、特《おぎろ》に憐　愛《めぐしとおもほすみこころ》を鍾《あつ》めて、崇《かた》て養《ひだ》したまふ。遂《つひ》に皇孫《すめみま》天津彦彦火瓊瓊杵尊を立《た》てて、葦原中国《あしはらのなかつくに》の主《きみ》とせむと欲《おもほ》す。然《しか》も彼《そ》の地《くに》に、多《さは》に蛍火《ほたるび》の光《かかや》く神《かみ》、及《およ》び蠅声《さばへな》す邪《あ》しき神有《あ》り。復《また》草木《くさき》咸《ことごとく》に能《よ》く言語《ものいふこと》有り。故、高皇産霊尊、八十《やそ》諸神《もろかみたち》を召《め》し集《つど》へて、問《と》ひて曰《のたま》はく、「吾《われ》、葦原中国の邪《あ》しき鬼《もの》を撥《はら》ひ平《む》けしめむと欲《おも》ふ。当《まさ》に誰《たれ》を遣《つかは》さば宜《よ》けむ。惟《これ》、爾　諸　神《いましもろもろのかみたち》、知《し》らむ所《ところ》をな隠《かく》しましそ」とのたまふ。

『古事記』との明確な違いは、ここにタカミムスヒが命令者として登場している。そして最初からニニギを葦原中国に送りこもうとし、それは「葦原中国の邪《あ》しき鬼《もの》を撥《はら》ひ平《む》けしめむ」という明らかな意図によってなされるのである。やはり『日本書紀』としては、これまでたびたび言及したような理由から、このような明確な平定の形にせざるを得なかったのであろう。したがって、『古事記』が伝えるアメノオシホミミのことは無視せざるを得なかったと思われる。ここで注目すべき点は、ニニギの外祖父であるタカミムスヒが、命令権者として力を発揮していることであるが、これについては後に論じる。

ここで『古事記』の物語に戻ることにしよう。アメノオシホミミが、地上の世界が「いたく騒《さや》ぎてありなり」と報告したので、タカミムスヒがアマテラスの命令で八百万の神を集め、どうするかを相談した。神々は協議の上、「アメノホヒ」を推した。そこで、アメノホヒが遣わされたが、「大国主神に媚《こ》び附きて、三年《みとせ》に至るまで復奏《かへりごとまを》さざりき」。

そこで、アメノワカヒコを遣わすことになり、これには「天之麻迦古弓《あめのまかこゆみ》、天之波波矢《あめのははや》」を授けて行かせたが、彼はオオクニヌシの娘、シタテルヒメと結婚して、八年間も復奏しなかった。いったいどうなっているのか、と状況を知るため、鳴女《なきめ》という雉が送られるが、アメノワカヒコは、アマテラスより賜った弓矢で雉を射殺してしまう。その矢が高天原の天の安の河の河原にいたアマテラスとタカギノカミのところにまで飛んできた（ここで、タカギノカミはタカミムスヒの別名であると書かれている）。そこで、もしアメノワカヒコが「悪しき神」を射った矢であるなら、アメノワカヒコにあたるな、もし彼が「邪《きたな》き心」をもっているならあたれ、と言って矢を投げおろすと、それはアメノワカヒコにあたり、死んでしまった。以上のところまでは、細部はともかくとして、だいたいは『日本書紀』の記述もあまり変わりはない。

下界は一応、「道速振《ちはやぶ》る荒振《あらぶ》る国つ神等《ども》の多《さは》なり」と『古事記』にも記されているが、実状はもっと魅力のある国であったのであろう。高天原から遣わされた二柱の神が、共にそこに居ついてしまうのである。つまり、高天原が善で出雲が悪とか、後者が無秩序な国などと言うことはできないのだ。『日本書紀』の方でさえ、この事実を認めざるを得ないのである。このことは日本神話の特徴であり、簡単に善悪に分けることをしないのである。

しかし、出雲は高天原に従わねばならないのだ。そこで次に述べるような妥協が生じてくるのである。

二　大いなる妥協

せっかく送ったアメノワカヒコも駄目とわかり、次はもっと強力なタケミカヅチにアメノトリフネをつけて、出雲に遣わすことになった。続きは『古事記』によって見ることにしよう。

　ここをもちてこの二《ふた》はしらの神、出雲《の》国の伊那佐《いなさ》の小浜《をばま》に降り到りて、十掬剣《とつかつるぎ》を抜きて、逆《さかしま》に浪の穂に刺し立て、その剣の前《さき》に趺《あぐ》み坐《ま》して、その大国主《の》神に問ひて言《の》りたまひしく、「天照大御神、高木《の》神の命《みこと》もちて、問ひに使はせり。汝《いまし》がうしはける葦原《の》中《つ》国は、我が御子の知らす国ぞと言依《ことよ》さしたまひき。故《かれ》、汝が心は奈何《いか》に。」とのりたまひき。ここに答へ白ししく、「僕《あ》は得白《えまを》さじ。我が子、八重言代主《やへことしろぬしの》神、これ白すべし。然るに鳥遊《とがり》をし、魚《な》取りて、御大《みほ》の前《さき》に往きて、未だ還り来《こ》ず。」とまをしき。故ここに天《の》鳥船《の》神を遣はして、八重事代主《の》神を徴《め》し来《き》て、問ひたまひし時に、その父の大神に語りて言ひしく、「恐《かしこ》し。この国は、天《あま》つ神の御子《みこ》に立奉《たてまつ》らむ。」といひて、すなはちその船を踏み傾《かたぶ》けて、天《あま》の逆手《さかて》を青柴垣《あをふしかき》に打ち成して、隠《かく》りき。

　今度の二人は強談判の勢いがある。剣を逆さまに立てて、その先にあぐらをかいて坐る、という意味は定かではないが、神が顕現してきて対決する姿を示しているように思う。このときも、アマテラスとタカギノカミの名が共にあげられているのが印象的である。二人の神の問いかけに、オオクニヌシは、自分は答えられないが、息子のコトシロヌシが答えるだろうという。さすがのオオクニヌシも、このときは既に年老いていたのか、自らは決定せず息子の判断にまかせるという。魚を獲りに美保の御崎に出かけていたコトシロヌシを呼んできて問うと、自分の国は天つ神の子に奉ると言って、即座に自分は身を隠した。何ともあっけない幕切れである。こんなにあっさりと「国譲り」をしてもいいのかと思っていると、果たして話の続きがある。

まだ他に意見のある子どもはいるか、とオオクニヌシに問いかけると、「タケミナカタという子がいる」とのこと。そこに、大きい石をたずさえて、「わが国に来て、こそこそ言っているのは誰だ、力くらべをしよう」と言って、タケミナカタが登場する。しかし、タケミカヅチに投げとばされて逃げ、科野《しなの》国の州羽《すは》の海（長野県諏訪湖）のところでつかまる。殺されそうになるが、ここから他のところには行かぬからと言って命を助けてもらう。そして、国譲りを承知する。そこで、二人の息子は同意しているが、お前の心はどうかとオオクニヌシに問いかける。『古事記』には、彼の答は次のように記されている。

「僕《あ》が子等《こども》、二はしらの神の白す随《まにま》に、僕《あ》は違はじ。この葦原《の》中《つ》国は、命の随《まにま》に既に献らむ。ただ僕《あ》が住所《すみか》をば、天つ神の御子の天津《あまつ》日《ひ》継《つぎ》知らしめす、とだる天《あめ》の御巣《みす》如《な》して、底《そこ》つ石根《いはね》に宮柱《みやばしら》ふとしり、高天の原に氷木《ひぎ》たかしりて治《をさ》めたまはば、僕《あ》は百足《ももた》らず八十《やそ》坰手《くまで》に隠《かく》りて侍《さもら》ひなむ。また僕が子等《こども》、百八十神《ももやそがみ》は、すなはち八重事代主《の》神、神の御尾前《みをさき》となりて仕《つか》へ奉《まつ》らば、違《たが》ふ神はあらじ。」

このようにして国譲りのことが決定された。

『古事記』の記述に従う限り、そこには何らの武力の衝突も、殺人も行われることなく、まったく平穏のうちに「国譲り」という偉大な仕事がなされたのである。とは言っても、まったく「対決」がなかったわけではない。そのことを明確に示しているのが、タケミナカタの姿である。大きい石をひっさげて、そこでこそ言っているのは誰かと呼びかけ、力くらべを挑むのだ。ただ、すぐにタケミカヅチの威力に降参してしまうのだが、ともかく、ここには「力の対決」のイメージが描かれている。

コトシロヌシとタケミナカタ、という二人の息子の態度の相反する様相は、おそらくオオクニヌシの心境の反映でもあったろう。そのいずれかのみを取りあげて、片方を抑えるのではなく、両方を表わしてみて、その結果として落ちつくところに落ちつく、というのが望ましい経過なのであろう。このタケミナカタについては、実のところ、オオクニヌシの子孫の系譜には見当らない神なのである。実際には長野県諏訪神社の祭神になっているので、どうしてそんな遠いところの神が突然に、オオクニヌシの息子と名乗って登場したのかと疑問が湧いてくる。もっとも神話では出雲から逃げてそこまで行ったことになってはいるが、少し納得のゆきかねる話である。おそらく、天皇家の当時の支配がこのあたりまで届いていたということだろう。

次に非常に大切なことは、オオクニヌシが国譲りの条件として、自分の住所だけは、天つ神の御子の子孫の住所と同じようにして欲しいと言い、タケミカヅチも了承したのである。つまり、片方が他方を抹殺したり、征服したりした、という形ではなく、相手の神格を守りつつ国を譲り受けるという方法をとったのである。このことを『日本書紀』の第九段「一書曰」(2)では、もっと明確な表現で述べている。それは、タカミムスヒが国譲りの条件として、「夫《そ》れ汝が治《しら》す顕露《あらは》の事《こと》は、是吾孫治《これすめみましら》すべし。汝は以て神事《かみのこと》を治すべし。又汝が住むべき天日隅宮《あまのひすみのみや》は、今供造《つく》りまつらむこと、即《すなは》ち千尋《ちひろ》の栲縄《たくなは》を以て、結《ゆ》ひて百八十紐《むすび》にせむ」とオオクニヌシに言ったとされている。

このことは実に稀有なことではないだろうか。当時における「神事」の重要性を考えると、現実の政治向きのことは高天原系に譲り渡すが、宗教的な支配権は保持する、というのだから、ほとんど対等と言っていいほどの妥協である。神話の時代では、世界中で「祭政一致」の思想が強くはたらいていたと思うのだが、このような「分離」をしてまで妥協して、武力衝突を避けたのは、相当な均衡の知恵がはたらいたと言うべきである。そのような意味で、この国譲りは特筆すべきことと思う。

三　タカミムスヒの役割

国譲りの神話になって、急にタカミムスヒが活躍する点について考えてみたい。既に述べたように、『古事記』においては、彼はタカギノカミと呼ばれるが、常にアマテラスとペアになって登場する。『日本書紀』に至っては、命令を下すのはすべてタカミムスヒであり、むしろアマテラスの名は消え失せている。これをどう考えるかは、日本神話の構造を考える上で大切なことである。

まず、『古事記』の方から考えてみよう。

『古事記』の場合、まずはじめにアマテラスの言葉があり、そこでは、アマテラスは自分の息子のアメノオシホミミを出雲国に遣わそうとする。つまりここでは、母‐息子の結びつきが重視されている。このとおりにゆくと、アメノオシホミミは日本の国の最初の統治者であり、それが重要なのは当然だが、それはその母親とペアとして重要と考えられる。母親が常につきまとうのである。

ここで、母子神の信仰のことを思い浮かべる人もあろう。まさにそのとおりで、これまでのアマテラスはあまり母としての姿を見せていなかったが、ここでは、息子と結びつきの強い母としての姿を見せている。記紀ともにアマテラスの母性的な姿を描いてはいないが、『古語拾遺』には、「天照大神《あまてらすおほかみ》、吾勝尊《あかつのみこと》を育したまひて、特甚《ひたこと》に鍾愛《いつくし》みたまひき。常に腋下《わきのした》に懐きたまひしゆえ、腋子《わきご》と称曰《まを》しき」と記している。ここにおいて、急に、母‐息子結合のテーマが前面に出てきたが、この点について少し考えてみたい。

母‐娘結合の意味については、既に第六章において述べた。その対極にあるのが、父‐息子関係である。これは、まさに父権的意識の系譜を示すもので、父権的意識について考察したフロイトは、父‐息子関係を重視し、そこに生じるエディプス・コンプレックスを人間に普遍的なものと考えたのである。その後、文化人類学者の研究によって、エディプス・コンプレックスは人類に普遍的なものではなく、西欧社会に特有なものであることが指摘された。父権的意識が重要でない限り、エディプス・コンプレックスが強く形成されることはないのである。

実際の人間社会を考えると、このような「意識」の問題と関連しつつ、実際的な父系・母系、父権・母権という家族のあり方の相違がある。おそらく日本の遠い過去は、母系で母権だったのではないか、と思うが確実な証拠はない。父系、母系の混じったような双系ということも考えられるが、ともかく家族のなかの長は、だんだんと男性の役割にと移行してきたと思われる。母権から父権へと変わってゆくようなのだが、心理的には母権的意識が保たれている場合、母‐息子という関係が大事になる。つまり、息子が家長となったとしても、その家長の母親というものの重みは変わらないのである。

そこで母‐息子ということが前面に出てくるが、そのときの母性の強さを緩和する方策として生じてくるのが、母‐息子の背後に、男性の老賢者がいるという形である。つまり、タカミムスヒ‐アマテラス‐オシホミミ、という組合せになる。母‐息子に対して、父も入れてトライアッドにするとよいようだが、そうなると、父性の力が強くなりすぎて、母権的意識を脅かすことになる。そこで、父‐母‐息子という、言うなれば自然のトライアッドよりも、母‐息子を強調しつつ、背後に父性を加える形の方が好まれるのである。

ここで、キリスト教の三位一体についても比較のために触れておこう。この点については、拙著『昔話と日本人の心』のなかで、昔話の「火男の話」を取りあげ、そこに認められる「白鬚の翁、美女、醜い童」のトライアッド——これは神話の、タカミムスヒ、アマテラス、オシホミミに相応する——について論じたときに既に述べていることだが、重要なことなので、繰り返しを厭わずに示すことにする。[(1)]

キリスト教における、父、子、聖霊という三位一体の考えにおいて、初期のキリスト教時代のグノーシス派の解釈には、聖霊を「母」と見なすものもあった。確かに、父‐母‐子というトライアッドは、既に指摘したように極めて「自然」である。しかし、それを「一体」と考えるのは難しい。そこで、キリスト教の三位一体においては、母を排して、父‐子‐聖霊という構成になっている。これを「一体」と考えることによって、唯一神になる。日本のようなトライアッドは一体ではなく、一神教にはならないのである。キリスト教では、父‐息子という同質者である男性と聖霊の組合せにより、敢えて自然を排することによって、唯一神としての一体化が生ずる。ここに一神教であるキリスト教の特徴が明確に示されている。あくまで、同質的なものが調和的に存在することによって「一体」となり得るのである。ここに聖霊は「息吹き」であり、父と息子は、息吹き、スピリットによってつながるので

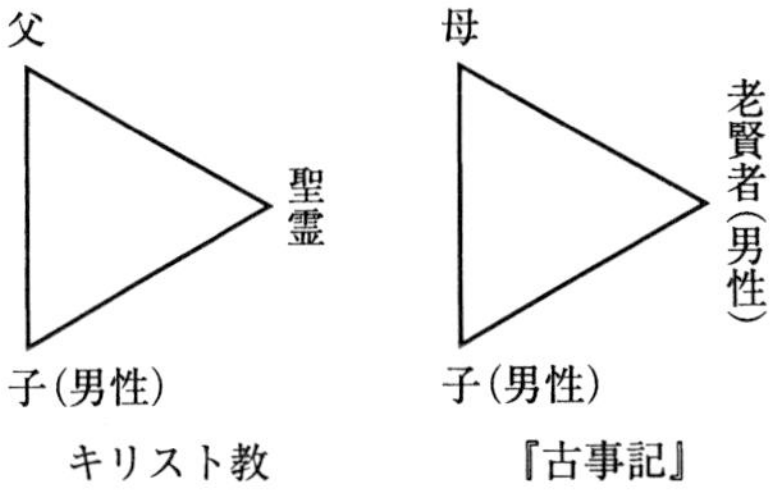

図5　キリスト教の三位一体と『古事記』のトライアッド

ある。

このような父権的なキリスト教文化の精神は、三位一体説を発達史的にみることによって、その意味をより明らかにし得るのであり、ユングがそれについて述べているところを、『昔話と日本人の心』から引用しておこう。


父は文字通り第一人者であり、創造者である。これに対して息子という対立者の存在が意識されぬとき、反省ということはなく、あくまでそれは唯一絶対のものである。そこには批判や倫理的な葛藤のはいりこむ余地はなく、父の権威はまったく傷つくことがない。このようなとき、父に対する他者は、そこからまったく分裂(splitting)しており、意識されない。ユングはそのような「父の文化」の典型として、彼が調査を試みたエルゴン山の住民の生き方をあげている。エルゴン山に住む人々は、彼らの創造主がすべてを善にして美なるものに創りあげたことを信じ、まったく楽観的に暮らしている。しかし、夜になるとそれは一変し、「他の世界―闇の世界」が現われる。楽観的人生観は、恐怖の人生観に変り、悪の跳梁する世界となる。そして、夜が明けると、再び善と美の世界となり、そこには夜の世界との葛藤の痕跡をまったく残さないのである。これはもっとも原初的な父の文化ということができる。

次に息子の世界が来る。それは分裂の機制によって意識されなかった闇の世界を意識することによって始まる。父は絶対ではなく、それに対立するものが存在し、父に対する疑惑が生じる。これはまさに葛藤の世界である。しかしながら、一方では古きよき父の時代への憧れと救済を願うが、人間の意識は不可逆的な拡大を見せたため、古い時代へと戻ることは不可能なのである。

第三の聖霊の段階は、父と子とに共通の第三のものとして、息子の中に生じた疑惑、二面性に終止符を打つものである。聖霊は三者を統合して一者として回復する要素である。一者が父と子という二者の対極にわかれた後に、聖霊の出現によって、それらは一体となって一者としての頂点に達するのである。この三段階を人間の意識の発達過程に類比させて言えば、第一段階はまったく無意識的な依存状態であり、第一から第二の段階へ進むためには幼児的な依存性を犠牲にしなくてはならず、第二から第三の段階へは、排他的な自立性を放棄しなくてはならないのである。

ここに筆者が整理して紹介したユングの説は、西洋近代における自我の確立の過程や、キリスト教における精神史として興味深いものであるが、これに対して、日本神話のもつトライアッドの意味を考えてみたい。

その前に一言述べておきたいのは、キリスト教が母権意識の強い文化に取り入れられていくとき、日本のこととして示したのと同様のトライアッドの考えが生じるという事実である。筆者はフィリピンを訪問したとき、そこでは、マリアの崇拝があまりにも強いので、「マリアとキリストのどちらが大切なのか」と訊いてみた。そうすると、マリアとキリストは三位一体に含まれるので、どちらも同じように重要だという答が返ってきて、マリア、キリスト、アポ・ディオスという「三位一体」のあることを語ってくれた。このアポ・ディオスは、男性の老賢者のイメージであった。

これを図示すると、アマテラス－オシホミミ－タカミムスヒ、とまったく同一の型を示していることがわかるであろう。つまり、母－息子の結びつきが強調されるのだが、それに第三の要素として、男性の老賢者が加わる。こ

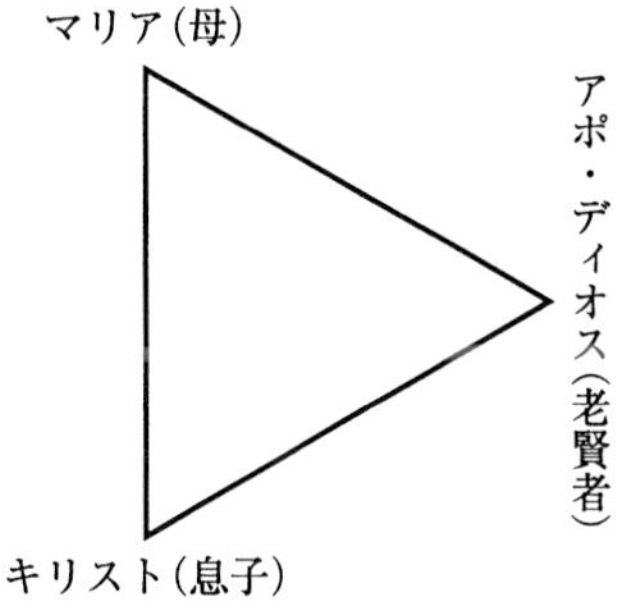

図6　フィリピンの三位一体

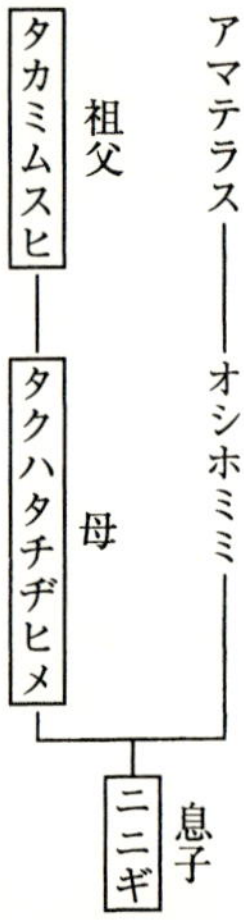

図7　『日本書紀』によるニニギの系譜

れを見てもわかるとおり、日本神話に示される、母‐息子‐老賢者(男)というトライアッドは、母権的意識を優位とする文化のなかにおいては、それを補償する父権的意識をある程度取り入れようとするとき、相当に普遍的に見られるものである。

ここで、このようなトライアッドが、実際の日常生活に入りこんでくると、そこでは血のつながりが大切となってくるので、祖父‐母‐息子、という形になる。これがそのまま『日本書紀』に述べられていると考えると、そこにおけるタカミムスヒの役割がよくわかるのである。『日本書紀』の巻第二、神代下の冒頭をもう一度引用しよう。

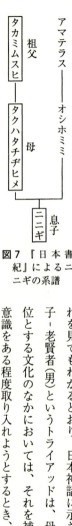

天照大神《あまてらすおほみかみ》の子正哉《みこまさか》吾《あ》勝勝速日天忍穂耳尊《かつかちはやひあまのおしほみみのみこと》、高皇産霊尊《たかみむすひのみこと》の女《みむすめ》栲幡千千姫《たくはたちぢひめ》を娶《ま》きたまひて、天津彦彦火瓊瓊《あまつひこひこほのにに》杵尊《ぎのみこと》を生《あ》れます。故《かれ》、皇祖《みおや》高皇産霊尊、特《おぎろ》に憐愛《めぐしとおもほすみこころ》を鍾《あつ》めて、崇《かた》て養《ひだ》したまふ。遂《つひ》に皇孫《すめみま》天津彦彦火瓊瓊杵尊を立《た》てて、葦原中国《あしはらのなかつくに》の主《きみ》とせむと欲《おもほ》す。

こちらは『古事記』と異なり、最初からアマテラスの孫のニニギを遣わすことにしているのみならず、それをむしろ、タカミムスヒの孫であることの方を強調する形で述べている。これを図示してみるとよくわかるが、アマテラスの系譜を王権の系譜としてみるとき、確かに、ニニギはそれを引き継いでいるのだが、ここで実質的権力者としてふるまうのは、外祖父のタカミムスヒなのである。つまり、先に『古事記』に記されていることとして論じた「国譲り」に関する個々の事柄は、『日本書紀』においてもほとんど変わらないのだが、そのときに高天原にあって命令を下しているのは、タカミムスヒであって、アマテラスの名は一度も出て来ないのである。ニニギはアマテラスの孫として、その正統性を保証されているのだが、彼をはじめ、その他の神々に命令し、すべてを取りしきっているのは、外祖父のタカミムスヒである。

この構造を見ると、平安時代の天皇の外祖父の権力者としての地位について考えつく人が多いと思う。平安時代、天皇はもちろん大切であるが、天皇の母は「国母」として天皇以上に崇拝された、と言ってもよく、その国母の父親、つまり外祖父は一番の権力者であった。これは、ここに示した非常に根の深い、神話的トライアッドの思想が、現世に具現されたものと考えられる。このシステムの特徴は、王権が一筋に継承されるとしても、その王が権力者ではなく、真の権力者は外にある、ということである。そして、その権力者も王権からはずれている、という意味で、絶対的な権力者にはなり難いのである。

このことは、後にも明らかにする「中空構造」と、一見強力に見える王権の系譜の一貫性ということを両立させるために、考え出されてきたシステムとも考えられる。そのような意味で、既に神話時代に語られるタカミムスヒの地位は、まことに興味深いものである。

四　サルダビコとアメノウズメ

『古事記』によれば、アマテラスが息子のオシホミミを葦原中国に降そうとするが、オシホミミが準備をしている間に子どもが生まれたので、それを降して欲しいと言い、結局、アマテラスは孫のニニギを降すことにする。

ところがそこに思いがけないことが起こる。道の途中に変な神が立っているのだ。これについて『古事記』は次のように語っている。

ここに日子番能邇邇芸《ひこほのににぎの》命、天降りまさむとする時に、天《あめ》の八衢《やちまた》に居《ゐ》て、上《かみ》は高天の原を光《てら》し、下《しも》は葦原《の》中《つ》国を光《てら》す神、ここにあり。故ここに天照大御神、高木神《の》命もちて、天宇受《あめのうず》売神《めの》に詔りたまひしく、「汝《いまし》は手《た》弱女人《わやめ》にはあれども、い対《むか》ふ神と面勝《おもか》つ神なり。故、専《もは》ら汝往きて問はむは、『吾《あ》が御子の天降《あも》り為《す》る道を、誰ぞかくて居る。』ととへ。」とのりたまひき。故、問ひたまふ時に、答へ白しく、「僕《あ》は国つ神、名は猿《さる》田毘古《だびこ》神《の》ぞ。出で居る所以《ゆゑ》は、天つ神の御子天降りますと聞きつる故《ゆゑ》に、御前《みさき》に仕《つか》へ奉《まつ》らむとして、参向《まゐむか》へ侍《さもら》ふぞ。」とまをしき。

下界に降りてゆく途中に、天の八つ辻に、上は高天原から下は葦原中国までを照らす神が立っていたのだから驚きである。『日本書紀』は本文では相変わらず、このような話には無関心で何も触れていないが、第九段「一書曰」(1)には、この神の異形さが、もっと詳しく書かれている。それによると、

其の鼻の長さ七咫《ななあた》、背《そびら》の長さ七尺《ななさか》余り。当《まさ》に七尋《ななひろ》と言ふべし。且口尻明《またくちわきあか》り耀《て》れり。眼は八《や》咫鏡《たのかがみ》の如くして、赩　然《てりかかやけること》　赤酸漿《あかかがち》に《の》似れり

とある。何しろ鼻は長く背は高い、それに眼が八咫鏡のようだ、というのだからただ者ではない。「一書曰」に

は、先の文に続いて、「従《みとも》の神を遣《つかは》して、往《ゆ》きて問はしむ。時に八十万《やそよろづ》の神《かみたち》有り。皆目《みなま》勝《か》ちて相問ふこと得ず」とある。何しろ凄い眼力で、誰もそれに負けてしまうのだ。

『古事記』では、アメノウズメが「い対《むか》ふ神と面勝《おもか》つ神なり」、つまり、誰と向かっても気おくれのしない神だというので送られ、「誰か」と尋ねると、何のことはない、あっさりと、自分は国つ神で「サルダビコ」と名乗り、実は天孫に仕えて案内しようとやってきたと言う。

「一書曰」(1)の方は、もう少し話が詳しくなっている。それを引用してみよう。

天鈿女《あまのうずめ》、乃《すなは》ち其《そ》の胸乳《むなぢ》を露《あらは》にかきいでて、裳帯《もひも》を臍《ほそ》の下《しも》に抑《おした》れて、咲噱《あざわら》ひて向《む》きて立《た》つ。是《こ》の時に、衢神《ちまたのかみ》問ひて曰《い》はく、「天鈿女、汝為《いましかくす》ることは何《なに》の故《ゆゑ》ぞ」といふ。対《こた》へて曰《い》はく、「天照大神《あまてらすおほみかみ》の子《みこ》の所幸《いでま》す道路《みち》に、如此居《かくを》ること誰《た》そ。敢《あ》へて問ふ」といふ。衢神《ちまたのかみ》対へて曰はく、「天照大神の子《みこ》、今降行《いまいでま》すべしと聞《き》く。故《このゆゑ》に、迎《むか》へ奉《たてまつ》りて相待《あひま》つ。吾《わ》が名《な》は是《これ》、猨田彦大神《さるたひこのおほかみ》」といふ。時に天鈿女、復《また》問ひて曰はく、「汝《いまし》や将我《はたわれ》に先《さき》だちて行《ゆ》かむ。抑《はた》我や汝に先だちて行かむ」といふ。対へて曰はく、「吾《われ》先だちて啓《みちひら》き行かむ」といふ。天鈿女、復問ひて曰はく、「汝は何処《いづこ》に到《いた》りまさむぞや。皇孫《すめみま》何処《いづこ》に到りましまさむぞや」といふ。対へて曰はく、「天神《あまつかみ》の子《みこ》は、当《まさ》に筑紫《つくし》の日《ひ》向《むか》の高千《たかち》穂《ほ》の槵触峯《くじふるのたけ》に到りますべし。吾は伊勢《いせ》の狭長田《さなだ》の五十《い》鈴《すず》の川上《かはかみ》に到るべし」といふ。因《よ》りて曰はく、「我を発顕《あらは》しつるは、汝なり。故《かれ》、汝、我を送《おく》りて致《いた》りませ」といふ。天鈿女、還詣《まうでかへ》りて報状《かへりことまう》す。

ここのアメノウズメの「胸乳《むなぢ》を露《あらは》にかきいでて、裳帯《もひも》を臍《ほそ》の下《しも》に抑《おした》れて」という行為は、彼女が天の岩戸の前で行なったのと同じ行為である。あのときは、それが神々の笑いを誘い、したがって岩戸が「開く」ことにつながったのだが、ここではサルダビコの口が「開く」ことにかかわってくる。

このようなアメノウズメとの関連と、彼が高天原から葦原中国までも照らしている姿から考えて、私はサルダビコをアマテラスとは異なる、男性の太陽神だったのではないか、と考えている。サルダビコは日本神話のなかでも謎に満ちた神で、鎌田東二はそれに注目して、一連のシンポジウムを行なっているほどである。(2) 私もそれに参加したことがあるが、多方面の研究者が集まる興味深いシンポジウムである。細部にわたってゆくと興味はつきないが、私としては、サルダビコを男性の太陽神と考えることが、一番本質的なことと考えている。

このように考えるのは、もともとは、ヒルコに対する関心から生じている。ヒルコに関しては最終章に詳しく論じるが、これは端的に言って、「ヒルメ」とも呼ばれるアマテラスが女性の太陽神であるのに対して、男性の太陽神ではないかと考えている。アマテラスについて序章に論じた際に、日本においては、太陽神を女神とすることに大きい意義がある、と述べたが、そのことは、男性の太陽神を拒否することを意味する。したがって、ヒルコは流されてしまったのである。このヒルコが再来する可能性はあるのか、というのが私にとって非常に大きい関心であった。

サルダビコは、流されたヒルコの再来とまでは言えぬとしても、アマテラスに対する男性の太陽神と考えられる要素は、既に述べたように多くもっている。何しろ、目は八咫鏡のようだというのだが、この鏡は、この第九段「一書曰」(1)のなかで、アマテラスが孫のニニギに与えた三つのものとして、「八坂瓊《やさかに》の曲玉《まがたま》及び八咫鏡《やたのかがみ》・草《くさ》薙剣《なぎのつるぎ》」があげられている。また、『古事記』や『日本書紀』の他の「一書曰」では、八咫鏡という呼称は出て来ないが、アマテラスが「鏡」をニニギに渡して、その鏡を自分と同じように祀れ、と言っているので、アマテラスと同一視されるほどのものである。それをサルダビコの眼の形容に用いているのだから、彼の太陽神的特性が示されていると思う。

そのような神に対抗したのだから、アメノウズメの存在も実に大きい。彼女については、天の岩戸神話のときに論じたが、まさにアマテラスの影《シャドー》的存在である。そのアメノウズメが「誰だ」と尋ねたので、サルダビコは大人しく名前を言い、天つ神に仕えるつもりだと言って、先導を務めたと思われる。

天孫降臨の後に、アマテラスはアメノウズメに対して、「この御前《みさき》に立ちて仕へ奉りし猿田毘古大神は、専ら顕《あら》はし申せし汝《いまし》送り奉れ。またその神の御名は、汝負ひて仕へ奉れ」と言った。ここで注目すべきは、サルダビコを「大神」と呼んでいること、および、アメノウズメに「専ら顕はし申せし汝」と呼びかけていることである。日本神話の数ある神々のなかで、「大神」と呼ばれる神は、実に数が少ない。それから考えても、サルダビコの重要さがわかる。またアメノウズメがサルダビコを「顕わし申し」たというのは、この両者を対として考えないと、片方だけではその姿が明らかにならないことを示している。

事実、この二神は結婚したのではなかろうか。とすると、次章に述べることになるニニギとコノハナノサクヤという天つ神と国つ神の結婚に先立って、この二神がそれを行なっていたことになる。高天原と葦原中国という対立的にとらえられていた世界が、天つ神と国つ神の結婚によって、どんどんと二者の系統が混ざってくる。その最初に、サルダビコとアメノウズメがいる。サルダビコはいろいろな点で、天つ神を「先導」し、二つの世界をつなぐことに役立っている。

そのような重要な二神であるが、『古事記』の語る結末はあっけない感じがする。サルダビコは漁をしていたときに貝に手をはさまれ、海に沈み溺れ死んでしまう。その後に、アメノウズメは海の大小の魚を集めて「汝は

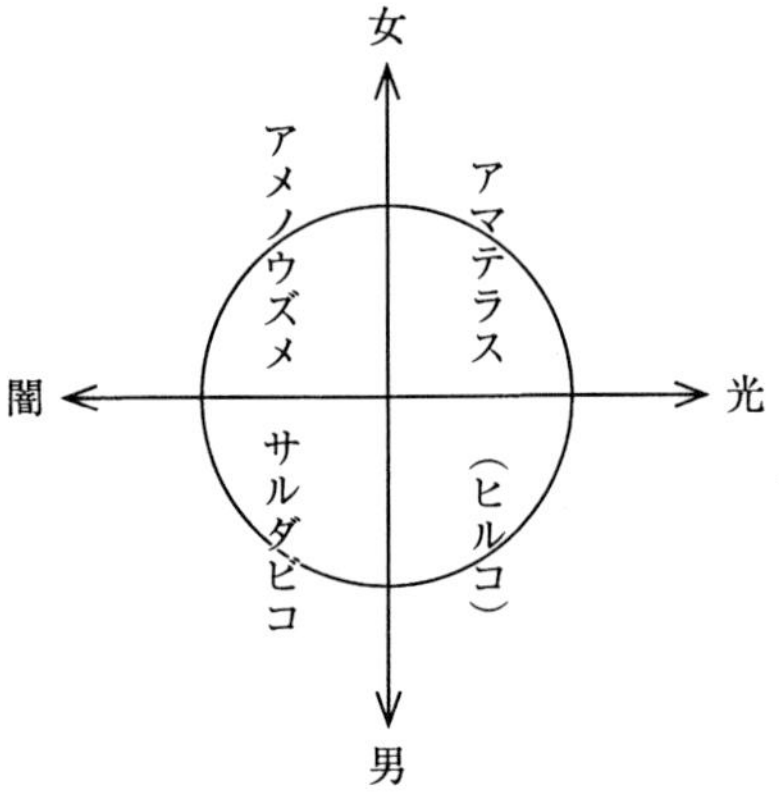

図8　太陽神の姿

天つ神の御子に仕へ奉らむや」と問うと、すべてが「仕へ奉らむ」と答えたのに、海鼠《ナマコ》だけは黙っていたので、「この口や答へぬ口」と言って、小刀をもってその口を裂いた、という。

「大神」と呼ばれたサルダビコの最後は、まったくそれにふさわしくないように見えるが、私はこのエピソードを、サルダビコという太陽が海に沈むところを描いたのではないかと思っている。天と地のつぎに、海とのつながりが必要になる。そのためには、次章に述べる海幸・山幸の神話が存在しているが、このサルダビコの話は、それの先駆をなすものと考えられる。太陽が海に沈む。だからこそ、海の生物たちも「天つ神」に仕えねばならない。そこのところをアメノウズメが受けもち、彼女のものごとを「開く」はたらきが強調されることになる。サルダビコとアメノウズメは、ペアとして、閉じている世界を開くことや、二つの世界をつなぐ、という重要な役割を担っているのである。

このような重要な役割を演じるサルダビコとアメノウズメが、それにしては何となく、下位の方に位置づけられるような印象がある。これに対して、アマテラスは日の女神として天上に輝く存在である。とは言っても、太陽神は実のところはいろいろな側面をもつ存在であるので、太陽がもつべき多様な側面はいろいろな神によって表わされる。そのなかでも、アマテラスは高天原を統治する神としての輝く面を引き受けているために、どうしても他の重要な神の格は低いもの、あるいはヒルコのように棄てられた神として語られるのではなかろうか。

実際の仕事は、アマテラスのみによってはとうてい出来ない。アマテラスを助ける、あるいは補償する神としての、サルダビコ、アメノウズメの役割も、同等に重要とさえ言うことができる。ただ、「表向き」の構造としては、日の女神が天上に輝き、その系譜を引いて天皇家が存在することになるので、『日本書紀』には、サルダビコとアメノウズメのことは本文では語られない、と思われる。『古事記』はその点で、両者のことを相当に語ってくれるが、やはりアマテラスを上位に置く形で語っていると思われる。

それにしても、これらの二神の存在が、日本神話を極めて多彩なものにするのに役立っている。また「心」の問題として考えるときも、アマテラスの輝きだけで、サルダビコやアメノウズメの後循がないときは、極めて単純でもろい構造と言わねばならない

(1) 第三章注3前掲書。
(2) これらのシンポジウムの記録は出版されているが、鎌田東二のサルダビコに関する考えは、『ウズメとサルタヒコの神話学』大和書房、二〇〇〇年、参照。

第十章　国の広がり

高天原から葦原中国に降り立った天孫ニニギは、この国を治めねばならない。国を治めると言っても、自分が降り立った所だけではなく、その領域を広めてゆかねばならない。このときに、ニニギが軍勢を率いて国土を戦いとる話ではなく、婚姻によって世界が広がってゆくところが、注目すべき点である。できる限り争いを避ける神代の話の継続として、婚姻による国の広がり、あるいは王権の確立が語られ、「東征」による国土の拡大は、人間の時代の話まで取っておかれるのである。

神代から人間の代へ、と変化してゆく様相は、『古事記』にどのように語られるのであろうか。それはまず、天つ神と国つ神の結婚という物語として語られる。この先駆として、サルダビコとアメノウズメの結婚が語られたが、今度は、天孫の結婚としての意味が大きいのである。『古事記』を引用しよう。

ここに天津《あまつ》日高《ひこ》日子《ひこ》番能《ほの》邇邇芸能《ににぎの》命、笠沙《かささ》の御前《みさき》に、麗《うるは》しき美人《をとめ》に遇《あ》ひたまひき。ここに「誰《た》が女《むすめ》ぞ。」と問ひたまへば、答へ白ししく、「大山津《おほやまつ》見神《みの》の女、名は神阿多都比売《かむあたつひめ》、亦の名は木花《このはな》の佐久夜毘売《さくやびめ》と謂ふ。」とまをしき。また「汝《いまし》の兄弟《はらから》ありや。」と問ひたまへば、「我が姉、石長比売《いはながひめ》あり。」と答へ白しき。ここに詔りたまひしく、「吾汝《あれいまし》に目合《まぐはひ》せむと欲《おも》ふは如何《いか》に。」とのりたまへば、「僕《あ》は得白《えまを》さじ。僕《あ》が父大山津見神《の》ぞ白さむ。」と答へ白しき。故、その父大山津見《の》神に、乞ひに遣はしたまひし時、大《いた》く歓喜《よろこ》びて、その姉石長比売を副《そ》へ、百取《ももとり》の机代《つくゑしろ》の物を持たしめて、奉《たてまつ》り出《いだ》しき。故ここにその姉は甚凶醜《いとみにく》きによりて、見畏《みかしこ》みて返し送りて、ただその弟《おと》木花の佐久夜毘売を留めて、一宿《ひとよ》婚《まぐはひ》したまひき。ここに大山津見《の》神、石長比売を返したまひしによりて、大《いた》く恥ぢて、白し送りて言ひしく、「我が女二《ふ》たり並《なら》べて立奉《たてまつ》りし由《ゆゑ》は、石長比売を使はさば、天つ神の御子の命《いのち》は、雪零《ふ》り風吹くとも、恒《つね》に石《いは》の如くに、常《とき》はに堅《かた》はに動かずまさむ。また木花の佐久夜毘売を使はさば、木《こ》の花の栄ゆるが如《ごと》栄えまさむと誓《うけ》ひて貢進《たてまつ》りき。かくて石長比売を返さしめて、ひとり木花の佐久夜毘売を留めたまひき。故、天つ神の御子の御寿《みいのち》は、木の花のあまひのみまさむ。」といひき。故、ここをもちて今に至るまで、天皇命等《すめらみことたち》の御命《みいのち》長くまさざるなり。

ニニギは国つ神の娘、コノハナノサクヤビメに一目ぼれをして、結婚を申し込む。彼女は自分の一存では答えられないが、父親のオオヤマツミが答えると言う。父親はニニギの申し込みを喜んで、姉のイハナガヒメも共に奉る。ところがニニギはイハナガが醜いので「見畏《みかしこ》みて」親もとに返してしまう。父親のオオヤマツミは、ニニギがイハナガと結婚すると、いつまでも岩のように変わりなくいることが可能であり、コノハナと結ばれると、木の花の咲き栄えるように栄えることになり、この両者を受けいれればよかったのに、イハナガを返してきたので、天つ神の子孫は咲く花のように散り落ちるだろう、と言う。このために、今に至るまで天皇の命は長くなくなったのである。

この話のなかの、コノハナとイハナガの対照性は印象的である。そして、ニニギがせっかくのオオヤマツミの願いを解せず、醜い女性であるイハナガを拒否したばかりに、永遠の命を失ってしまった、というのは、何だか残念な気もする。しかし実のところ、人間が「永遠の生命」をもらったりすると、もっと大変だったとは思うが。

この点は後に論じるとして、コノハナノサクヤという国つ神に、天つ神が結婚を申し込んだ事実についてまず考えてみよう。『日本書紀』の本文は、コノハナとニニギの結婚については述べるが、相変わらず、イハナガヒメに関するエピソードは、まったく言及されない。ところが、第九段「一書曰」(2)では、ニニギが宮殿を建てた後に、海辺に来て一人の美人を見て「お前は誰の子か」と尋ねたとある。ここからイハナガの話が語られるところは同様であるが、ここで「海辺」が出てきているところは、オオヤマツミなどと「山」のことだけではなく「海」も視野に入ってきて、国の広がりが考えられていることがわかる。つまり、ニニギとコノハナの結合は、非常に意味深いことなのだ。

このような国の広がりを人間の心の「意識の拡大」として見ると面白い。自分にとって未知の土地を開拓する、手に入れるということと、意識領域の拡大とはパラレルに語れる。したがって、フロイトは確か、自我が強化され無意識領域が意識化される様相を、戦争の比喩で語っていたと思う。戦争そのものは拒否すべきだが、比喩としてはなかなかわかりやすい。意識の拡大の比喩として、こちらの方がわかりにくいかもしれないが、「結婚」のイメージもある。ユングはよく「相反するものの結合」(conunctio oppositorium)という表現をする。確かに、人間にとって異性というのは不可解だし、多くの点で「相反する」面をもっている。それと「結合」することによって、新しいものが生まれてくる。というわけで、結婚ということの象徴性が高くなる。

ところで、この際のニニギの選択はどうだったのだろう。外見的な美醜にとらわれるから判断を間違うのだ。外見の華やかなのは、うつろいやすく、むしろ醜く見えるほどの地味さが永遠につながるのだ、と「道徳的」教訓をこの物語から引き出す人もあろう。しかし、そのような善悪の問題よりもむしろ、人間というものはこのようにしてできていくのだ、という事実をこれは物語っているのではなかろうか。

植物と石との対比によって、人間の寿命の短さを語る神話は、ポリネシアなど南太平洋一帯に語られており、類話も多い。これらの類話は、人間一般の寿命のこととして語っており、『日本書紀』の「一書曰」にもそのようなのがあるが、『古事記』では、天皇のこととして述べている。おそらく、神の後裔としての天皇も「人間」と同じ寿命をもつことになるのを語ったのであろう。あるいは、以後の人間代表としての天皇の寿命として語ったとも言える。

ここでの美醜の差は、いわゆる美女・醜女という区別よりは、もう少し深く考えた方がいいであろう。それはイハナガを見たときのニニギの態度を「見畏みて」と描写する点に認められる。この点については後に論じることにする。人間がいかにその「世界」を拡大しようとしても、必ず「限界」があるのだ。命が有限であることにそれはもっとも端的に示されている。

コノハナノサクヤは、その後、妊娠してニニギのもとを訪れる。ニニギは一夜で妊娠するのはおかしい、それは自分の子ではないだろうと言う。そこで、コノハナはどうしたか。『古事記』は次のように語っている。

ここに答へ白しく、「吾が妊《はら》みし子、もし国つ神の子ならば、産むこと幸《さき》くあらじ。もし天つ神の御子ならば、幸《さき》くあらむ。」とまをして、すなはち戸無き八尋殿《やひろどの》を作りて、その殿の内に入り、土をもちて塗り塞《ふた》ぎて、産む時に方《あた》りて、火をその殿に著けて産みき。故、その火の盛《さか》りに焼《もゆ》る時に生める子の名は、火照《ほでりの》命。こは隼人阿多君の祖。次に生める子の名は、火須勢理《ほすせりの》命。次に生める子の御名は、火遠理《ほをりの》命。亦の名は天津日高《あまつひこ》日子穂穂手見《ひこほほでみの》命。三柱ここに語られるコノハナノサクヤの出産の状況は凄まじい。まったく火に包まれたなかで出産するのだ。なぜ、そこまでと考えられるが、考えてみると、天つ神が高天原からやってきて、そこの国を治めるという場合、その後継ぎを国つ神の血の混った者とするとき、やはり、これだけの儀式が必要だったのではないだろうか。生半可なことではすまされない。

火と水はいろいろなイニシエーションの儀礼に用いられ、ものごとを聖別する力をもつものである。ここでは、その火の力を借りて、コノハナは己の子が天つ神の子であることを立証しようとした。火はこのように特別なものであるが、既に見てきたように、それがこの世にはじめてもたらされたのは、女神イザナミの犠牲によってであった。この火によって、イザナキとイザナミの「分離」が行われ、生と死とが区別されるようになったと言っていいだろう。「火」の重要性は、イザナキの黄泉《よみ》の国における「一つ火」にもつながり、これによって、光と闇、生と死の区別はより明瞭になると言ってもよい。

今度の火は、天つ神と国つ神の区別を明瞭にするためのものであるが、面白いことに、結果的には、このことによって天つ神と国つ神の結合が認められ、実はその後もこの傾向はそのまま続き、天つ神の血はどんどんと国つ神と融合してゆくことになるのである。ものごとを区別する「意識」のはたらきとの関連で「火」が現われてきたが、ここで、そのように区別されたものが結合する、というイメージが生じてくるのが、この話の大切なところである。

ニニギとコノハナノサクヤとの間に、火が燃える盛りのときに生まれた子はホデリ、つぎに生まれたのがホスセリ、そのつぎにホヲリ、またの名はアマツヒコヒコホホデミが生まれた。こうして生まれた子の名に関しては、

『日本書紀』本文および、その「一書曰」では名前がいろいろ異なり、四人の子が生まれたというのもあるが、それらについては触れず、この第一子ホデリと第三子ホヲリの間に生じるドラマについて、次に考察することにしよう。

一　海幸と山幸

ホデリとホヲリの話は、いわゆる海幸《うみさち》・山幸《やまさち》の話として、日本人なら、日本神話をあまり知らない人でもよく知っているであろう。それに、これにはインドネシアから西部ミクロネシアにかけての地域に類話の多いことは大林太良がつとに指摘している(1)。今回はそれらには触れず、その話を『古事記』に従って簡単に述べておこう。

ホデリは海幸彦《うみさちびこ》として海産物を獲り、ホヲリは山幸彦《やまさちびこ》として山の獲物を得ていた。ホヲリは兄のホデリに向かって、お互いに使っている道具をかえてみようと三度も頼んでみた。兄はいい顔をしなかったがとうとう交換してくれた。ホヲリは兄から借りた釣り針で魚を釣ったが釣れず、その上、針をなくしてしまった。ホデリは釣り針を返せと言うが、ホヲリはあやまるしかない。しかし、兄は許さないので、十拳《とつか》の剣を鋳潰して釣り針を五百もつくって償おうとしたが、それでも許してくれなかった。

ホヲリが困って海辺に立ち、泣き悲しんでいると、老人のシホツチが現われ、泣いているわけを聞き、小さな竹籠の船を造って、これに乗って潮の路に沿うて、ワタツミの宮(海底の宮)まで行くように、そこの門の傍の泉のほとりにカツラの木があるから、その木に登っていると、ワタツミの娘がお前を見つけて、ともに考えてくれるだろう、と教えてくれる。ホヲリはシホツチ老人の言うとおりに従って、ワタツミの宮に行く。

このようにしてホヲリの海底訪問譚が展開するが、これは明らかに、オオクニヌシの地底の国訪問と呼応している。日本神話の特徴は、同じような物語が何度も繰り返されながら、少しずつ変化し新しい意味合いが付加されたり、知らぬ間に構造が変化していたりする面白さがあることである。オオクニヌシの地底訪問の前に、イザナキの黄泉の国訪問の話がある。そして、ここにホヲリの海底の国訪問があるが、そこに語られる男女の関係や、その他の人間関係が変化しているのである。

兄の迫害によって弟である主人公が他界を訪れることになる、というパターンはオオクニヌシもホヲリも同様である。ただ、それを助けるのは、前者の場合母親であり、後者の場合はシホツチという老人である点が異なっている。いじめを契機にして、いじめられた者が自立への旅に出て、多くの場合、一歩間違うと命を失うような「異界」の体験をすることによって、自立してゆくことは、現在においても行われていることである。母親がいじめをかばってくれるのだが、結局はその母親を離れる旅が必要であったり、思いがけない他人の助けがあったりすることも同様である。もっとも、それが異性の獲得にまでつながるのは、それほど容易ではないが。

ホヲリの前に現われたシホツチ老人は興味深い存在である。このような「海の老人」がギリシャ神話にもよく出て来ることを、大林太良と吉田敦彦が指摘している。(2)

「プロテウスとかネレウスとかグラウコス、ポルキュスなど、いろいろな名前で呼ばれている別々の神様がギリシァ神話に出てくるが、それらは全部共通してハリオス・ゲロン、「海の老人」と呼ばれているので、もとは「海の老人」という一つの神格があった」。「それらの海の老人たちは、すべてが非常な知恵者で、しかも海というものの変幻自在性から来ていると思うんですが、あらゆるものに姿を変えることができる。だが、だれかがそれをしっかりとつかまえて何に変身しても離さずにいれば、しまいに何でもそれから聞き出すことができるとされている」と吉田敦彦は述べている。このような「海の老人」の姿などは、心理療法家のひとつの理想像のようにも思えてくるが、それはさておき、日本神話に話を戻そう。

『日本書紀』第十段の「一書曰」(3)には、ホヲリが海辺に行ったときのことを次のように記している。「弟《おとのみこと》、海浜《うみへた》に往《ゆ》きて、低《うなだ》れ徊《めぐ》りて愁《うれ》へ吟《さまよ》ふ。時に川鴈《かはかりあ》有りて、羂《わな》に嬰《かか》りて困厄《たしな》む。即《すなは》ち憐心《あはれとおもふみこころ》を起《おこ》して、解《と》きて放《はな》ち去《や》る。須臾《しばらく》ありて、塩土老翁《しほつつのをぢ》有りて来《まうき》て……」。

これを吉田敦彦は、この鴈をシホツチの変身したものではないかと推察している。もちろん原文には、鴈を解きはなしてしばらくすると塩土老翁が現われたとしか述べていないが、この変身は十分感じられるし、こんなところに、昔話の「鶴女房」(夕鶴)の話の片鱗がうかがわれたりして興味深い。

ホヲリはシホツチの教えのとおりにワタツミに行く、その続きを『古事記』に従って語ることにしよう。ホヲリが木に登っていると、海神の娘、トヨタマビメの召使が泉に水をくみに来て、泉に映るホヲリの姿を認めて驚く。ホヲリは水を所望し、召使が玉器に水を入れて奉ると、自分の頸に巻いていた玉をとり、口に含んでそれを玉器のなかに吐き入れた。すると、玉はそこから離れなくなった。召使はそのままにして、水をトヨタマに奉ったので、彼女は誰か外に居るのかと問う。召使の説明を聞いて、トヨタマは外に出てゆきホヲリに会い、父親のワタツミにそのことを報告する。ワタツミはホヲリに会い、「この人は、天津日高《あまつひこ》の御子、虚空津日高《そらつひこ》ぞ」と言い、宮殿に迎えて歓待をする。そこで、娘のトヨタマと結婚をさせ、ホヲリはそこに三年間滞在する。

オオクニヌシが黄泉の国を訪問したときも、若い男女はすぐに心を通わせたが、そのときは、娘の父親が厳しい試練を与えてきた。ホヲリの場合はそれと違って、娘の父は無条件に若者を受けいれた。ホヲリにとっての試練は異なる形で、後に課せられることになるのだが、このときはわからない。彼は喜んで、海底の宮に滞在する。

トヨタマに会う前に、ホヲリの姿を直接に現わすのではなく、木に登っている姿が水に反映されたのを見せる、という工夫も面白い。直接的接触というのは、何かにつけて危険であったり、無用な不安を引き出したりする。それに、水面に映った姿の方がはるかに美しく見え、驚きも誘ったであろう。『日本書紀』の「一書曰」には、トヨタマ自身が水をくみに来て、ホヲリの姿が水面に映っているのを見る、というのもある。これも劇的なシーンとしてよく了解されるし、『古事記』に語られるような、ホヲリが首飾りを玉器に入れて、外に誰かいることをトヨタマにさとらせる工夫も、また面白い。男女の会い方には、古来からいろいろな工夫が必要なのだ。

オオクニヌシの場合は、結婚までに相当な苦しみを味わうが、結婚後、彼はスセリビメを伴って、自分の領分に帰ってゆく。ホヲリの場合は、すんなりと結婚して、何の苦労もないようだが、ワタツミの宮、つまり女性の領分に止まっていて、しばらくは楽しいが三年後には、思わず溜息が出てしまう。このあたりのことは、現在の結婚にも当てはまることではなかろうか。ともかく、人間はどこかで苦しみにあわねばならない。いつどのような形でそうなるかは、人によって異なるが。

ホヲリは三年間の滞在の後に、思わず「大きなる一歎《なげき》したまひき」というので、妻のトヨタマはそのことを父親に告げ、父親は聟に対して、どうしてかと問う。ホヲリはそれまでの経過を話し、海神はすぐに海の魚どもを呼び集めて論議し、「赤海鯽魚《たひ》」の喉にひっかかっていた釣り針を取り出して、ホヲリに渡す。そして、その釣り針を兄に返すときは、「この鉤は、おぼ鉤《ち》、すす鉤《ち》、貧鉤《まぢち》、うる鉤《ち》」と言って後手に渡すようにと教える。そして、海の水を自在にコントロールできる塩盈珠《しほみつたま》と塩乾珠《しほふるたま》を与え、それによって、兄のホデリを苦しめるようにと言う。ホヲリの妻の父は徹頭徹尾、彼に親切である。ここで非常に面白いのは、海の水を支配する珠を、海幸彦ではなく、山幸彦がもらい受けるということである。常に一方的に偏することなく、バランスされるのが、日本神話の特徴である。

ホヲリは海神の命を受け「一尋鮫《ひとひろわに》」に乗って帰国する。そこで、彼は海神の教えのとおりに、兄のホデリを苦しめるので、ホデリはとうとう「僕《あ》は今より以後《のち》は、汝命《いましみこと》の昼夜の守護人《まもりびと》となりて仕へ奉らむ」と言う。ここでも徹底的な争いは避けられる。このようにして、言うなれば、天から地へ降りたってきた高天原の系統の神が、次は海との結びつきを強化して、領域を広め、その王権を確立していったのである。ホヲリはこのように、最初は兄のいじめに遭ったものの、後は何の苦労もなく、海神の力によってすべて順調に事を運んできたが、次のところに思いがけない落し穴が待っていた。

二 「見畏む」男

ここからの話は、『古事記』のなかでも重要なところである。これについては、第三章において「見るなの禁」について論じた際に引用したので、それを参照していただきたい(七九頁)。

ホヲリが帰国した後に、妻のトヨタマが妊娠して追ってくる。「天つ神の御子を、海原に生むべきではないので、参出してきた」というところは、コノハナがニニギのところに来たときのことを思い出させる。しかし、このときは、ホヲリはトヨタマを疑ったりはしない。すぐに鵜の羽をもって産殿《うぶや》を造る。ところが、トヨタマは産気づいて待ち切れず、産殿がまだ葺きあがっていないのにそこに入り、夫に対して、子どもを産むときには本国の姿になって産むので「自分を見ないように」と言う。このような禁止はすべて、それを破るのを誘うようなものので、ホヲリもつい覗き見をしてしまう。すると、妻は八尋鮫《わに》になっていたので「見驚き畏みて」逃げてしまう。

表5 「見畏む」男

男　性	女　性	結　果
イザナキ	イザナミ（腐乱した死体）	生の世界と死の世界の分離 イザナミ・イザナキの離別 男性神よりの出産
ニ ニ ギ	イハナガヒメ（醜い女）	有限の生命と無限の生命の分離 死すべき者としての人間 コノハナノサクヤとの結婚・出産
ホ ヲ リ	トヨタマビメ（鮫）	トヨタマビメの結婚・出産後の別離 海と陸の分離 タマヨリビメの育児

トヨタマは実の姿を見られたことを「心恥《うらは》づかし」と思い、子どもを生み置いて、陸と海の国の境を塞いで帰ってしまう。つまり、ここで陸と海との境が明確になるわけで、これは、イザナキがイザナミの課した禁止を破った後に、こちらの世界に逃げ帰り、この世とあの世との境が明確にされた事実と呼応するものである。

「見るなの禁」という点については、第二章に論じたので省略して、それと関連することではあるが、少し異なる角度から、ホヲリとトヨタマの物語を見てみよう。それは「見畏む」という態度についてである。ホヲリが鮫となった妻の姿を見たとき、「見驚き畏みて、遁《に》げ退《そ》きたまひき」と語られている。ここには「驚き」という語が入っているが、『古事記』において、これまでに二度、「見畏み」という表現が用いられている。まず第一は、イザナキがイザナミの課した禁止を破り、妻の凄まじい死体を見たときであり、第二は、ニニギがイハナガに会ったときである。これらの「見畏む」男性の体験を表5に示す。

これを見ると、順次に適切に「見畏む」体験がなされてきていることがわかる。「畏む」は単なる恐怖を超えた体験である。日本神話の神と人との連続性の強さから考えて、これらの「畏む」体験は神々のことではあるが、人間の宗教体験のもっとも素朴で、根元的なことについて語っていると受けとめることができる。

すべて一なる存在として未分化であったものが、二つに分離し区別される。そして、人間としては己がそのうちの片側に属する者であって、他の側に簡単には入ってゆくことができないことを認識する。そのとき、自分の手の届かない側の存在を認めつつ、それに対して「畏む」態度をもつ。つまり己を超えた存在を「カミ」と感じるのである。そのように考えると、人間がこの世をいかに認識するようになったか、そして、それはまさに宗教体験として感じられたのだ、ということが、これらの順次に生じる「見畏む」物語によく示されていると思う。

最初のイザナキの場合は、「生と死」の分離ということが大きい。そして、生あるものは、死に対して「畏む」態度をとることが必要なのだ。このときの体験はあまりにも大きいものであったので、その後にイザナキ、イザナミは完全に別離し、「男性神よりの出産」という異常な方法によって、子孫を得ることになる。次のニニギの場合、イザナミのように女性神と男性神が完全に別離すると困るので、女性を二神に分離し、人間の側に残る者と、あちら側に属する者とを分けて考える、という工夫をしている。それが、コノハナノサクヤとイハナガの分離である。ここでの体験は、それまであいまいに一なるものとされていたもののうち、有限の生命と、無限の生命あるものの分離がなされる。つまり、この場合は木の花と岩で代表されているが、死すべき存在と、いのちをもたぬものとの区別である。人間は「死すべき者」としての自覚をもつと共に、いのちをもたぬ存在に対して「畏む」態度をもたねばならない。このように考えると、イハナガの問題は単なる人間の美醜などのことではなく、人間が手に触れることのできない存在であったことがわかる。この場合は、女性像を二分しておいたので、ニニギはコノハナと結婚し、そこから子孫が生まれてくる。

ホヲリの場合はどうであろうか。この場合は、海と陸の分離ということが問題になっているが、前二者ほど深刻な結末になってはいない。つまり、この区別は前二者ほど絶対的な、超え難い境界ということではなくなるからであろう。したがってこの場合は、ホヲリとトヨタマの結婚までは、ごくスムースに事が運んでいる。ただ出産のときに自分の姿を見てはいけない、という女性の禁止を破ったために、ホヲリとトヨタマは別れ、そこに海と陸との境が確立する。しかし、その後にトヨタマの妹のタマヨリビメが子どもを育てるために現われるのは、やはり海と陸との境界は、生と死の境界ほどに絶対ではないことを反映している、と思われる。

このような「分離」には痛みが伴う。人間の精神史として見た場合、「意識」の拡大とその区別するはたらきには必ず「痛み」が伴うものであり、それは現代も変わっていない、と言えるだろう。そして、そこには「恥」「恨」「怒」などという感情も必ず生じてくる、と言える。男が「見畏む」態度をとったとき、まず女性の側からの反応として三者に共通なのは「恥」の感覚である。やはり、日本人にとっては「恥」が大切であることを、これらの物語は示している。

これは、聖書の物語で、アダムとイヴが禁断の木の実を食べたとき、まず神が彼らに「罪」であることを宣言したのと対照的である。とは言っても、彼らは裸であることを「恥」と感じてはいる。これは神と人との区別が明確であるかないか、による相違と言えるだろう。神と人とが明確に区別されているとき、人は神に対して絶対的な「罪」を感じるが、神と人との区別があいまいなときは、縦の関係としてよりは横の関係としての恥に重きがおかれると思われる。

恥の次に生ずる、恨、怒も相当なものである。トヨタマの場合、その恨みも怒りも烈しかったが、結局は「美的解決」という収まりを見せたことは、既に第三章に論じたとおりである。あるいは、後に人間の時代になると、それを収めるために「祀る」「祈る」ことが生じてくるが、これは既に述べてきた「見畏む」の延長にあることがわかるであろう。人代になってから建てられる多くの神社や寺は、このような意図をもって建てられたものが多いことは、梅原猛がつとに指摘しているとおりである。

ここで、現代の心理療法家としての蛇足を述べよう。女性の課した禁止を破る男性は、現代も後を絶たない。当然、女性の恨みや怒りは強烈であるが、男性がしっかりと「畏む」ことをした場合、それは解決に向かう。女性が太陽であったり岩であったりすることの認識のない男性は、妙な優越感を棄て切れず、「畏む」ことができない。そのとき女性の怒りは個人のレベルを超えて、人間のコントロールのきかない神々のレベルに達する。「イザナミ以来の怒り」と筆者が称している状態になると、これを収めるのは至難のことになる。個人的な層を打ち破ってしまうと無意識のはたらきも活発になり、男女ともに妄想や幻覚の体験までするようになる。あるいは、傷害などの事件に発展することも多い。お互いに感情の誘発をするので、男女ともに「異界」に突き落とされたようになる。男であれ、女であれ、このような状況のなかで、相手の姿が腐乱して見えたり、岩や鮫に見えたりするのを体験するであろう。人間の根本的なところを見る限り、人間は神代以来ほとんど変化していない。

三　第三のトライアッド

ニニギとコノハナノサクヤの間に生まれた三柱の神、ホデリ、ホスセリ、ホヲリについて、ホデリとホヲリの関係をながながと語ってきたが、実は中心に存在するホスセリに関しては、神話は何も語らないのである。ホデリとホヲリの葛藤の末、ホデリはホヲリに仕える者となり、ホヲリはニニギの後を継ぐことになる。しかし、ホスセリに関しては、まったく何事も語られない。

表6 『古事記』のなかのトライアッド

第1の三神（天地のはじめ）	タカミムスヒ	アメノミナカヌシ	カミムスヒ	独神として生成
第2の三神（天国と黄泉の国の接触）	アマテラス（天）	ツクヨミ	スサノヲ（地）	父親からの水中出産
第3の三神（天つ神と国つ神の接触）	ホデリ（海）	ホスセリ	ホヲリ（山）	母親からの火中出産

出典）河合隼雄『中空構造日本の深層』中央公論社，1982年.

これまで『古事記』を読みすすんできた者にとっては明らかであるが、ここに第三のトライアッドが出現し、これまでとまったく同様に、中心は無為なのである。タカミムスヒ、アメノミナカヌシ、カミムスヒの組、そして、アマテラス、ツクヨミ、スサノヲの組、いずれの場合においても、第一と第三の神はいろいろと活躍し、その間に対立や妥協が成立したりするのだが、中心の神は徹底して無為なのである。

この第三のトライアッドの次には人代に入ってゆくので、神代における特徴的なトライアッドはこれで完結するのだが、よく見ると、それぞれが非常にうまく対応するようになっている。それを表6に示してみる。

このように表に示してみると、『古事記』神話の全体を通して、この三組のトライアッドが出現の時とその現われ方、そしてトライアッドのなかの神々の対応関係などにおいて、実に見事な構成をなしており、それぞれが特徴をもちつつも、中心の神が名前のみで、その行為についてまったく語られないという点で共通していることがわかる。この全体としての構造を、私は「中空構造」と呼び、日本神話の最も重要な特性と考えた。

以下、このトライアッドの特徴を順番に見てゆくことにしよう。第一のトライアッドは「天地のはじめ」に「独神《ひとりがみ》」として出現している。性別も明らかにされていない。しかし、その後の神話の展開をみると、明らかにタカミムスヒは父性原理的であり、カミムスヒは母性原理的な特性をもっており、前者は高天原と関係が深いのに対して、後者は出雲系と関係が深い。タカミムスヒが「タカギノカミ」と呼ばれるようになってからは、既に論じたように父親神的な特性が強く出ている。アメノミナカヌシは両者のなかに存在し、文字どおり「中心の神」であるが、その行為は一切語られない。

第二のトライアッドは、イザナキの冥界探訪という、天界と黄泉の国の接触、そして生の世界と死の世界の明確な分離が行われた後に、父親からの水中出産という形で出現している。それに、アマテラスは女性でスサノヲは男性であり、第一のときと異なり、女性対男性という対立が相当に明確である。アマテラスは天上界にあり、スサノヲは後に地上に降り、そこの王となるので、天と地という対立も示されている。アマテラスとスサノヲの間にはいろいろと物語があることは既に見てきたとおりであるが、この場合も、中心を占めるツクヨミはまったくの無為である点で、アメノミナカヌシに呼応している。

次に第三のトライアッドは、天つ神と国つ神の接触の際、両者の結婚によって生まれている。このときは母親からの火中出産であり、第二のトライアッドのときの父親からの水中出産に見事に対応している。このように、いろいろなところに巧妙な対応関係が示されるのが日本神話の特徴で、それは全体を通じての均衡ということが常に意識されているからであろう。ホデリとホヲリは海幸彦、山幸彦として対立し、両者の間に展開する物語は前節に見てきたとおりである。そして、この場合も、ホスセリが中心にありながら、まったくの無為という点は、第一、第二と同様である。この三つのトライアッドによって「中空構造」は完結する。

この後は『古事記』も「中つ巻」になり、神武天皇の時代になるので、この第三のトライアッドの物語をもって「神代」は終わりになる。ところで、人の世になって「天皇」の正統性ということが大切と考えるならば、アマテラス―ニニギ―ホヲリ(ヒコホホデミ)―ウガヤフキアヘズ―カムヤマトイハレビコ(神武天皇)という系統によってそれが立証されることになる。つまり、ここに述べたのが王権の血筋であり、その意味ではこれが中心を占めているとも言える。したがって、そちらの方に重点を置く『日本書紀』の方には、「中空構造」はそれほど明瞭に認められず、王権の中心点要素の方が強調されている。

日本神話としては、ここに明らかにしたような「中空構造」が基本的なものとして存在し、後に論じるように、日本人の心のあり方に深く関連していると思うが、やはり天皇の正統性の証明という役割から見ると、『日本書紀』の方にその色あいが濃いのだが、王権をアマテラスの後裔として確立してゆく必要もある。このような意味で、表向きの形と、その基礎にあるものとが二重構造をなしており、これも日本人の心性を考える上で、重要なことであると言える。

このことは、第一、第二のトライアッドに比して、第三のトライアッドがすべて男性である、という事実にも反映されている。つまり、これまで述べてきたように、心理的な点に注目する限り母権的意識が強いという点は変わらないが、家族の実際的なあり方としては、だんだんと父系に変化しつつあり、アマテラスを先祖としながらも、天皇としては男性を選ぶ傾向が強くなってきているので、この最後のトライアッドは人代につながるものとして、男性優位型になってきている、と思われる。このような男女の役割の変化は、次章に述べるサホビコとサホビメの物語につながってゆくのである。

(1) 第二章注1前掲書。
(2) 序章注2前掲書。

第十一章　均衡とゆりもどし

一　均衡のダイナミズム

前章に述べたように、『古事記』の神話の基本構造は「中空構造」である。つまり、中心に強力な存在があって、その力や原理によって全体を統一してゆこうとするのではなく、中心が空であっても、全体としてのバランスがうまくできている、という構造であった。しかし、これは全体を構成する個々の神々の間に微妙なバランスが保たれ、一時的にしろ中心に立とうとする神があるとしても、それは長続きすることなく、適当な相互作用によって、中心を出て全体のバランスが回復される、ということでなければならない。そのようなダイナミズムが実に巧妙にはたらいているのである。したがって、いずれかの神が絶対的な善、正義を代表するとか、絶対的な権力をもつということはない。

たとえば、アマテラス系が結局は日本の天皇家として確立され、天皇家の血統がそこから導き出されてくるが、アマテラスは絶対的善でも絶対的権力者でもないし、絶対的正義として敵対者を抹殺することを目的としているわけではない。この点はこれまでに論じてきたところであるが、少し繰り返して考えてみよう。スサノヲがアマテラスを訪ねて高天原に来たとき、その意図を誤解したのはアマテラスである。そして武装をしてまで待ち受ける。このとき、彼女は世界の中心に立っているという感じをもったのではなかろうか。しかし、その途端に「誓約」によって、己の誤りを知らされる。そこで、スサノヲは勝ちに喜びすぎて自己中心的になって、誤りを犯してしまう。彼の行為は「勝《かち》さびに」と表現されているが、まさにそのとおりで、勝者のおごりは続かないのである。

アマテラス自身の闇の体験は、その姿を単に光り輝くのみの存在とすることを超え、彼女が内的に影の部分をかかえるものとなったことを示している。その後に、スサノヲは罰を受けるが、徹底的な悪として排除されてしまったのではなかった。むしろ、出雲における文化英雄ともなり、そこに王国を築くことさえできた。しかし、スサノヲが世界の中心に存在することを、それは意味しなかった。しばらくして、彼の子孫のオオクニヌシは、自分の国土を高天原の子孫に「国譲り」することになる。

戦いによらず「国譲り」によって、主権は出雲系より高天原系に移ることになるが、ここに勝者と敗者、あるいは善と悪などの明白な区別が存在しないことが重要なポイントである。既に述べたように、国譲りにあたって、タカミムスヒがオオクニヌシに対して、「夫《そ》れ汝が治《しら》す顕露《あらは》の事《こと》は、是吾孫治《これすめみましら》すべし。汝は以て神事《かみのこと》を治すべし」(『日本書紀』第九段「一書曰」⑵)と述べたのなどは、最大の妥協と言うべきであろう。勝者が敗者を支配下に置くという図式とは、まったく異なっていることに注目すべきである。

以上に述べたような大きいバランスに加えて、個々の重要な神々が、それをうまく補償したり、バランスしたりする神々をもち、そこにも巧妙な均衡状態や協力関係などを読みとることができる。いつも適切な相対化が行われているとも言えるだろう。

まず、主神と言えるアマテラスであるが、そもそもそれ自身が日の女神であるという事実、つまり世界の多くの国々において、太陽は男性神であることを考えると、その存在のなかに対立的要素をかかえこんでいるのである。そして、そのことが顕在的に示されることとして、既に論じてきたようなアメノウズメや、サルダビコのアマテラスに対する関係が提示されるのである。

あるいは、オオクニヌシとスクナビコナの関係も同様である。名前も対照的であるこの二柱の神は、よく協調しあって国造りを成し遂げる。スクナビコナはオオクニヌシを助けつつ、仕事の完成を見て突然に消え失せる。一人になったオオクニヌシには、そのもっと大きいカウンターパートとしての、高天原の神が現われてくる。ここで、彼はもっとスケールの大きいバランス感覚を必要とするのである。スクナビコナの出現と退出の時機は、実に適切に仕組まれていると感じられる。

均衡とは言っても、全体がスタティックにバランスされているのではなく、各所でダイナミックな動きがあり、あるときは対立的であったり、破局の可能性まで感じさせつつ、小さい均衡が大きい均衡に包摂されつつ、全体として姿を変えてゆくところが、日本神話における「均衡」の特徴である。したがって、ときには均衡している片側がやや強くなったり、それが中心を占めそうになると、それを元にもどそうとする「ゆりもどし」の現象が生じる。そのことによって、また全体のバランスが回復される、というのもその特徴と言っていいだろう。その点について次節で考えてみることにしよう。

二　三輪の大物主

日本神話内の均衡はダイナミズムをもち、ときには「ゆりもどし」現象などを生じさせながら、全体としての均衡が保たれることを、前節に指摘したが、このような傾向は、神代を離れ人の世になっても続くが、そこで語られることには、神々のことが関係してくる。したがって、神話の全体構造を考える上で、『古事記』に語られる人代の現象にも注目するべきものがある。それらのなかで、三輪(あるいは美和)の大物主(オオモノヌシ)と呼ばれる神が、人の世にどのようなはたらきをしたかが、特に重要なことと思われるので、それについて考えてみたい。

そもそも、「大物主神」という神がどのような神か、『古事記』による限り明確にはし難い。しかし、『日本書紀』の第八段「一書曰」(6)には「大国主神、亦の名は大物主神」とあって、他の名前の筆頭に「大物主神」の名があげられている。そしてこの続きには、スクナビコナが居なくなって、オオクニヌシがこの国を治めるのは自分一人になってしまった、自分と共に天下を治める者は居ないだろうか、と言うと、早速に反応があった、という話が続く。そこのところは、既に第八章(一九七頁)に引用したので参照されたい。

これによると、オオクニヌシの「幸魂《さきみたま》奇魂《くしみたま》」が「三諸山《みもろのやま》」に祀られることになった。この三諸山は三輪山である。それがオオモノヌシなので、オオクニヌシの別名として、オオモノヌシがあげられるのも当然である。

また、奈良県三輪町にある大神《おおみわ》神社は、祭神がオオモノヌシで、先に紹介したような、オオナムヂの幸魂・奇魂を斎き奉ったのが、この社の起源であると伝えられている。

『古事記』によると、天孫降臨以来、高天原系の神の子孫が天皇となる。しかし、これを強調しすぎると均衡が崩れるので、その「ゆりもどし」役として、このオオモノヌシが活躍するように思う。つまり、出雲系のことを忘れてはならない、と事に触れてオオモノヌシの名が出てくるのである。

まず第一は、初代の天皇となったカムヤマトイハレビコが皇后となる人を選ぼうとしたとき、オオクメが「神の御子」と言われている娘がいる、とイスケヨリヒメという姫を推薦する。そのときに、どうして彼女が「神の御子」と呼ばれるようになったか、次のようなエピソードを紹介する。

三島溝咋《みしまのみぞくひ》に、セヤダタラヒメという娘が居たが、なかなかの美人であった。美和のオオモノヌシが見ほれて、彼女が厠に入ったときに、彼は丹塗《にぬり》の矢となり、溝を流れ下って、「美人の陰《ほと》」を突いた。彼女は驚いて、その矢を床に置くと、たちまち麗しい男になり、両者は結婚して、ホトタタライススキヒメという女の子が生まれた。この子はヒメタタライスケヨリヒメとも呼ばれるようになった。そこで、この子を「神の御子」と言うのである。

カムヤマトイハレビコは、このイスケヨリを皇后として迎え、彼女が第二代、綏靖天皇となるカムヌナカハミミを生む。このようにして天皇の系統が確立してくるが、その初代天皇の皇后となった女性は、オオモノヌシの娘であり、ここに明らかに出雲の勢力が、それに関与しているのである。

これと非常によく似たことが、第十代の崇神天皇のときに起こっている。つまり、天皇の勢いが強くなってきたときに、出雲系の存在(オオモノヌシで代表される)を忘れないように、という「ゆりもどし」現象が生じる。このことによって全体的バランスが回復されるのである。次は『古事記』の崇神天皇記からの引用である。

この天皇の御世《みよ》に、役病《えやみ》多《さは》に起こりて、人民《たみ》死にて尽《つ》きむとしき。ここに天皇愁《うれ》ひ歎《なげ》きたまひて神牀《かむどこ》に坐《ま》しし夜、大物主《おほものぬしの》大神、御夢《みいめ》に顕《あら》はれて曰《の》りたまひしく、「こは我が御心ぞ。故、意富多多泥古《おほたたねこ》をもちて、我が御前《みまへ》を祭らしめたまはば、神の気《け》起こらず、国安らかに平らぎなむ。」とのりたまひき。ここをもちて駅《はゆま》使《づかひ》を四方《よも》に班《あか》ちて、意富多多泥古と謂ふ人を求めたまひし時、河内《かふち》の美努《みの》村にその人を見得《みえ》て貢進《たてまつ》りき。ここに天皇、「汝《な》は誰《た》が子ぞ。」と問ひたまへば、答へて曰《まを》ししく、「僕《あ》は大物主《の》大神、陶津耳命《すゑつみみの》の女、活玉依《いくたまより》毘売《ひめ》を娶して生める子、名は櫛御方命《くしみかたの》の子、飯肩巣《いひかたす》見命《みの》の子、建甕槌命《たけみかづちの》の子、僕《あれ》意富多多泥古ぞ。」と白しき。ここに天皇大《いた》く歓《よろこ》びて詔りたまひしく、「天の下平らぎ、人民《たみ》栄えなむ。」とのりたまひて、すなはち意富多多泥古命《の》をもちて神主《かむぬし》として、御諸《みもろ》山に意富美和《おほみわ》の大神の前を拝《いつ》き祭りたまひき。

ここでは「役病《えやみ》」という形で、「神」の存在が知らされることになる。天皇がこのことを愁い歎いて「神牀《かむどこ》に坐《ま》し」て夢を待つところは、夢の重要性を示すこととして注目に値する。この点は次節にあらためて論じるとして、ともかく、天皇は夢のお告げによって、オオモノヌシを知り、その後裔であるオオタタネコを神主として「意富《おほ》美和の大神」を祀らせることになる。このことによって疫病もおさまり、国も安定する。

このオオタタネコが「神の子」であるというのはどうしてか。それを説明するのが有名な「三輪山伝説」である。これを『古事記』は次のように伝えている。

この意富多多泥古と謂ふ人を、神の子と知れる所以《ゆゑ》は、上《かみ》に云へる活玉依毘売、その容姿端正《かたちうるは》しくありき。ここに壮夫《をとこ》ありて、その形姿《すがた》威儀《よそほひ》、時《とき》に比《たぐひ》無きが、夜半《よなか》の時に儵忽《たちまち》到来《き》つ。故、相感《あひめ》でて、共婚《まぐは》ひして共住《すめ》る間に、未だ幾時《いくだ》もあらねば、その美人《をとめ》妊身《はら》みぬ。ここに父母《ちちはは》その妊身《はら》みし事を恠《あや》しみて、その女《むすめ》に問ひて曰《い》ひけらく、「汝《な》は自《おのづか》ら妊《はら》みぬ。夫《をな》無きに何由《いかに》か妊《はら》身める。」といへば、答へて曰ひけらく、「麗美《うるは》しき壮夫《をとこ》ありて、その姓名《かばねな》も知らぬが、夕毎《よひごと》に到来《き》て共住《す》める間に、自然《おのづから》懐妊《はら》みぬ。」といひき。ここをもちてその父母、その人を知らむと欲《おも》ひて、その女に誨《をし》へて曰ひけらく、「赤土《はに》を床の前に散らし、巻子《へそ》紡麻《を》を針に貫《ぬ》きて、その衣《きぬ》の襴《すそ》に刺《さ》せ。」といひき。故、教への如くして旦時《あした》に見れば、針著けし麻《を》は、戸の鉤穴《かぎあな》より控《ひ》き通《とほ》りて出でて、ただ遺《のこ》れる麻《を》は三勾《みわ》のみなりき。ここにすなはち鉤穴より出でし状《さま》を知りて、糸の従《まにま》に尋ね行けば、美和《みわ》山に至りて神の社に留《とど》まりき。故、その神の子とは知りぬ。故、その麻《を》の美勾《みわ》遺《のこ》りしによりて、其地《そこ》を名づけて美和《みわ》と謂ふなり。

この話は、カムヤマトイハレビコの后となったイスケヨリが「神の子」と呼ばれるわけを語る話と、まったく同一のパターンをもっている。つまり、ある美しい女性のところに、男性神が変身して侵入し、その関係によって女性は妊娠し、「神の子」を生む、という形である。この話のもともとの祖型は、アマテラスのところにスサノヲが侵入する、という話であるが、かつては神々のこととして語られたことが、人間の娘と、男性の神という組合せになっているところが異なっている。つまり、これは「人代」の物語なのである。

人間の娘のところへ神が変身して訪れてくる、と言えば、誰しもギリシャ神話のゼウスのことを想起するのではなかろうか。このような場面は、かずかずの西洋の名画の題材となっているので、それらを観た人も多いことであろう。たとえば、ダナエーのところに忍び込むために、ゼウスは黄金の雨に変身している。そして、ダナエーは英雄ペルセウスを生むことになる。ゼウスの変身物語は他に多くあるが、それによって英雄が誕生するのが特徴的である。つまり、英雄は人間であっても、そこに「神の血筋」を引いている、というわけである。

ここで日本の話に戻ってみると、ゼウスの話と基本的な類似はあるが、やはり相異なるところもある。その第一は、ギリシャの物語では、侵入してくるゼウスは、「主神」であるが、日本のオオモノヌシは「主神」ではない。むしろここでは、天皇の正統性がはっきりとしてきたときに、それと対抗するとも思われる出雲系の神である。とすると、当時の人々は、出雲系の神を「神」として、人間の上に存在すると考えたのだろうか。大神神社は、日本で一番古い社という言い伝えもあるが、そのとき、高天原系は「人間」となっていて、出雲系が「神」になる、というのも変なことではなかろうか。このような点については次節に考えることにして、ギリシャ神話と日本の神話のもうひとつの相違点について考えてみよう。

次の相違点は、ギリシャ神話で、ゼウスと人間の女性の交わりによって生まれてくる子どもは、男性の「英雄」であるのに、日本ではそうではない、ということである。セヤダタラのところにオオモノヌシが丹塗の矢に変身して侵入したとき、セヤダタラの生んだのは女性イスケヨリであり、これは皇后になる。また、タマヨリビメのところにオオモノヌシが夜中に訪ねてきて、生まれた子は、男性オオタタネコであるが、これは「英雄」というのではなく、大神神社の神主になっている。確かに、いずれの場合も「神の子」として、普通ではない人物であることは明らかであるが、ギリシャ神話のペルセウスやヘーラクレースのような英雄ではない。

ここで興味深いのは、オオモノヌシと同定されているオオクニヌシ、およびその祖先(義理の父親でもある)のスサノヲは、日本の物語のなかでは英雄的な行為を成し遂げた存在なのである。正統の高天原系の先祖は、アマテラスという女神であり、それに対して、男性的英雄の傾向の強いオオモノヌシが出現し、ゆりもどしをするのだが、だからと言ってオオモノヌシが中心になるとか、男性の英雄神が登場するというのではなく、全体としての均衡へと戻ってゆくところが特徴的なのである。

三　夢と神

崇神天皇の代に疫病が起こったとき、天皇は「神牀に坐し」て夢によってオオモノヌシの意図を知ることができたことは、前節に述べたとおりである。これによって、古代に夢が重要視されていたことがよくわかる。夢によって、神の意志を知ることができる、と考えたのである。

『古事記』には、このように重要な夢の話が他にもある。それらを参照しながら、古代の日本人が夢をどのように受けとめていたかについて考えてみたい。そのことは、本章の「均衡とゆりもどし」ということにも深くかかわることである。夢によって知り得た神の知恵や助けによって、それまでの自分の生き方や姿勢を正したりすることになるからである。

最初の夢の話は「神武天皇記」に語られる。神々の物語では、夢が一切語られないのが特徴である。やはり、夢は人間が見るものと考えられているのであろう。カムヤマトイハレビコ(神武天皇)が東征の旅に出たとき、熊野の村で、大きな熊が現われた。すると、カムヤマトイハレビコも部下も皆倒れてしまった。そのときに、熊野のタカクラジが一振の太刀を献上し、それによって熊野の荒ぶる神は一挙に切り倒されてしまった。タカクラジはその太刀をどうして手に入れたかを次のように語った。

タカクラジの夢にアマテラスとタカギノカミが現われ、タケミカヅチを呼び出して、自分たちの子孫が葦原中国で苦戦しているようだから助けに行くようにと言う。タケミカヅチは自分は降ってゆかなくとも、この太刀さえあれば十分だと言って、タカクラジの倉の屋根に穴をあけて、そこへ落とすことにする。タカクラジは目覚めて、倉を見にゆくと、実際に太刀があったので、それを献上に来たと言うのであった。この場合は、夢を見たのはこの国の住人であり、夢の出来事と実際の事がつながっているのが特徴的である。

これに続いて語られる夢は、既に紹介したように、崇神天皇の見た夢である。その次は、次節に取りあげることになる垂仁天皇の夢である。このときも、夢のお告げによって、天皇は皇后とその兄に関して重要な事実を知ることになる。次の夢も垂仁天皇の見た夢であるが、この物語については、ホムチワケのことに関連して既に、第七章に述べたところである。この際も、垂仁天皇の夢に出てきたのは、「出雲の大神」である。この夢も極めて重要な夢で、天皇はこれによって、出雲の神を尊崇すべきことを知らされるのだから、まさに「ゆりもどし」のはたらきをもった夢というべきであろう。

このように古来から、夢は人間にとって非常に大切であり、このことは世界共通のことと言えるだろう。それがヨーロッパの近代において価値を失ってしまう。わが国もその影響を強く受けたので、「夢」は信用できないものと考えられるようになった。一方、ヨーロッパにおいては、十九世紀末より二十世紀にかけて、フロイト、ユングなどの深層心理学が生じ、夢の価値を再評価するようになった。筆者はユングの流れに属する者として、夢の価値を認める立場を取っている。これを極めて簡単に説明すると、人間はその意識を体系化し、自我を中心として主体性や統合性をある程度そなえ、自我の判断によって主体的に行動しているが、自我の意識できない心のはたらきがあり、それによって影響を受けている。その無意識的な心のはたらきを、自我の統制のゆるんだときに意識するのが「夢」であると考える。

無意識のはたらきは、当初、自我のはたらきを妨害したり歪曲させたりする否定的な面が強調されたが、ユングは殊に、その肯定的な面に注目し、無意識には自我の一面性を常に何らかの観点から補償しようとする傾向があると考えた。そうして、彼はその考えを一歩進め、自我が意識の中心であるのに対して、意識、無意識も含めた心全体の中心としての「自己」(self, Selbst)の存在を仮定した。自己は意識によって把握することはできないが、人間の心は常に全体性を求めてはたらいており、その中心としての自己との接触を自我が保持して、最大限に自己のはたらきを生きようとするのを、自己実現であると考えた。そのとき、自我が完結した存在として閉じることなく、自己に対して開いた態度をとることが必要である。夢はその点において、自我の統制のゆるんだ睡眠中に、自己からおくられてくるメッセージとしての重要な役割をもつと考えられた。もっとも、それは覚醒時の自我からすれば、簡単には把握できない意味をもつことが多く、一見ナンセンスとさえ思われるのだが、その真の意味を見出すように努めるのが「夢解き」の仕事である、と考えた。

近代においては、自我を強化し、それによって多くのことを成し遂げることの方に重点がおかれ、特にヨーロッパにおいては、これまで述べてきたように父権的意識の確立が極端に重視されるようになった結果、夢の価値を急激に認めなくなったのである。父権意識の確立と共に、近代科学の技術の発展により、人間は便利で快適な生活を手に入れたが、その裏の部分として、多くの心の病も生じ、その治療にあたった深層心理学者たちが、無意識の心のはたらきに注目し夢の価値も見直すようになった、と考えると、全体的な状況把握ができるであろう。

ここで、話を古代に戻すことにしよう。当時の人々の意識ははるかに無意識に対して開かれていたので、夢を重視していたのも当然である。と言っても、古代人にとっても常に意味の把握が行われるわけでもない。己を超えた知恵をそこから酌みとることができたときは、それは心を揺るがす体験であったことだろう。そのようなときに、それを「カミ」体験と呼んだのではなかろうか。己の存在を超え、己を圧倒するような力と、深い知恵を授けてくれる源泉としての「カミ」。しかし、この場合、それらすべての体験をこめてのことであり、神という存在がどこかに外在しているとか、唯一の人格神として感じるということはなかった。したがって、夢の体験に生じてきた姿を「神」と呼ぶにしろ、それは、人間と隔絶した唯一の創造神とはまったく異なる存在である。人と神との境界は、それほど完全に隔絶していない。

タカクラジの夢の場合は、やはり、高天原に存在する神々と、葦原中国に住んでいる人間との間の差は相当に厳しく感じられている。しかし、天孫が降りてきてその国に定住し、その地の女性と結婚をしたのだから、神と人との境界は、だんだんとあいまいになってきている。そのようななかで、カムヤマトイハレビコを救うために、タカクラジの見た夢は、まさに「天から与えられた」感じの強いものとなっている。この際は、夢と現実とが一致する共時的現象も生じ、夢の体験が相当に日常とレベルの異なるものであることを示し、そこに現われた神々の姿は人間界からは遠い存在として描かれている。

これらに対して、天皇の見た夢は、少し感じが異なってくる。サホビコに関する垂仁の夢はここでは触れないとして、崇神、垂仁の両天皇の夢は、オオモノヌシ、出雲の神にかかわるものである。どちらの場合も、自分が天皇として国の「中心」に存在していると思ったとき、「俺のことを忘れるなよ」という感じで、出雲系の神が夢に出現し、それを基にして、天皇はそれらの神を祀る。これは、だからと言って、出雲の神を「中心」とするわけでもない。

これは、天皇が葦原中国の「中心」に存在するとは言えるのだが、絶対的「中心」ではないことを自覚する必要を示す事柄のように思われる。夢に出てくる「神」は、天皇の上に立つ神ではない。自分が中心に居つつ、中心でもないことを知らせる、己を超えた存在を意識する体験として、それは出現しているのだ。これまで述べてきた、中空構造と天皇の王権の確立という二重構造を反映している夢体験としてみると、よく了解できるし、「神」が古代人にとって、どのようなことを意味したのかも理解できるのである。

四　サホビコとサホビメ

これまで見てきたように、日本神話には似たような話が繰り返し語られるが、その様相が少しずつ変化し、ダイナミズムを内包しつつ均衡してゆく過程が描かれている。このような傾向は人代においても続くのであるが、そのなかでも特筆すべきこととして、サホビコとサホビメの話がある。神話全体の構造を考える上でも重要なことと思われるので、次に『古事記』に従って述べることにしよう。

崇神天皇の後を継いだ垂仁天皇は、サホビメを皇后とした。サホビメの兄、サホビコは妹に向かって、「夫《を》と兄《いろせ》と孰《いづ》れか愛《は》しき」と問いかける。これに対して妹は、「兄《いろせ》ぞ愛《は》しき」と答える。そこでサホビコは、お前がほんとうに自分の方を愛しているのだったら、二人で天下を治めよう、と謀りごとをもちかけ、鍛えに鍛えた紐《ひも》小刀《がたな》を作り、妹に授けて、「この小刀《かたな》をもちて、天皇《すめらみこと》の寝たまふを刺し殺せ」と言った。天皇はそんなことは露知らず、サホビメの膝を枕にして眠り、サホビメは天皇の頸を刺そうと三度試みるが、情に忍びず決行できない。彼女の泣く涙が天皇の顔に落ちると、天皇は目覚めて、サホビメに問いかけた。ここからは『古事記』を引用してみよう。

天皇、驚き起きたまひて、その后に問ひて曰《の》りたまひしく、「吾《あ》は異《け》しき夢《いめ》見つ。沙本の方より暴雨《はやさめ》零《ふ》り来て、急《には》かに吾が面《おも》に沾《そそ》きつ。また錦色《にしきいろ》の小さき蛇《へみ》、我が頸に纏繞《まつは》りつ。かくの夢は、これ何の表《しるし》にかあらむ。」とのりたまひき。ここにその后、争はえじと以為《おも》ほして、すなはち天皇に白して言ひしく、「妾《あ》が兄《いろせ》沙《さ》本毘古《ほびこ》王《この》、妾《あれ》に問ひて曰ひしく、『夫《を》と兄と孰《いづ》れか愛《は》しき。』といひき。この面《まのあたり》問《と》ふに勝《あ》へざりし故《ゆゑ》に、妾《あれ》、『兄ぞ愛しき。』と答《こた》へき。ここに妾に誂《あとら》へて曰ひけらく、『吾と汝と共に天の下を治らさむ。故、天皇を殺すべし。』と云ひて、八塩折《やしほをり》の紐小刀を作りて妾に授けつ。ここをもちて御頸を刺さむと欲《おも》ひて、三度挙《ふ》りしかども、哀《かな》しき情《こころ》忽《には》かに起こりて、頸を得刺《えさ》さずて、泣く涙の御面《みおも》に落ち沾《そそ》きき。必ずこの表《しるし》にあらむ。」とまをしたまひき。

ここで天皇の見た夢は印象的である。沙本の方（サホビコの居所のあたり）から暴雨《はやさめ》が降ってきて自分の顔にかかった。そして、錦色の蛇が自分の頸にまつわりついてきた、というのである。このように意味の明らかな夢を見られては争い難いと皇后も感じて、自分と兄との悪事を告白する。ほとんど直接的に事実にかかわるような夢を見ることは稀ではあるが、現代でも実際にあることはある。

サホビコ、サホビメの話は、母系から父系へと変化してゆくことを明確にする話であると思われる。母系の場合は、系統としては女性が継いでゆくが、家長の女性を助けて男性的機能を受けもつのは、夫ではなく彼女と血がつながっている兄である。その「家」としては、その兄が相当な権力をもち、女性はむしろ巫女的な能力によって権威をもっていることが多い。おそらく、垂仁天皇の頃になって、父系の王権制が確立してゆくとき、兄妹の結合を破ることが必要であると共に、王としての男性の天皇が、シャーマン的機能ももって、このような隠された真実にかかわる夢を見ることを示す必要があったのではないか、と思われる。つまり、ここで天皇はこれまで兄と妹に分担されていた力を一人で占めることになり、そのような男の系統、つまり父系が母系に代わって大切になる、と考えられる。

兄と妹の関係、および先に述べたオオモノヌシの侵入の主題とも関連する重要な物語が、『常陸国風土記』の那賀郡《なか》に記録されている。それを紹介しよう。

茨城《うばらき》の里の北にクレフシの山という高い丘があった。そこに、ヌカビコ、ヌカビメという兄妹がいた。そのヌカビメのところに夜ひそかに訪ねてくる男があり、とうとう彼女は妊娠して、小さい蛇を生んだ。昼はものを言わないが、夜になると、その蛇は母と話をする。伯父と母、つまり、ヌカビコ、ヌカビメは驚いて、神の子だろうと思って、清浄な杯に蛇を入れ祭場を設けて安置した。すると、一夜のうちに、蛇は杯に満ちる大きさになっている。そこで器を大きくすると、また蛇は大きくなり、三回目にはもう蛇を入れる器がなくなった。

そこで、母親は子に対して、お前は神の子なのでわれわれ一族では養いかねる、「父《ちち》の在《いま》すところに従《ゆ》きね。此《ここ》にあるべからず」と言い、子は悲しみ泣きながら母親の言うことに従うが、誰か「一《ひとり》の小子《わらは》を副《そ》へたまへ」と言う。母親はこの家には伯父と母としかいないのだから、誰もお前についてゆく者はいない、と言うと、子どもは恨んでものを言わなくなる。別れに臨んで、怒りのために伯父を殺して天に昇ろうとするとき、母親が盆《ひらか》を子どもに投げあてると、子どもは天に昇らずに峰に留まった。蛇を盛った盆と甕は、今も片岡の村にあり、その子孫が社を建てて祭りをしている。

物語の結末のあたりをどう考えるかは難しいところだが、ここにもヌカビコ、ヌカビメという兄妹の結合を破るものとして、ヌカビメの夫となる男性の存在(というよりは侵入)がある、という主題が語られている。イザナキ、イザナミは最初のカップルとして兄妹であり、夫婦であった。これは実に強力な結合体である。実際に古代エジプトにおいては、王のみは兄妹婚であった。このようにして純粋な「血」のつながりを保持しようとしたのである。

わが国でも古い時代はそうだったのかも知れない。しかし、遺伝的な問題などに気がついたのか、兄妹婚はなくなってゆくが、母系制で、家長の女性の兄が男性機能を受けもつ者となるという形ができたのであろう。これはおそらく移行期には、兄妹婚も混在したのではなかろうか。ヌカビコ、ヌカビメの場合は明確に兄妹であって夫婦ではないことが明記されているが、『風土記』に登場する、名前のよく似た男女のペアの多くは兄妹か夫婦か、あるいはその両方なのか、明らかでないのが多い。

母系から父系に移行してゆく場合、父 - 息子という系列を重視するために、父親は神であり、子どもは神の子なのだ、したがってその子は父のところに行って後を継ぐのだ、と考えられ、そのうちに家族内に父系の制度ができてきたのであろう。それとは別に、既にオオモノヌシやゼウスの例で明らかにしたように、英雄は神の血を受けている、という英雄の誕生にまつわる話としての男性(神)の侵入という主題もある。

『常陸国風土記』の物語の場合、蛇がどんどん器より大きくなり、文字どおりその一族の「器量」を超えた存在であることを示すところは、物語らしい表現で興味深い。最後のところで、伯父は殺され、蛇の子は神性を失って留まることになるが、ここに残された母 - 息子関係が、母 - 娘、父 - 息子という明確な母系、父系の中間の重要な結合として浮かびあがってきているようにも思う。

これらについての心理的考察は次節に譲って、ここで再び、サホビコ、サホビメの物語に戻ることにしよう。サホビメの告白を聞いた天皇は、すぐに兵を興してサホビコを討とうとした。サホビコは稲城《いなぎ》(稲を積んだ応急の城)を作って待ち受けるが、サホビメは、夫と兄とに対する気持の葛藤のなかで、今度は後者を選び、その稲城のなかに入る。そのときに、サホビメは妊娠しており、天皇もそれを知って攻撃するのをひかえていた。そのうちにサホビメは子どもを産み、その子を稲城の外に出し、「もしこの御子を、天皇の御子と思ほしめさば、治めたまふべし」と天皇の方に伝えた。

天皇は子どもだけではなく后のサホビメも取り戻そうと、力の強い男たちに腕ずくで彼女を連れ去ってくるように命じるが、それを察知したサホビメは髪も衣服もすぐに取り去られるようにしたので、男たちは子どものみを連れ、サホビメを連れ帰ることはできなかった。かくして、サホビメは兄に殉じて死ぬことになる。

ここに示されるサホビメの葛藤は、古い制度が新しい制度に変化してゆくとき、その間に立つ者の苦悩と決意のあり方をよく描いている。彼女は結局は古い制度に殉ずるのだが、その子は新しい制度に従って残される。もっとも、この子がホムチワケであり、それがどれほど重い役割を演じたかは、既に第七章に詳しく論じたところである。

サホビメが稲城の燃えるなかで死んでいったというイメージは、神話のなかで既に語られている、火によって死んだ女神や女性のことを想起させる。まず、イザナミであり、コノハナノサクヤである。イザナミの場合は、自分の死によって大切な火を生み出すし、コノハナノサクヤは、天孫の系統を継ぐ、重要な第三の三神を生み出し、サホビメは、ホムチワケという重要な役割をもった皇子を生み出している。このように、火と出産の結びつきという点においても、話が繰り返されながら、その様相を少しずつ変えてゆくところが、日本神話と、それのつながりとしての人代の初期の物語の特徴である。

五　結合を破るもの

サホビコ、サホビメの物語では、兄 - 妹の強い結合を破る者として垂仁天皇という男性が出現した、という点が最も重要なポイントである。もっとも、結果的には、サホビメはサホビコの叛乱を夫の垂仁に告げることにより、兄 - 妹の結合を破ったが、兄の死に殉ずるという形で兄 - 妹の関係をある程度保持することになり、この結合を破るのがいかに難しいか、を示している。

家族というものは、いかなる民族、文化においても大切なものであるが、それをどう定義し、どう考えるかは非常に難しいことである。この問題を極めて複雑にするのは、その構成員のなかに、男と女という異質な存在が共存すること、それと、血のつながりという運命的なつながりと、夫婦という血のつながりがまったくない関係とが共存している、という事実である。このふたつの異質な関係は、家族の背負っている十字架とも言えるし、これによって生じるダイナミズムから、家族の活力が生まれてくるとも言える。

家族のもうひとつの重要なダイナミズムは、家族のなかで育てられた個人が、その後、その家族との関係をどのようにもつか、という問題から生じてくる。その家族に所属しているということがアイデンティティの根本となる、という生き方は、古来から多くの民族のとってきた大家族制の生き方である。そのときに、日本はやや特殊で、血縁よりも「家名」を大切にし、「～家」という「イエ」が永続し、それに属することを大切にするが、他の民族では、むしろ血縁を重視する大家族制をとる場合が多い。自分の死後もその家が永続する、ということによって、安心感を得られるのである。

とは言っても、人間は一人ひとり異なる存在であることも事実なので、個としての自分を十分に伸ばそうとするとき、それは家第一の生き方と反することになる。このような葛藤は、近代までは、よほどの強力な個性の持主でない限り感じなかったであろう。一般には、一生ある家族（あるいは「イエ」）に所属するということで、安心して生きてこられたであろう。

キリスト教文化圏においては、神とのつながりが第一義である。ひたすら神の意志を大切にしてきたが、長い歴史のなかで、人間がだんだんと力を得て、個として生きる個人主義の考えが生まれてきた。この考えは、わが国にも強い影響を及ぼし、わが国でも個の確立や個性の尊重が謳われるようになったし、家族も大家族的なあり方から核家族へと変貌していった。したがって、現代の日本人は、個人主義的な生き方と、かつての「イエ」を大切にする生き方の間にあって、苦悩していると言っていいだろう。

ところで、個として生きるということになると、家族のなかで、血のつながりを基礎として生きてきた姿を変えてゆかねばならない。つまり、ある家族のなかに女性として生まれてきた者は、最初は家族とのつながりのなかで養われてゆくが、そのうちに、母親、父親、兄、などという自分の養育に深くかかわった存在との結合を破ってゆかねばならない。と言ってももちろん、そのようにして「自立」した後に、父と娘、母と娘、兄と妹が互いに自立した個人としてのよい関係を結ばねばならない。このような分離と再結合の過程をどのように行うか、が人生の課題であることは事実で、われわれ臨床心理士は、そのための仕事をしていると言ってもいい。

日本神話のなかで、前述したような「結合を破る」主題が順序よく生じ、最後の兄と妹の結合を破る話は、人代にまで及んでいる。既に論じてきたことなので詳述は避けるが、表を見ると、最初に、母‐娘結合を破る者としてのスサノヲによる高天原への侵入がある。このときのスサノヲの侵入は、象徴的に語られているが、ギリシャ神話などとの比較により、その意味は明らかであることは既に第五章、第六章に論じたとおりである。

表7　結合を破る者

結合	結合を破る者
母‐娘	スサノヲ
父‐娘	オオクニヌシ
兄‐妹	垂　仁

次に、父‐娘結合を破る者としての、オオクニヌシの地下の世界への下降については、第八章に詳しく述べたとおりである。この時、最初は父親スサノヲは、父‐娘結合を破る者としてのオオクニヌシに厳しく接するが、最後のところでは一挙に反転し、若者たちに祝福を与えている。

兄‐妹関係に関しては本章に論じてきたとおりであるが、サホビメが兄のサホビコに殉じて死のうとするときに、注目すべき次のようなエピソードが語られる。兄と共に留まるサホビメに対して、天皇は「汝《いまし》の堅めし瑞《みづ》の小《を》佩《ひも》は誰れかも解かむ」と問いかける。これに対して、サホビメは、「旦波比《たにはのひ》古《こ》多多《たた》須美《すみ》智宇《ちのう》斯《しの》王の女、名は兄《え》比売、弟《おと》比売、この二はしらの女王《ひめみこ》、浄《きよ》き公民《たみ》なり。故、使ひたまふべし」と答える。つまり、天皇はサホビメ亡き後、誰と結婚すべきかと問い、サホビメはそれに対して、ちゃんと指名をして答えているのだ。事実、垂仁はこのすすめに従ってこの女性、ヒバスヒメと結婚し、それによって生まれた子どもが、景行天皇として垂仁の後を継ぐのである。

夫に殺されようとする妻が自分の代りになる女性を推薦する、というのは、何だか不可解に感じられる。しかし、これは全体の経過を見ると、兄‐妹結合を守ろうとするサホビメはここに死んで、その後にその結合を破って夫と共に生きるヒバスヒメとして再生する、と考えるとよく了解できる。つまり、サホビメは、象徴的に言えば火の中での再生を遂げるのである。このことによって、兄‐妹結合を破る意義と、それに伴う苦悩が共に語られることになるのである。

このように見てくると、家族のなかに育った女性が、順次に血のつながりを離れ、自立してゆく様相が『古事記』のなかに適切に語られているのがわかる。興味深いのは、女性の場合はこのように言えるが、男性の場合はこのようにはゆかないことである。西洋によく語られる英雄の竜退治の話は、スサノヲのこととして語られるが、サホビメと垂仁の間に劇的な誕生をしたホムチワケが、既に第七章に述べたように、見事にそれを打ち消してしまう。

これらの物語に示されているように、家族制度としては父系制の方に移行してゆくのだが、意識の方は母権的意識が強く、このような父性と母性の混合、あるいは均衡ということが、日本文化の特徴で後代にまで引きつがれることになったのである。

第十二章　日本神話の構造と課題

一　中空均衡構造

日本神話の全体構造について、これまでに述べてきたことを要約して示すと、次のようになるであろう。既に第十章にあげた表6（二三九頁）を参照しながら読んでいただきたい。

この表を見てわかるとおり、日本神話の構造の特徴は、中心に無為の神が存在し、その他の神々は部分的な対立や葛藤を互いに感じ合いつつも、調和的な全体性を形成しているということである。それは、中心にある力や原理に従って統合されているのではなく、全体の均衡がうまくとれているのである。そこにあるのは論理的整合性ではなく、美的な調和感覚なのである。これを、日本神話（特に『古事記』）の「中空均衡構造」と筆者は呼んでいる。

中空の中心を何かが占めようとする動きがときに見られるが、そうすると、それに対抗する力が強くはたらいてカウンターバランスされ、結局は中心を空にする均衡状態にかえることになる。このような現象を、前章に「ゆりもどし」と呼んで示しておいた。ここで大切なことは、ゆりもどす勢力が強くなって中心を占めるのではなく、適切な均衡状態を見出して、中心を空にするということである。

このような構造は、ユダヤ・キリスト教のような一神教の場合と比較すると、その特徴がよくわかる。この場合は、神は唯一で至高至善の神であり、神の原理、その力には誰も逆らうことはできない。逆らう存在は、決定的に「悪」として排除しなくてはならない。これは神と人との関係であるが、このような基本的構造は、人間のことを考えるときにも、そのまま移行しているのが特徴的である。つまり、人間のことを理解する上において、キリスト教文化圏においては、強力な中心が原理と力をもち、それによって全体が統合されている、という構造が一般的となるのである。ここでは、宗教そのものについて論じているのではなく、神のことを背景とする人間の文化や社会について論じていることに留意していただきたいのであるが、日本のように神々と人との境界の薄い文化においては、ますます神話の構造が、人間世界のあり方に反映されてくるわけである。

中空均衡構造と中心統合構造の比較は、あまり細かいことを論じるまでもなく、明らかにわかるのではなかろうか。後者の場合は、その構造のなかに矛盾や対立が存在することを許容しないのに対して、前者の場合は、それらが全体的調和を乱さないならば、共存し得るところが特徴的である。

神のことと異なり、人間世界のこととなると、いかに中心統合構造と言っても、中心は絶対に正しいとか、絶対的な強さをもつとは言い難い。そこで、この中心とは異なる新しい存在がここに出現してきたときは、そのいずれが中心となるかという対立、あるいは争いが生じる。そのとき、新しいものに対立する古い中心が優位なときは、新しいものは排除されてしまう。これに反して新しいものが優勢であるとき、極端な場合は革命となって、新しい中心が勝利を収め、そこに新しい秩序・構造がつくられることになる。あるいは、正・反・合という弁証法的な展開をするときは、革命のように急激ではない変化によって、新しい中心ができることになる。これが、中心統合構造の場合の変化、あるいは進化のあり様である。

これに対して、中空均衡構造の場合は、新しいものに対して、まず「受けいれる」ことから始める。これは、中心統合構造の場合、まず「対立」から始まるのとは著しい差を示している。まず受けいれたものは、もちろんそれまでの内容とは異質であるので、当初はギクシャクするのだが、時間の経過と共に、全体的調和のなかに組みこまれる。

外から来る新しいものの優位性が極めて高いときは、中空の中心にそれが侵入してくる感じがある。そのときは、その新しい中心によって全体が統合されるのではないか、というほどの様相を呈するが、時と共に、その中心は周囲のなかに調和的に吸収されてゆき、中心は空にかえるのである。これが、中空均衡構造の変化、あるいは進化のあり様なのである。

ここに述べたことは、日本が外来の仏教、儒教などを取り入れたときのことを考えるとよくわかるだろう。仏教が伝来して、朝廷もそれに帰依し、国分寺を建立したりしたときは、まさに仏教が日本の中心になったかのように見えたが、それはイスラームの世界においてそれが「国教」となるのとは格段の相違であり、それ以後、現代までの日本の歴史を見るとわかるとおり、仏教は日本人にとって非常に大切ではあるが、相当な日本化が行われ、中心に存在しているわけでもない。

このようなことは、日本の歴史のなかでいろいろな形で生じているが、哲学者の上山春平が、日本人の思想のあり方の特質として「ラジカルな哲学否定」があると述べていることと深く関連している。[1] この点について上山は、「思想における徹底した受動性もしくは消極性に他ならなかった。体系的な理論の形で積極的に主張(テーゼ)を押したてて行くことをしない態度」であると指摘し、これを「凹型文化」と呼んでいる。この「凹型」こそ、日本神話の中空構造の反映に他ならないと思われる。わが国が常に外来文化を取り入れ、時にはそれを中心に据えたかの如く思わせながら、時の経過と共にそれは日本化され、中心を離れて全体のなかに調和的に共存させてゆく。それは中心から離れるが消え去ったのではなく、調和的な姿を見出してゆくのである。

中空均衡構造の変化は、確かに変化しているのだが、中心統合構造のように中心が変化するわけではないので、明確な形で把握され難い。変化はしているのだが、常に連続性を保持しているのである。明治維新はそのひとつの典型で、西洋のような明確な「革命」ではなく、相当に思い切った変革でありながら、ある程度の連続性をもっているし、そこには血で血を洗うような対立は見られない。

中空構造とは言っても、何も中心がないというのは実にわかりにくい構造である。したがって、何らかの中心的存在が必要になってくる。このことが、日本人の個人の心のあり方においても、集団のあり方においても、不思議な二重性をもつことになる。それは既に神話のあり様としても示したことであるが、中空均衡をベースにしながらも、やはり天皇を中心とし、天皇の系統が継続されるということである。アマテラス・スサノヲ、ホヲリ・ホデリの対立のときは中空性が顕著であるが、人間界になって、神武天皇以後になると、天皇中心の構造の方が前面に出てくる。しかし、前章に論じたように、出雲系からの「ゆりもどし」が生じ、アマテラス系が絶対的な中心でないことを示すことになる。しかしその後は、天皇家を中心とした構造がしばらく続くが、そのあたりの歴史については触れないことにする。

非常に興味深いのは、他の国の絶対的な君主体制とは異なり、日本では天皇の中心は変わらないものの、その権力の「空化」が徐々に生じてくる。既に明らかにしたような二重構造が顕著になってきて、むしろ、天皇は中空の象徴としての権威を保ちつつ、権力は他に譲る形になるのである。

国全体のことについて述べたが、小集団においても、日本人は中心統合構造の中心のようなリーダーを嫌う傾向がある。集団の長となる者は、全体をリードする者ではなく、全体の調和をはかる者として期待される。このために、欧米人の観点からすれば、何らの能力もないのに日本では集団の長となっている人があって、不可解に思われたりするのである。

中空構造はこのようなネガティブな性質をもつことも事実であるが、老子の哲学に従うと、それは極めてポジティブなことにもなってくる。『老子』のなかには、そのような言辞を多く見出すことができるが、たとえば、第十一章を引用してみよう(2)。

> 三十輻《さんじっぷく》、一轂《いっこく》を共にす。其の無なるに当って車の用《よう》有り。埴《ねばつち》を埏《こ》ねて以て器《うつわ》を為《つく》る。其の無なるに当って器《うつわ》の用有り。戸牖《こゆう》を鑿《うが》って以て室《しつ》を為る。其の無なるに当って室の用有り。故に有《ゆう》の以て利を為すは、無の以て用を為せばなり。

これは福永光司の現代訳によれば、次のようになる。

> 三十本の幅《や》が一つの轂《こしき》に集まっている。轂の真ん中の穴になったところに車の動くはたらきがある。
> 粘土をこねて陶器《やきもの》を作る。陶器のなかの空《から》っぽの部分に物を容れる使いみちがある。
> 戸や牖《まど》をくりぬいてその奥に居室を作る。その何もない空間に部屋としての用途がある。
> だから結論をいえばこうだ。
> すべて形有るものが役に立つのは、形無きものがそれを支える役割を果たしているからだ。

老子は、車の轂《こしき》や容器、家屋の居室のイメージなどを用いて、「有」が存在するためには、「無」の否定的媒介によってこそ「有」たり得ることを巧みに示している。すべて形有るものが役に立つのは、形無きものの支えがあってこそなのである。

このような観点に立つとき、中空均衡構造の中空は極めて積極的な意味をもつことになる。この考えは、『老子』第三十七章の、「道の常《つね》は無為《むい》にして、而も為《な》さざるは無し」という逆説につながってゆく。この考えに従うと、リーダー(帝王)のひとつの理想像として、外見上は無為であるが、実際的には自然のうちにその集団の成員がそれぞれの個性を発揮し、「為さざるは無し」という状態になることが考えられるのである。

中空均衡構造は、このように肯定的・否定的の両面をもつものであるが、これを日本人の心のあり様の基本的なパターンとして、政治・経済・宗教などのことを考えてみると、現代においてもそれが当てはまることが多いのがわかる。このことについては、最後にもう一度取りあげて論じることにしたい。

二　他文化の中空構造神話

日本神話の全体的構造として、中心はまったく無為であるが、神々が全体として均衡を保つ構造になっていること、これが日本人の心性に反映されていることなどを論じた。しかし、中空の状態は理解することも維持することも難しいので、中心的存在を立てながら、中空構造との間に二重性をもたせるような点も、日本人の特性として述べた。

それでは、これは日本神話だけの特徴だろうか。一神教の場合はこれに対立することは事実であるが、他文化で多くの神々をもつところでは、日本の神話と類似のものがあるのかどうかが気がかりになってくる。これに関しては、既に大林太良が相当に調査し、成果を発表しているので、それらをここに紹介することにしよう(3)。大林太良は筆者の中空構造の説を紹介し、「無為の中心」を間にして二神が対立するような三神構造が、インドネシアにしばしば認められると指摘している。「相対立する二神、あるいは二つの原理をあらわす二神がおり、さらにこの対立ないし両原理を包括した全体性をあらわす神がいる」という構造は、「インドネシア諸民族共通の神界の構造の一つとして、基本的な重要性をもつものに相違ないであろう」と述べている。

大林はさらに、「たとえば、スマトラの西の海上にあるニアス島では、下界の神ラトゥレ・ダネと上界のロワランギの両神が、原初の対をなす神々である」と述べる。この両神は密接に結びついているが、この二重性のなかの統一性を、シレウェ・ナザラタという曖昧な性格の神が体現している。この神は極めてアンビヴァレントな性格で、顔が二つあり、かつ両性具有の像としてあらわされることがあるという。日本神話ではアメノミナカヌシが性不明、あるいは性分離以前の神であったし、ツクヨミが無為ではあるが、やや両性具有的傾向のあることを第四章に述べたが、このような事実とニアス島の神話とは符合するところがあって興味深い。

次に大林太良の文章を引用する。

モルッカ諸島に行くと、その南部のレティ、モア、ラコール、ルアン＝スルマタなどの諸島では、ウプレロ(祖父なる太陽)とウプヌサ(祖母なる大地)は、それぞれ男性原理と女性原理を体現している。毎年、東モンスーンの時期つまり雨季のはじめに、ウプレロのためにポルカ祭が催される。つまり、太陽男神と大地女神の原初の神婚が、毎年新たに反復され、降りそそぐ雨に大地を孕ませる精液ということになる。ロンバールとペルラスは、この地域においてイト・マトロムナという至高神の存在に注目し、この大変疎遠で、人々が直接呼びかけることもないこの神こそは、神的な全体性をあらわすものと解釈している。

ここでは、男性原理と女性原理の対立と和合が認められるなかに、「無為の中心」としての神、イト・マトロムナが存在しているが、この神に人々が直接呼びかけることはないという点は、アメノミナカヌシが、神社に祀られることが少ないというのと呼応している。

モルッカ諸島の東端にケイ諸島があり、ここには日本の海幸・山幸神話の類話がある。興味深いことに、ここでも三兄弟のうちの長兄と末弟の間に釣針をめぐっての葛藤があり、話が展開するのだが、中間の男性は何もしない。大林太良はこのことを、「河合流に言えば《無為の中心》である」と言っている。その他にも多くの類話があげられているが省略して、最後にひとつだけ注目すべき点のあるものをあげておこう。

トバ・バタク族の神話では、バタラ・グル、ソリパダ、マンガラブランの三大神がある。この第一の神、バタラ・グルは世界の創造者であり維持者であり、かつ法の守護者である。これに対して、第三の神マンガラブランは悪の原理である。ここで明確に、第一の神と第三の神の性格を、法の守護者と悪として特徴づけているところが注目すべき点である。日本の場合は、アマテラスとスサノヲの間に、ある程度その感はあるが、もっと微妙な形で述べられている。

ところで、トバ・バタク族の神話では、第一神バタラ・グルの娘と第三神マンガラブランの息子が結婚し、その間に生まれた子どもたちが人類の始祖となったという。つまり、相対立する二つの原理の結合が豊穣を意味することになるが、ここで、このような形で「悪の取り入れ」がなされているところが興味深い。一神教の場合に「悪」は絶対に排除するべきことと考えられるのと対照的である。日本の場合は、明確な表現を避けて、潜在的に「悪の取り入れ」をしているとも言えるし、善悪の判断は重要なことではないとされている、とも言えるだろう。

ここで興味深いのは、トバ・バタク族の神話においても、第二神ソリパダは「両神ほど性格がはっきりしないし、また神話において活躍を見せない」。「ソリパダは、トバ・バタク族の三大神中、いわば《無為の中心》の地位を占めているのである」。このような点で、ソリパダは注目すべき神であるが、「この神は今まであまり研究者の注目を浴びなかった」と大林は指摘している。考えて見るとこれも当然で、やはり「無為」の者には注目は向かないし、おそらくソリパダのもっていた中心的性格は、第一神のバタラ・グルの方に移っているためであろう。これは日本のアマテラスの場合と同様と考えていいだろう。しかし基本的には、ソリパダを「無為の中心」とする構造があったと考えてよいのではなかろうか。

大林はこれらの研究および、その他のことも考慮して、日本神話全体について次のように結論している。

いずれにしても、日本古典神話体系の中軸をなしているのは、朝鮮半島を経由して入ったと思われる王権神話である。個々の神話は、まさに地上の正当な支配者としての天皇家を基礎づける神話を核として結集し、体系化された。しかも、このような王権神話を受けとめ、かつそれに日本神話に特徴的な性格を与えたのは、恐らく《南方系》の《無為の中心》の構造であったと考えられる。

この考えは、先に筆者が指摘した、日本神話の中空構造を基本とする二重性、という考えと一致するものである。大林は神話の起源と伝播の方に重点をおく研究なので、その線に沿って研究が発展してゆくが、筆者の場合は「心理的」な構造に注目しているので、このような神話の構造が日本人の心のあり方にどのように反映されているかに関心があるわけである。ただ、神話学の専門家から、筆者の考えを裏づけられたのは有難いと思う。大林の研究によって、日本神話の「中空構造」が他文化にも認められることが明らかになって、それがまったく特異なものではないことがわかった。それは確かに、中心統合構造から見れば異質であるが、だからと言って日本のみのものではなく、他とも共有できるものなのである。

三　ヒルコの役割

日本神話の全体を中空均衡構造として見ることを提唱したが、実はこれで終わっていないところが日本神話の素晴らしいところである。厳密に言えば、日本神話の全体は、中空均衡構造には収まり切らないのである。その収まり切らない神が、ヒルコであり、ヒルコについて考えてみることは、日本神話を考える上で決定的な重要性をもっている。

『古事記』には、ヒルコの誕生は次のように語られている。

ここに伊邪那岐命《の》詔《の》りたまひしく、「然らば吾《あれ》と汝《いまし》とこの天の御柱を行き廻《めぐ》り逢ひて、みとのまぐはひ為《せ》む。」とのりたまひき。かく期《ちぎ》りて、すなはち「汝《いまし》は右《みぎ》より廻《めぐ》り逢《あ》へ、我《あれ》は左より廻り逢はむ。」と詔りたまひ、約《ちぎ》り竟《を》へて廻る時、伊邪那美命《の》、先《さき》に「あなにやし、えをとこを。」と言ひ、後《のち》に伊邪那岐命《の》、「あなにやし、えをとめを。」と言ひ、各《おのおの》言ひ竟へし後、その妹《いも》に告げたまひしく、「女人《をみな》先《さき》に言へるは良《よ》からず。」とつげたまひき。然れどもくみどに興《おこ》して生める子は、水蛭子《ひるこ》。この子は葦船《あしぶね》に入れて流し去《う》てき。

結婚の儀式において、女性が先に発言したのがよくなかったので「水蛭子《ひるこ》」が生まれ、それを葦船に入れて流し去ってしまった。つまり、ヒルコは日本の神々のなかに受けいれられなかったのである。これは、中空均衡構造は、そのなかに対立や葛藤が存在しても、全体的な調和を乱さない限り、そのまま共存し得るところに特徴があると既に述べたことから考え合わせると、極めて異例なことであることがわかる。

『日本書紀』本文には、ヒルコに関して次のような記述がなされている。

イザナキ・イザナミの結婚の後に、イザナミは日本の国々や「山川草木」を生み、その後に「何《いかに》ぞ天下《あめのした》の主《きみたる》者《もの》を生まざらむ」と言って、アマテラスを生み、月の神(ツクヨミ)を生み、「次に蛭児《ひるこ》を生む。已《すで》に三歳《みとせ》になるまで、脚猶《あしなほ》し立たず。故、天磐櫲樟船《あまのいはくすぶね》に載《の》せて、風《かぜ》の順《まにま》に放《はな》ち棄《す》つ。次に素戔嗚尊《すさのをのみこと》を生みまつります」。

ここに、ヒルコは三年経っても足が立たないので流し去ったことが述べられているが、ヒルコが、アマテラス・ツクヨミ・スサノヲの重要な三神と共に、その誕生を語られているところが注目すべき点である。つまり、ヒルコはこの三神と匹敵するほどの重要性をもっていた、と考えられる。しかし、ヒルコは流し去られてしまった。

一度は水に流された者が、助かって帰ってくるとき、それはその帰属集団にとって極めて重要な存在となる、という話は、世界中の神話・昔話に認められる。そのなかでもすぐに思いつくのをあげると、モーゼの話がある。

旧約聖書の「出エジプト記」によると、イスラエルの民を嫌ったエジプトの王は、「ヘブルびとに男の子が生まれたならば、みなナイル川に投げこめ。しかし女の子はみな生かしておけ」と言った。ところが、「レビの家のひとりの人が行ってレビの娘をめとった。女はみごもって、男の子を産んだが、その麗しいのを見て、三月のあいだ隠していた。しかし、もう隠し切れなくなったので、パピルスで編んだかごを取り、それにアスファルトと樹脂とを塗って、子をその中に入れ、これをナイル川の岸の葦の中においた」。このあたりの描写は、葦船に乗せて流されたとするヒルコの話との親近性を感じさせられる。しかし、聖書の物語では、この流された子は、パロアの妹に拾われて、そこでモーゼと名づけて育てられる。その後のモーゼの活躍は周知のとおりである。

もうひとつ例をあげる。ギリシャ神話のダナエーの父親、アクリシオスは娘の生む子のために自分は殺されるという神託を受け、ダナエーを一室に閉じこめ誰にも会えぬようにしておいた。しかし、ギリシャの主神ゼウスが黄金の雨となって忍び込んできて、そのためダナエーは懐妊し、子どもを生む。アクリシオスは、ダナエーとその子を箱に閉じこめて海に流してしまう。一人の漁師がそれを見つけて、母親と赤ん坊は国王のところに連れてゆき、国王は子どもを大切に育て、その子が英雄ペルセウスとなる。ここでも、流された子は助けられて、英雄に成長するのである。

神話・昔話にはこれに類するものは数多くある。この物語の心理的な意味は明らかである。何らかの中心によってまとまっている秩序体系より排除されたものが、周辺部において力を得て、それまでの秩序とは異なる新しい体系をつくりあげる。それこそが英雄なのである。個人の心理として言えば、それまでの人生観・世界観からすれば相容れない、あるいは取るに足らないと思っていたことが、逆に最も重要であることを認識して、世界観がガラリと変改することを意味する。このような中心と周辺のもつ逆説的な意味を、棄てられた子の復活の物語はものがたるのである。

それでは、日本神話におけるヒルコはどうであろうか。ヒルコは流されたまま帰って来なかった。これはどうしてだろうか。それに、ヒルコとはどのような神であったのだろうか。

江戸後期の国学者、平田篤胤《ひらたあつたね》は、スクナビコナをヒルコの再来として解釈したという。これは先に述べた中心と周辺という考え方をするとき、出雲国の中心的な統率者と考えられるオオクニヌシを周辺から出現してきて援助したスクナビコナがヒルコの再来とするのは、心理的に見ても面白い説である。ただ、そのように解釈し得る根拠となると、やや薄弱と言わねばならない。

中心と周辺という考えからすると、排除される者は中心と相容れない者ということになるが、何しろ日本神話の場合、中空構造なので、中心が空のためそれに反することはできないと思われるが、中空構造そのものに反するときは、やはり排除せざるを得なくなる。このように考えてくると、『日本書紀』でヒルコが三貴子と共に誕生したことから考えて、アマテラス・ツクヨミ・スサノヲが中空構造を形成するとき、ヒルコはそれにいれられなかったと考えられる。このような考えはまた、ヒルコという名が、アマテラスの別名、オオヒルメノムチと対比するとき、ヒルメ(太陽の女性)に対してのヒルコ(太陽の男性)を意味するとなると、ますます支持されることになってくる。ヒルコを男性の太陽神であったと考えてみると、話が合ってくるのである。それは、あくまで中心にあって全体を統合しようとする存在であり、中空構造とは相容れない。

『古事記』におけるヒルコ誕生の状況を考えてみよう。これは、結婚の儀式において、女神が先にものを言ったのがよくなかったため、とされている。ここのところは、男と女とどちらを優位と考えていたかを考える上で微妙なところである。と言うのは、既に第九章に述べたとおり、聖書とは異なって、『古事記』ではむしろ男性と女性のバランスということに常に配慮していると思われるからである。そのことが、太陽の女神という姿によく象徴されている。そこで、結婚の儀式において女神が先に言葉を発したので、それをバランスするために男性の太陽神を生んだが、それはバランスをとるような存在ではなく、自らが中心に坐る存在だったので、あわてて流し去ってしまった、と考える。

このとき、『日本書紀』では、ヒルコは天磐櫲樟船に乗せて流されるのだが、松本信広の考察によると、この船はまさに太陽を乗せて海原をゆく船であり、言うなれば、ヒルコはうまく奉って流されてしまったとも考えられるのである。(4)

こうして流されたヒルコが、モーゼやペルセウスのように、日本のパンテオンのなかにどのように戻ってくるのか。これは日本神話にとっての課題ではなかろうか。神話はものごとを「基礎づける」(begründen)と言ったのは、神話学者のケレニイであるが、それはより深い世界への開けも準備するものだ、と筆者は考えている。「基礎づける」ことによって終わるのではなく、新しい問いかけや開拓を内包している。日本神話にとって、ヒルコこそそのような意味をもつものであり、現代において、ヒルコをどのように取り入れるのかを考えるのは意義深い。

ヒルコの解釈について、もうひとつ興味深いことをつけ加えておこう。それは、商業の神エビスはヒルコが秘かに海岸に流れついて復活した神である、という伝説である。これはどの程度に信頼していいか不明ではあるが、毎年十月に日本中の神々が出雲に集まるので十月を神無月《かんなづき》と言う、との伝説のなかで、エビスのみはそれに加わらないとか、多くの町で蛭子町と書いて「エビス町」と呼ばれることなどに、裏づけとなるような点が認められる。

このことを踏まえてファンタジーを広げると、この日本の国から追いやられたヒルコが商業の神エビスとして復活し、とうとう現代において急激に強力となり、「経済大国」日本の中心に収まる勢いを見せた、と思えないだろうか。かつての日本は長らく士農工商の価値観をもち、だからこそエビスはその一番低い神格に位置づけられていたが、現代の日本では価値観は完全に逆転し、商工農士の順になったかのようで、その頂点にエビスが位置することになろうとしたのではないか。

しかし、中空であるはずの中心に、エビスが収まったと思った途端にバブル経済がはじけてしまい、エビスはやはり中心にいることはできなくなったのではなかろうか。とすれば、いったい日本人はどうすればいいのだろうか。この点については、次節において論じてみたい。

四　現代日本の課題

現代日本人の課題は、神話的言語によって表現するならば、遠い過去に棄て去られたヒルコを日本の神々のなかに再帰させること、と言えるだろう。しかし、それはほとんど不可能に近いことだ。少々の対立があっても全体に収める中空均衡構造に収まらなかったからこそ、ヒルコは棄てられたのだ。ヒルコを不用意に再帰させると、中空均衡構造は壊滅してしまう。

筆者が外国、特に欧米で日本神話の話をすると、中空均衡構造について強い関心を示す人は多い。しかし、ヒルコの話、およびその再帰のことを語ると、「日本はいつになったらそうなるのだ」と質問し、そこには中心統合構造が中空均衡構造に取って代わることへの期待が見られる。つまり前者の後者に対する優位性への確信がある。この逆に、日本人のなかには、一神教の世界では戦いが多いが多神教の世界は平和共存でいい、などと言う人もある。これも一理はあるが、ものごとはそれほど単純ではなく、この両者は実に一長一短である。むしろ、近代国家は中心統合型のモデルによって発展してきたと言っていいだろう。したがって、先に述べたような外国人の発言もあるのだ。

ここで、われわれが課題とするのは、言うなれば、中心統合構造と中空均衡構造の両立ではないだろうか。両立し難いものを両立させるには、どのようなモデルが考えられるか、という疑問が生じてくる。これについて、筆者はずいぶん長らく考え続けてきたが、おそらく今世紀においては、ひとつのモデルやひとつのイデオロギーによって、人間について、世界について考えるということは終わったのではないかと思う。

前世紀において、ひとつの強力なイデオロギーによって世界を律しようとした壮大な実験は、明確な失敗によって終わりを遂げた。これを資本主義の社会主義に対する勝利と考える人もあるが、筆者はそうは思わない。これは、資本主義国は社会主義的な方策を相当に取り入れてきたのに対して、社会主義国の方は資本主義的な方策を取り入れることはできなかった。つまり、一方の主義が他に優ったのではなく、片方を主にするとしても、もう一方のものとの両立・併存を図った方が破滅を免れたと、考えるべきではなかろうか。

中空均衡構造と中心統合構造の併存とは、両者を無理して「統合」することを試みず、自他を含めての全体状況のなかで、適切な生き方を選択する。それはおそらく、一方の構造に従っている生き方となろうが、なぜそのときにそちらを選んだかを説明することができ、選択に伴う責任の自覚をもっていること、一方を選ぶとしても他方の可能性に対して常に配慮を忘れぬこと、ということになるだろう。これは困難極まりないことは自覚しているが、この困難な課題に立ち向かってゆくことが、現代人の責務ではなかろうか。

男性の太陽神と女性の太陽神の両立をはかる、という課題の提示によって、日本神話の考察は終わりとするべきであろうし、ここに神話によって表現したことを、日本や世界の現状に照らし合わせて論じるとなると、また、あらたに一書を書くことになるだろう。しかし、最後に、日本の現状について少し述べることによって結びとしたい。

日本の中空均衡構造は、他からいろいろなことを取り入れ、「追いつけ、追い越せ」と努力している間は、非常に有効に機能したと考えられる。日本人の意識は、中心統合的な強力な父権意識とは異なるが、完全な母権意識優位ではなく、父性と母性がある程度のバランスをもって共存しているので、西洋近代の文明を取り入れるときも、他の非キリスト教文化圏の国々に比してそれに対する理解が早かったということが、ひとつの利点となったと考えられるであろう。

しかし、日本が一応「経済大国」となったとき、日本は他に追いつくのではなく、自らが判断し、決定するべき立場になった。このときに困難が生じてきたのである。筆者の友人のアメリカ人は、このことを、「マラソンにたとえるならば、日本は先頭がどんなに早く走っても、それについてくる力をもってるが、自分がトップになった途端、コースがわからないので、変な方向に走ってしまった」と評したことがある。残念だが、これを認めざるを得ないのが、日本の現状ではなかろうか。日本の中空均衡構造では、自らの決断を要する危機状況においては、無責任体制の欠陥をさらすこと、および、日本人は明治以来それを繰り返してきていることを、柳田邦男は細部にわたって分析している(5)。

グローバリゼーションの波の高い今日において、日本人が欧米諸国の人々と対等につき合ってゆくためには、しっかりとした判断力、表現力、責任感を身につけた「個人」として自分を確立してゆかねばならない。筆者が故小渕恵三総理の依頼を受けて、「21世紀日本の構想懇談会」の座長となり、その報告書を提出した際も、「個の確立」ということを重要なこととして指摘した。

このことは、現代の日本人であれば、すべての人が意識していると言ってもいいくらいである。若者たちは「個人主義」に生きようとしている。しかし、これはヨーロッパ近代に生まれてきた「個人主義」(individualism)とはあまりにも異なるものだ。ポーリン・ケントは、現代日本の若者の生き方を、集団主義でも個人主義でもない特有の「コジンシュギ」と名づけ、その欠点を明確に指摘している。(6)「個人主義」に必要な社会性も責任感も身につけていない、このような若者をつくってきたのは、その親たちの責任も重いことを、ポーリン・ケントは的確に述べている。

このようなことが生じてくるのは、日本人のこれまでの生き方に関しても、欧米人の個人主義の生き方に関しても、それを根本的に考えてみようとせず、あまりにも安易に欧米の真似をしようとして、まったく根無し草のような「コジンシュギ」の生き方をしているためではなかろうか。

「21世紀日本の構想懇談会」の報告書では、「個の確立」が日本的「コジンシュギ」にならないように、「個の確立と新しい公の創出」という表現をしたのであったが、実は、これがいかに困難なことであるかについてはあまり論じなかった。それを論じるとなると、一冊の書物になるほどのことだからである。本書において、日本の神話について細部にわたって分析し、考察してきたが、これは、日本人が自分を確立するのにどのような過程を経てきたのか、欧米の個人主義を取り入れることがいかに困難なことであるかを、細部にわたって明らかにしてきた、ということもできるのである。

筆者がここで、日本の生き方を棄てて、欧米型の生き方に変えるように提案しないのは、彼らの生き方が「模範」になるとは思わないからである。ここでは他国の文化について論じることはやめるが、現代のアメリカ人の生き方が模範とは、とうてい思えない。したがって、中空均衡構造と中心統合構造の併存などと言わざるを得ないのである。

欧米においても、ヨーロッパ近代に確立された「自我」を超える必要性を考える人たちは存在し、それらの人のなかには、東洋の知恵から学ぶことを主張する人もある。ただ、これらの人々も、西洋の生き方を棄てて東洋の真似をしようというのではないことを、われわれはよく知っていなくてはならない。このような考えの欧米人には、筆者も同感することが多い。キリスト教徒も多神教に学ぶべきことがあると指摘する、アメリカの神学者デイヴィッド・ミラー(7)は、かつて筆者に対して、「われわれキリスト教徒は、命がけで多神教のよさを知らねばならないし、あなた方多神教の人は、命がけで一神教のよさを知らねばならない」と言ったことがある。彼がここで「命がけ」という表現をしたことは、この仕事の重要性と、それに伴う危険性を認識していることを示している。筆者が、日本神話の研究を通じて、日本のパンテオンにヒルコの再帰を企てるべきだと述べていることも、命がけの仕事であることを、最後に強調しておきたい。

(1) 上山春平「思想の日本的特質」『岩波講座哲学18　日本の哲学』岩波書店、一九六九年、所収。
(2) 福永光司『老子』上・下、朝日文庫中国古典選、一九七八年。
(3) 第二章注1前掲書。
(4) 第五章注2前掲書。
(5) 柳田邦男『この国の失敗の本質』講談社、一九九八年。
(6) ポーリン・ケント「日本人のコジンシュギ」河合隼雄編著『「個人」の探求――日本文化のなかで』NHK出版、二〇〇三年、所収。

（7）　本巻所収「『甦る神々――新しい多神論』解説」参照。

あとがき

日本神話について一書を上梓することは、長い間の念願であったので、やっと書き終わってほんとうにほっとしている。

本文中にも少し触れているが、第二次世界大戦のときに軍閥によって日本神話が利用され、そのために思春期のときに抱いた嫌悪感は非常に強く、日本神話に関心をもつことなどあり得ないと思っていた。しかし、アメリカ、スイスと留学を続け、それもひたすら自己の内面を探索することを第一義とする訓練を受けているなかで、日本神話が自分にとって深い意味をもつことを知ったときは、驚きであると共に、それをそのまま受けいれることには強い抵抗を感じた。昔話については親近感を感じていたが、日本神話に対する拒否感は実に強いものがあったからである。

「自分のルーツを探ろうとしているうちに、自国の神話がでてくるのは、むしろ当然ではないか」と、分析家のマイヤー先生に言われ、読んでみると確かに面白い。日本神話を基にしてユング派分析家の資格取得の論文を書こうと決心したとき、マイヤー先生の紹介で、ハンガリーの神話学者、カール・ケレニイ博士にお会いした。このことは既に他に書いたことがあるので詳しくは述べないが、彼に「神話を何度も何度も読んで、心のなかに生まれてくる詩をそのまま書けば、最上の論文になる」と言われ感動したことは、ここに記しておきたい（もっとも、私は詩は書けないので「物語る」ことになると思ったが）。

ケレニイの多くの著作は、その後、精密な文献学的研究によって、細部にいろいろと疑義をもたれるようになったが、彼の言った、神話に対する根本的な態度と、そのような態度から生み出されてきたものの成果としての彼の著作は、現代もなお価値をもつと、私は信じている。

ところで、一九六五年に私はユング派の資格を得て帰国したのだが、その最終試験のひとつとしての論文試問のときに、試験官のマイヤー先生は「この論文には、お前の年齢に似ず、六十歳の知恵がある。日本に帰国したら、ここに書かれた内容を日本の人たちに伝えるのが、お前の使命だ」と言われた。私は大変に有難く感じたが、「いま、日本で神話について述べても誰もまともに相手にしてくれないでしょう。いつか適切な時が来たら、世に問いたいと思う」と答え、それはそのようにすればいい、と先生は言われた。

本書の出版で、マイヤー先生との公約をやっと果たすことになったのだが、一九六五年以来なので、相当な年月が経ったと思う。先生は既に他界しておられる。しかし、私は、これはほんとうによいタイミングだと思っている。現在では、あまり説明しなくても、神話の意味について知っている人は多い。それと、最近の急激なグローバリゼーションの波の高まりのなかで、日本人や日本文化のあり方について考えようとする人も増えてきた。ナショナリズムの偏狭さではなく、世界全体のなかで、日本人としてのルーツを探ろうとすることが、現代は非常に大切になってきている。しかし、それは閉鎖的なものではなく、「開かれたアイデンティティ」でなければならない。

本書のなかで解明されている日本神話のあり方は、日本人にとって「開かれたアイデンティティ」を探索してゆく上において、多くの示唆を与えてくれるものであろう。そんな点で少しでもお役に立てば、筆者としての幸いはこれに過ぐるものはない。

日本文化について、いろいろと発言を重ねてきたが、ひとつの大切な区切りとして本書があると思って執筆をした。不思議なことに、二〇〇二年一月に、私は文化庁長官に就任することになった。昼のあいだは、日本文化についての極めて実際的な計画や行事などの実務につき、夜一人になって、日本文化のルーツにかかわるものとしての日本神話について執筆する、というのは、なかなか面白いバランスと感じられた。運命はときに味のあるアレンジメントをするものだ。

このためになったのかと思われるような、生まれてはじめての「単身赴任」を利用して執筆に励んだが、問題は、書物の在所が、奈良、京都、東京と分散。それに最近とみに豊かさを増してきた老人力も作用して、神話学研究者の研究や文献の引用という点では、不十分にならざるを得なかった。この点については、御寛容をお願いしたい。ただ、私の述べたい大筋に関しては、何ら変わるところはない、ということはつけ加えておきたい。確かに、文献をもっと整備してとも思うが、この年齢にまでなれば、このような書き方も許されるかなとも思っている。言いたいことを自由に気兼ねなく言わせていただいている、という感じである。後は読者の御判断にまかせるのみである。

一九六五年に資格論文を書いて後、日本神話について書物にするのははじめてだが、一九八〇年には、『文学』に「『古事記』神話における中空構造」を発表した(後に『中空構造日本の深層』中央公論社、一九八二年、に所収)。発表当時はあまり注目されなかったが、その後、時と共に、だんだんと関心をもたれるようになった。また、「中空構造」については外国でよく発表したが、外国人からは相当な関心をもたれることがわかって、心強く感じた。その後、日本の神話学者や宗教学者、故大林太良、吉田敦彦、鎌田東二、湯浅泰雄、それに作家の田辺聖子などの方々と対談することで、多くの知識やヒントを得ることができた。本文中にも記していることであるが、ここにあらためてお礼申しあげたい。

日本神話の全体については、NHKテレビの講座で相当詳しく話すことができた（市民大学「日本人のこころ」一九八三年、人間大学「現代人と日本神話」一九九三年）。これに対する反響によって、私の考えが一般の人々にもよく理解していただけることがわかった。しかし、このときも、これを書物にする気持は起こらなかった。やはり私自身の日本人としてのいろいろな体験や、内外の神話学の発展によって得た知識などが、今日に至るまで積み重なり、ほんとうに機が熟して、筆を執ることができたと思う。

なお「中空構造」に関しては、これを鍵として、日本の歴史や現代における日本の組織、日本人のあり方を解明すると、面白いと思う。それぞれの専門家がそれをしてくださると有難いと思っているが、私自身もまたあらたに論じることがあるかもしれない。

本書の出版に際し、ひとつ残念に感じるのは、この出版が岩波書店の大塚信一社長の退任後になったことである。やはり、長官の仕事のためもあったりして、予定より原稿執筆が遅れ、本来なら大塚社長の任期中の五月に出版するはずだったが、それを果たすことができなかった。ほんとうに申し訳なく思っている。

大塚信一さんとは、一九七一年出版の拙著『コンプレックス』（岩波新書）のとき以来の編集者として、実に長いおつき合いである。新書の出版の件で、はじめて大塚さんにお会いしたときのことは、今も非常によく覚えている。「一度お会いしたい」とのことで何事かと思っていたら、「岩波新書を書いて欲しい」と言われて驚いてしまった。当時の私はそんなことをまったく考えてもいなかったからである。『コンプレックス』のなかで、スチヴンソンの『ジーキル博士とハイド氏』のことに触れ、発行と共に大人気で、「半年で六万部売れた」ことを書いたのだが、それを読んで、大塚さんが「この本も六万部くらい売れますよ」と言われたときも、実に驚きであった（実はそのとおりになった）。

その後、大塚さんの直接、間接のかかわりのなかで、岩波書店から多くの書物を出版していただいた。そのなかで、『昔話と日本人の心』(一九八二年)は、大塚さんの強いすすめと支援によってできたものであるが、ある意味では、それの続篇とも言える本書を同じ出版社から出版できるのは、ほんとうに嬉しいことである。ただ、大塚さんの社長退任後になって残念であるが、新社長の山口昭男さんは、大塚さんと共に私も多くの仕事をした仲なので、同じ流れのなかで仕事がなされ、その流れは続いてゆくのだ、と自ら慰めている。おそらく、大塚さんも同じ想いでいて下さることであろう。

本書の成立に関しては、岩波書店編集部の樋口良澄、上田麻里、杉田守康の三人の方々に格別のお世話になった。ここに記して厚くお礼申しあげたい。

これで私の仕事もひと区切りついたという感じで、ほっとしている。これからどうなるのか、自然にまかせて今はしばらく、ぼうっとしていたいと思っている。

河合隼雄

二〇〇二年六月

II

日本神話にみる意思決定

はじめに

日本人の意思決定の在り方は、欧米人のそれと比較すると、異なっているように感じられる。もっとも、日本人と言ってもいろいろあるし、特に日本人でも相当に西洋化している人は、別に欧米人との差をあまり感じることもないであろう。しかし、ここで既に「西洋化」などという表現を用いているように、やはり一般的な感じとして、日本人と欧米人の行動パターンの差というものが感じられ、そのなかで、意思決定の問題は、彼我の差を特に感じさせられることと言っていいように思われる。

日本人と欧米人の差と言っても、ただ異なっているというだけでは無意味であり、その差について欧米人も納得のいく言葉で語ることが必要である。「日本的なことは、他の文化の人にはわからないであろう」と言ってすましていても、それは極めて非生産的である。お互いの差についての説明が、お互いに了解できるものになってこそ、その差をこえていく方策も生み出されてくるのである。一方の側からの見解によって差を説明し、だから相手がおかしいとか、まちがっている、などと決めつけたり、どちらかが優位であると速断しても仕方のないことである。

筆者も欧米に滞在した経験などから、彼我の文化差について考えさせられることが多かった。それについていろいろ考えたが、特に神話の差について注目するようになった。昔の神話のことなど比較してみても、現代人にとって無意味であると考える人もあろうが、筆者は次のように考えて、神話に注目することが重要であると判断したのである。

神話はそれを有している文化や民族などにとって、その存在の根源にかかわることである。神話は外的事象を説明するために知的に未発達な人間が考え出した「低級な物理学」なのではない。自分という存在も含めて、この世界全体の事象を、心のなかにどう受けとめるか、ということが述べられているのである。古代のギリシャ人たちも、太陽が球形の灼熱の物体であることは知っていた。しかし、それを四頭立ての馬車に乗った英雄神として語るときに、彼らが、たとえば太陽が朝になって出現してくることを、心のなかにどう受けとめたかを示す上で、はるかに適切であると感じていたのである。そして、そのことは単に太陽の運行にのみかかわることではなく、彼らの人生観、世界観と深くかかわることであった。つまり、そのような太陽のイメージを持つことが、彼らの存在を根源から支えることに役立っていたのである。

神話はもちろん、その他の存在理由ももっている。たとえば、わが国の神話は、天皇家の正統性を裏づけ、また対外的には、わが国がひとつの独立国として存在することを示すために役立つものでなければならなかった。このような政治的な意図によって、『古事記』や『日本書紀』の編纂がなされたことは事実である。しかし、それにもかかわらず、そのなかに先に述べたような神話の特性が、認められることも事実である。筆者の見解では、『日本書紀』の方が政治的意図が強いように感じられる。次節に論じる、日本神話の中空構造も、主として『古事記』によるものである。したがって、それは政治的、意識的な努力の底に潜在する、より基本的構造として捉えようとするものである。

現在のように異文化間の交流が激しくなってくると、意識の表層における理解のみではなく、相互理解をより深くしてゆくためには、神話的なレベルにまで降りた理解が必要であると考えられる。このような観点に立って、日本の神話をここに取りあげるわけである。

日本神話の中空構造

本論は日本神話それ自身について論じるのが目的ではないので詳述はしないが、一応、もっとも根本的と思われることを、ここに簡単に述べておきたい。

『古事記』によると、日本神話における「三貴子」と呼ばれている重要な神は、アマテラス、ツクヨミ、スサノヲの三神である。これらの神は、黄泉の国から帰ってきたイザナキがみそぎをした後で、それぞれ順番に、イザナキの左の目、右の目、鼻から生まれた。そして、周知のようにそれ以後の神話の展開のなかで、アマテラスとスサノヲが重要な役割を担うことになる。アマテラスとスサノヲは対立し、結局はスサノヲはアマテラスに追われて高天原より出雲の国へと下ってゆく。この際、アマテラスがスサノヲを完全に抹殺しないところが、日本神話のひとつの特徴であり、スサノヲは徹底した「悪」の烙印を押されることなく、出雲においては文化英雄として活躍する。そして、その後、アマテラスの子孫が日本の国に下りてきたときは、スサノヲの子孫との間で、国譲りの妥協を成立させることになる。

ところで、三貴子の中心に存在するツクヨミは、この間その行為についてまったく語られないのが特徴的である。つまり、ツクヨミは三神の中央にあって、ひたすら無為を保ち続けるのである。重要な三神があり、第一と第三の神は対立したり、補償的であったりするが、中央に存在する第二の神はひたすら無為であるという構造に注目して、日本神話を見ると、それが他にも存在することがわかる。それを一応、表として示しておいた(二三九頁参照)。

この表に従って述べると、『古事記』に語られる最初の神はアメノミナカヌシであり、それに続いて、タカミムスヒ、カミムスヒが独神《ひとりがみ》として生成して、この世に現われたという。ところで、この最初の三神の場合も、タカミムスヒは大体において父性原理の方の機能をもち、高天原系の神と関連が深いのに対して、カミムスヒの方は大体において母性原理的な機能を示し、出雲系の神々と関連が深い。そして、この二神は『古事記』のなかで、重要な役割をもって登場してくるのである。これらに対して、アメノミナカヌシは、中心という名をもっているわけで、その重要性は疑うべきもないが、その行為についてまったく語られない。すなわち、最初の三神においても、無為の中心の構造が明確に読みとれるのである。

次に、第三番目の三神は、ホデリ、ホスセリ、ホヲリの組合せである。これは高天原より下ってきたニニギが、国つ神のコノハナサクヤと結ばれ、その結果生まれてきた神々である。ホヲリとホデリはそれぞれ山幸彦、海幸彦として対照的であり、対立関係も語られる。この際も、ホヲリ、ホデリの活躍に対して、ホスセリの行為については何も語られず、無為の中心の構造が保たれているのである。

詳しくは述べなかったが、表にも示されているとおり、これら三組の三神は、独神として生成した最初の神、次に、黄泉の国との接触の後、水によるみそぎを経て生まれた神、続いて、高天原の神と国つ神との接触の後に、火中から生まれた神と、それぞれ重要なポイントにおいて、特徴的な生まれ方で、この世に出現してきた神である。そして、いずれにおいても、対立したり、対照的であったりする二神の中央に徹底した無為の神をもつことを共通の様相としている。これらのことから、筆者は日本神話の構造を中空構造として捉えたのである。

中空構造の特徴のひとつとして指摘しておくべきことは、先にも少し触れたが対立関係にある神が他方の神を完全に抹殺してしまわないことである。もし中心に強い神が存在するときは、それに対抗するものは、抹殺されるか、完全に周辺に追いやられてしまうであろう。しかし、中空構造においては、対立する神が適当なバランスをもって共存しているのである。そして、ある神が強力となって中心の地位を占めようとしても、全体の動きによって、それを元に戻してしまう傾向が強い。ここには詳論しないが、『古事記』には、その後、高天原系の神の子孫が天皇家になるのであるが、時に、出雲系の神が祟りをもたらすなどして、その神を厚く祀ることによって災害を免れる話が語られる。このことは、高天原系が完全な中心となることに対する、出雲系からの「ゆりもどし」の現象として解釈することができる。

日本神話のもつ中空構造については、筆者がはじめて指摘したのであるが、その後、わが国の一流の神話学者からも相応の評価を受けている。

中空均衡型と中心統合型

日本神話の中空構造について、ごく簡単に述べたが、無為の中心のまわりに存在する神々が微妙なバランスを保っていることを、シンボリズムの観点から見てみよう。西欧のシンボリズムにおいては一般的に、男性―太陽―精神―能動、といった系列に対して、女性―月―肉体―受動、といった系列が対応し、この二つの軸によって、あらゆる事象が秩序づけられるような考え方が存在している。このような極めて明確な分割に対して、日本の神話を見てみると、まず太陽は女性、月は男性であるし、能動と受動という点に関しても、アマテラスとスサノヲの関係は、互いに反転して明確に確定できない。また、アマテラスは女性、スサノヲは男性であるが、それぞれと関連の深い、タカミムスヒ、カミムスヒは、父性原理、母性原理の体現者として考えられるので、この場合も、カウンターバランスの機能がはたらいていることが、読みとれるのである。

これ以上、細部にわたっては論じないが『古事記』の神話を詳細に検討すると、中心を空として、それをめぐる多くの神々が微妙なバランスをとりつつ、決定的な対立に至ることなく共存していることがわかるのである。このような構造を、筆者は中空均衡型と呼ぶことにした。

これに対して、旧約聖書に語られる神話を考えてみると、その対比は極めて明らかである。ここでは唯一至高の神が世界のすべてを創造する。神のはからいによって、矛盾のない統合された世界が出現する。したがって、ここで神に反抗するものは、サタンのように完全に追放されることになる。このように、中心にある絶対的な力によって統合されている構造を、先の中空均衡型に対して、中心統合型と呼ぶことにする。ここに、その中心はあくまで善であり、あくまで正しいことが主張されねばならない。

中空均衡型の場合は、中心が空であるため、その中心を侵すことは悪であるにしても、中心自身がその善であることや正しいことを主張するものではない。したがって、この構造は、極めて受容的で、全体的均衡が保たれる限り、何でも受け容れる。時には、その中心を侵されるようにさえ思われるが、時が経つと、それは中心からはずされ、全体のバランスのなかに何となく取り入れられてゆく。日本が外来の思想や宗教に接したとき、このような方法を取ってきたと思われる。仏教にしろ儒教にしろ、一時はわが国の文化において中心的地位を占めるかのように思われたが、それは徐々に日本化されると共に、重要ではあっても絶対的中心ではないところに位置づけられていくのである。

中空構造を維持するためには、中心の空性を保持しなくてはならない。アメノミナカヌシ―ツクヨミ―ホスセリ、とそれぞれ存在はするがまったく無為の神が中心を占めていたように、これを人間の集団に当てはめるならば、中心には無為の人物が坐ることになる。この役割として、歴代の天皇は大体において、適切な存在であったと考えられる。つまり、天皇は最高の人物ではあるが、あくまで無為でなくてはならないのである。このような観点から日本の歴史を見ると、天皇が中空性の体現者としてではなく、中心の権力者として行為した時期は、それが結果として生じたのか、原因となったのかはともかくとして、日本の平和が乱されていた時であることがわかるのである。

日本全体でなくとも、わが国の個々の集団においても、中空構造をもっていることが多い。それらの集団において、中心を占めるためには、ともかく、それが正統な系譜によっていること、いわば運命的に決定されていることが必要で、自分が中心を占めるための正統性を理論や主義主張によって証明しようとしないことが大切である。つまり、そのような主張をもった存在が中心を占めると、それは中心統合型に近づくことになるので、極めて危険なのであり、集団の成員が危機感をもって抵抗するのである。したがって、日本においては明確な方向性をもつリーダーは短期間しか存在できない。

中空構造は全体の均衡が取れている間はいいが、どれか強力な成員が中央に侵入しようとするとき、意外に抵抗が弱いときがある。大体においては相互の牽制によって中心への侵入を防いでいるが、それらは牽制はしても正面切って戦うことは少ないために、あんがいな中央への侵入を許すときがある。このことは中空構造の欠点である。もっとも、このようにして中心を占拠した者も、ある程度の期間には、徐々に中心からはずされてゆくことは、既に述べたとおりである。

中空構造と意思決定

日本人の意思決定の際に、既に述べてきた中空構造は大いに関連してくる。これは、個人の場合も集団の場合もよく似た現象を示す。まず、個人の場合で言うと、個人の心の在り方も西洋流の中心統合型になっていなくて、何かを決定する際に、自分の心の「中心」が決定する、という感じになるよりは、むしろ、自分の心を「空」にして、できるだけ他人の意見を入れこませようとする。あるいは、自分の意見をある程度もっているにしろ、それを明確な形にして打ち出すのを躊躇する傾向がある。

このような傾向は、たとえば、パーティで「何をお飲みになりますか」と聞かれたような場合でも、すぐに返事ができない、という形であらわれることもある。ともかく自分の意思というより、周囲の状況の方が優先するのだが、それが把握できていないときは返事に困ってしまう。あるいは、日本人に対して外国人がその意見を求めたときに、すぐに答えられなかったり、極めて月並なことを言ってしまうような傾向としても示される。

このようなことを基にして、「日本人には自我がない」とか、「日本人は個性的でない」などという批判を欧米人がするのを聞いたことがある。これは中心統合モデルに従うかぎり、そうかも知れないが、日本人が中空均衡のモデルに従っていると考えると、それほど簡単な断定はできなくなるのではなかろうか。日本人にも自我や個性は存在するが、その在り方が異なるのである。

集団の意思決定の場合は、中空構造の様相がより顕著になってくる。集団の成員はその決定を行うときに、自分の意見や方向をもっているとしても、それを明確に打ち出して中心を侵すことは危険なので、曖昧な形で提示したり、一般的な考えとして提示したりする。それと反対意見のものも、できる限り正面からの対決の形をとるのを避けようとする。この際、全体をまとめる役割をとるものは、全体の均衡ということを常に考えていて、自らの考えによって全体をリードすることが少ない。このため、日本においては会議が長びくことが多い。短い場合は、既に全体のバランスを考えた「根まわし」が先に行われているためである。

中心統合型の場合、中心になるものは、その正しさ、あるいは、力などにおいて他に優るものでなければならず、その地位を獲得するためには必要な対決を行わねばならない。集団で意思決定を行う際に、討論をすることは是非必要であり、正面からぶつかり合うことによって、優劣を明らかにする。

これに対して、中空均衡型の場合は、正面からの対決は避けられることが多い。実際、日本人は欧米人の好む討論(discussion)をすることが下手である。欧米人にとっては討論はむしろ楽しみでさえある。このような欧米人は、日本人と話をしても面白くない、と嘆く。つまり、日本人は何でも「すぐ同意してしまって」、「討論にならない」からである。この場合も、日本人は実は「同意してしまって」などいないのである。ともかく、一応は相手の考えを受け容れ、お互いに敵対するものではないことを明らかにした上で、徐々に自分の意見も述べて、全体の均衡をはかっていこうとしている。しかし、そのパターンがまったく通じないので、結局のところは、自分の意見も言いそびれてしまって、討論にならないし、相手からは、日本人は「個人としての意見を持たない」などと批判されることにもなる。

このように言うことによって、中空均衡型が中心統合型に対して劣っているとも、またその逆に優れているとも言うことはできない。いろいろな場合が想定できるが、まさに一長一短である、と言えるであろう。また、中空均衡型の方は、危機的状況において意思決定を速断しなくてはならぬときには不都合なので、そのような状況が強いときには、日本においても中心統合型への移行が見られるときがある。

中心統合型においては、いわゆる、正・反→合という図式があり、対決する両者の間から新しい創造が生まれるとき、その統合度はそれ以前より高いものとなる。中空均衡型においても、全体の均衡が崩れ、いずれかが中心への侵入を狙ったりしても、全体の均衡が以前と異なったものへと変化して、うまく落ち着くことがある。この際も新しい創造が行われたわけであるが、前者の場合の、正・反→合のような明確な図式によって説明することが難しく、「自然の流れに沿って」うまく変化したと考えられることが多い。このような「理想像」があるので、日本人は自分の意見を述べる際にも、全体の「流れ」に沿っているかを気にしたり、自分の意見は自分自身のものではなく、自然に出てきたことを強調したりすることもある。

中空均衡型の場合、最悪の状態になるのは、重要な意思決定が行われたにもかかわらず、それに参加した成員が明確な責任を感じない、ということが生じることである。重要なことが、「何となく」決定された、などということになる。アメリカに長く滞在していて、大学生になって帰国した学生が、日本語の「何となく」というのが一番わかりにくい、と嘆いたことがあったが、まさに「何となく」というのは、日本的な中空構造の顕われと言っていいだろう。

ヒルコの課題

中空均衡型は、その長所として対立するものの共存を許すところがあると述べた。これは、明確な理念や力によって統合するものではないので、実に多様なものをそのなかに受け容れるのである。このことは、既に述べたように、神話のレベルで言えば、アマテラスとスサノヲが共存するように、多くの神々がそのパンテオンのなかに存在することになる。これが日本神話のひとつの特徴である。

しかし、非常に興味深いことは、ヒルコだけが日本の国外に流されてしまい、日本の神々から除外されるのである。ヒルコについては、『古事記』のなかで、『日本書紀』も参考にして考えるなら、いろいろと多様な解釈の余地を残すものであるが、ここではそれらについて詳述することを避け、われわれの論議にとって、もっとも意義深く感じられることを一点だけあげておきたい。それは、ヒルコはヒルメとの対応が考えられ、アマテラスがオオヒルメと呼ばれていたことから類推すると、アマテラスが太陽の女神であるのに対して、ヒルコは太陽の男性神であったのではないか、ということである。既に述べたように、日本神話においては微妙なバランスが保たれるため、西洋のように、太陽―男性―精神―能動に対する、月―女性―肉体―受動というような明確な区分が成立しない。しかし、ヒルコが男性の太陽神であるとすると、それは、むしろ、明確な区分をする神であったと考えられないだろうか。

『古事記』によると、ヒルコの誕生は次のような経過であったという。イザナキとイザナミが結婚の式をあげたとき、イザナミの方が先に声をかけ、女性が先にものを言ったのが悪く、ヒルコが生まれ、それは好ましくない子として葦船に入れて流されてしまった。この話から考えると、女性が先にものを言って、女性優位を示し、それによって男性の太陽神が生まれたとすると、それは先の女性優位をカウンターバランスするこころみであると考えられる。しかし、それはカウンターバランスするにしては、力が強すぎて流されてしまったとも考えられる。つまり、日本神話においては、常に微妙な適切なバランス機能がはたらき、全体としての平衡を保つようにされているのだが、男性の太陽神は、そのような全体的バランスそのものを拒否するほどのものであったと考えられる。

アマテラスとスサノヲによって女性と男性のバランスがある程度保たれているのに、どうしてヒルコという男性はそこに入ることができなかったかという点については、次のように考えることができるであろう。父性原理というように、原理としての父性を考える場合、それは単に家庭において父親が権力をもつとか、威張っているとかの次元とは異なることを認識しなくてはならない。

旧約に語られるキリスト教神話は男性原理の強いものであるが、文化人類学者の谷泰はキリスト教神話の論理と、イスラエルにおける羊の放牧を行うための論理との間に顕著な類似関係のあることを示し、その本質を見事についている。[1]詳しくは谷泰の著書を参考にして頂きたいが、そのなかで特に父性原理の厳しさを明らかにしているのは、羊の群れを管理してゆくためには、群れを先導する雄は必要であるが、群れのなかに、雌雄が混合していると交尾期に混乱が生じるので、管理上、先導者としての雄と種つけのための雄以外は大量に殺すことを必要としている事実の指摘である。

「イスラエルの民にとり、オス当歳子の大量屠殺は必然であり、この大量屠殺の段階で、種オス候補として選ばれた若干のオスに対して、大量に間引かれて殺される選ばれざるオスという、オスの二つの運命が決せられることになる。もちろんその運命を決するのは、牧夫である」と、谷泰は述べている。そして、出エジプト記の過越しの出来事までの物語においては、農耕民族のように「死と再生」の話がどこにも見当らないことを指摘し、「当歳子羊は犠牲後再生したりはしない。しかも男神ヤーヴェは登場しても、女神はどこにも登場しない、男性的性に対して、女性的性は、少なくとも過越しの物語りではまったく中心的要素として現われてこないのである」と、旧約の物語の「性的不均衡」を明示している。

このような厳しい父性原理は、わが国においては見られなかったのではなかろうか。太陽の男性神ヒルコは、このような父性の体現者であり、それだからこそ、日本のパンテオンから追放されていった、と考えてみるとよく了解できるのである。「大量屠殺」の意思決定をすることを絶対に必要とするところに生じた父性原理は、やはり相当に厳しいものと言わねばならない。

さて、このようにして、ヒルコを意味づけるならば、現代における日本の課題を神話的レベルで表現すると、かつてはそれを追放することによって全体の平衡を保ち得たヒルコを、日本の神々のパンテオンのなかにいかにして迎えいれるか、ということになるであろう。ヒルコを入れこむことは容易なことではない。かといって、これまでのままでは国際化の著しい現代を乗り切ることはできないのではなかろうか。

しかし、中空均衡型と中心統合型を合わせたモデルというのは、おそらく考えることができないのではなかろうか。中空均衡型は何でも取り入れられそうに見えるが、中心統合型をそのなかに取り入れることはできない。おそらく、現代は単純なモデルを考えることによって、ものごとを解決することが不可能な時代なのであろう。両者を共存させることが、なかなか困難であるにしろ、われわれはこのようなモデルを知ることによって、単純に他を非難したり、あるいは、無批判に肯定したりはせずに、もう少し他を真に理理解できるようになるであろう。そのことによって、何らかの新しい道も見出せてくると思われる。

（1） 谷泰『「聖書」世界の構成論理』岩波書店、一九八四年。

神話学

一節　神話とは何か

この地球上には多くの民族が存在しているが、おそらく神話をもたない民族はないのではなかろうか。もちろん、後述するように神話と言ってもいろいろなレベルがあるが、広義に解釈する限り神話をもたない民族はないと言っていいのではなかろうか。神話というのは一見荒唐無稽であるが、これが人間が生きてゆくために必要なものとして存在しているのは、深く考えてみるべきことである。

神話はこのように大切なはずのものであるが、近代になって急激にその価値を疑われるようになった。西洋の近代が経験した「神話の没落」を、日本人は第二次大戦の敗戦のときに経験した。それまでは「日本は神国」なりとか、神の子孫としての天皇を「あらひと神」とすることとかを、国民の大半が信じていたが、そんなのは「うそ」であることが明確に感じられたのである。

ところで、西洋近代においては、このような「神話の没落」のときに神話学が発生してくるのである。それまでは「神々の物語」として信じるか信じないか、という対象であったものが、「研究」の対象となってきたのである。このところを、大林太良は「神話が対象化され、ロゴス(悟性)と出あうところに神話自体の没落と神話研究の発端があった」(大林、一九六六)と適切に述べている。

本章では、このようにして発展してきた神話学について、特に臨床心理学との関連について考慮しつつ、述べることにする。

一　神話

まずはじめに、神話とは何かについて明らかにしなくてはならない。このことはあんがいに難しいことである。と言うのも、後述するように、伝説、昔話などとの区別が時にあいまいになり、また、文化・社会が異なるに従って、神話に対する考えも異なってくるからである。ここでは詳細な論議には立ちいらず、大林太良が「もっともすぐれている」という、ヘルマン・バウマン(Baumann, H.)の説を、大林の記述(大林、一九六六)を参考にして紹介しつつ、筆者の考えも述べることにしたい。バウマンの考える神話の特徴は、次のようになる。

a　事物の起源、原古の生物、神々の行為についての物語である。

b　真実であると考えられている話であって、その民族の世界観の確定された諸要素から成り立っている。

c　登場人物は、人間社会を超えた存在である。

d　行為の時は、形成的な原古であって、このときにすべての本質的なものが基礎づけられたのである。

e　行為の場所は、とりわけて原古の地上であるが、そのつぎには、天あるいは地下である。

f　神話の決定的な機能は説明する機能と、証明する機能である。

以上の点についてもう少し詳しく述べる。a・cに述べられているように、神話は人間社会を超えた存在についての物語であり、なぜこの世界が存在するのか、その起源について語るものである。bの「真実であると考えられている」と言う「真実」については説明を要するだろう。

ギリシャ人たちが太陽を四輪馬車に乗った英雄として神話を語るとき、それは彼らが太陽を赤熱の球体であることを知らないことを意味しない。彼らはそんなことは知っていたのだ。それでは、なぜわざわざ神話を語るのか。それは彼らの「体験する太陽」、つまり、闇に光を与えるものとして朝に出現してきたり、一日中輝いているかと思うと、夕方には姿を消してゆく不思議な存在を彼らが「体験」した真実について語ろうとするとき、四輪馬車を駆る英雄のイメージが最も適切な「真実」となってくるのである。

また、dにおいて「すべての本質的なものが基礎づけられた」と述べられているが、ここに言う「基礎づける」(begründen)について少し説明しておこう。これは、ハンガリーの神話学者、カール・ケレーニイ(Kerényi, K.)の言である。ケレーニイは文献的な手法などにおいて批判されるところがあるようだが、神話の本質についての直観的理解力において極めて優れた学者である。彼は「神話は本来「なぜ」(warum)に答えるものではなく、「どこから」(woher)に答えるものである」と言っている。禅などで問われるように、「お前はどこから来たのか?」は極めて根源的な問いである。それは、「お前はなぜここに来たのか」とは次元を異にする問いである。ケレーニイによると、神話はそのような根源的な問いに対する答えとして生じてきたものであるという。この点については後にもう一度論じるであろう。

fに神話の機能として「説明する」と「証明する」というのがあげられているが、以上の論議においてもわかるとおり、「説明する」ときは、神話としては次元が低くなる。大林太良は、したがって、「真の神話と説明神話」とを分けて考え、「〈真の神話〉は、人生にとって本質的な事物を〈基礎づける〉のにたいして、説明神話は副次的な事物を〈説明する〉のである」(大林、一九六六)と述べている。もちろん、この二者はそれほど明確に分け難いときがあることも事実であるが。

二 伝説・昔話

神話と類似のものに、伝説や昔話がある。これらの関係をどう考えるか、について述べる。もちろん、これについても諸説が多くあるが、まず一般的と思われる考えを述べることにする。

神話が「原古」の時代について語るのに対して、伝説はある一定の過去の時代に生じた出来事で、登場人物や場所なども確定される。と言ってもそれは「歴史的事実」とは限らない。しかし、たとえば源義経がこの木に対してどのようにしたかなどと、特定の時代、人物、事物、場所について語られるのである。これに対して、昔話は「昔、昔、あるところに……」という最初の語りに示されるように、時代や場所が特定されない。登場人物も時には名前も明らかにされなかったり、「桃太郎」などと、史的事実と異なることを示すような名が告げられることがある。

このように一応、神話・伝説・昔話は分けられるが、同一の話がこれらのどれにも少しずつ変形して語られるようなこともある。たとえば、アメリカ先住民たちによって語られるトリックスターの話は、神話になったり、伝説になったり、昔話になったりしているのである。

このような事実から、昔話は神話の堕落したものである、と考えたり、また昔話が何かの特定の事物や場所と結びつくと伝説になると考えられたりしたが、簡単には決めつけられるものではなく、逆の場合もあったりして、神話・伝説・昔話の三者の間には相当の交流があると言ってよいであろう。

世界中のこれらの話を比較してみると、極めて類似性の高いものがあるので、どれがいったい「原型」であったかという議論もよく生じてくる。フォン・フランツ(von Franz, M.)はそれらのいろいろな場合をあげて示しているが(フォン・フランツ、一九七九)、もともとの話が一番単純で、それがだんだん洗練されてよくなってくる、という考え方と、もとの話が一番よくて、それがあちこち伝えられているうちにだんだん悪くなってくる、という考え方があるようだが、これはどちらの場合もあって一方が正しいということはないようである。

話の伝播ということに注目すると、多くの類似の話があるとき、一番「最初」の話はどれで、それがどのような道を通って伝播されてきたかが問題となる。非常に極端な場合はテオドル・ベンファイ(Benfey, T.)のように、すべての昔話はインドから生まれてきたとする、インド起源説を唱えたりするようになる。これは一方的な説であって、類似の話が必ずしも伝播によらず、独立に発生しているときもあると考えられる。

神話・伝説・昔話を比較すると、神話は、ある国や民族の起源を明らかにする役割をもっているので、それ相応の形をもつことが必要であり、意識的な彫琢を受けている。たとえば、『日本書紀』の場合、日本の天皇家の正統性を示すという要請があるので、そのような意図の少ない『古事記』と比較してみると、その差に意図的なものを見出せるのである。神話に対して、昔話はそのような意図がなく、民衆の語り伝えのなかで生きながらえてきたものなので、意識的かかわりが少ない。後述するように、無意識の研究をする深層心理学の場合は、したがって、昔話が非常に重要になってくるのである。

伝説は神話と昔話の中間的存在である。昔話が時間と切り離されて現代にまで至るのに対し、神話は原古の時代に結びついている。伝説は原古と現代の中間のある特定の時に結びついて、その伝説を共有する集団の過去と現代の連続性の維持に貢献するものである。いわゆる未開の土地で、歴史的時間感覚が発達せず、原古と現代が直結しているようなところでは、伝説ができにくいのである。

二節　神話学

一　合理的解釈

神話はもともと「信じる」べきものであった。それを信じることによって、人々は自分の所属する集団（国家とか民族とか）の基礎づけが行われていることを感じとるのであった。しかし、近代になって西洋人が近代的な自我を確立してくると、それはものごとを「対象化」して、その対象に関する知識をもつことが重要となってきた。対象知を組立ててゆく作業において、論理的、合理的思考が強力な武器となった。そのようにして獲得した自然科学の知は極めて有力であり、それによって人間——近代人——は、飛躍的に文明を発展させることができた。

このような考えに立って神話を見ると、まず、その非合理性が顕著に目立つのである。日本神話から例をとれば、イザナキという男性神の目や鼻から子どもが生まれるなどというのは、まったくのナンセンスということになるだろう。このような考えに立つ限り、神話は古代の人間の思考の低さを示すのみ、ということになって何ら価値をもたないことになる。特に、それがかつては「神の物語」として高い地位を得てきたものだけに、その反動もあって、神話を排斥する力も強くはたらいて、神話に対して無関心、無視の状態が生じる。

しかし、一方では、今までは「信仰」の対象として「研究」することなど考えつかなかった聖域が解禁されたということもあって、それを研究しようとする気運も生じてきた。それは研究というよりは、むしろ、どうして人間がこのような神話をもったのか、という好奇心と言ってもいいかも知れない。既に示したように、ギリシャ人は太陽のことをある程度知っていながら、太陽に関する神話をもっていたのだから、そこには、単なる客観的事実の説明以上のものがなければならないと思われるからである。そこで、神話の存在意義を何とか「合理的」に解釈しようとする試みが、まずなされたのである。

神話の合理的解釈として誰しも考えるのは、「寓意」であろう。何か伝えようとする倫理的理念があって、それをお話のなかに包みこんでゆく。つまり、面白いお話のなかに、伝えるべき何らかの教訓や意見が隠されていると考えるのである。たとえば、ヘラクレスのような英雄神話であれば、「勇気」ということの寓意が認められるのである。

このような寓意説の流れとして、神話は自然現象をその基礎にもっているという考えも生じてきた。たとえば、日本神話で、スサノヲが母親に会いたいと泣き叫ぶところは、「嵐」を想起させるし、後に彼が高天原で暴行をはたらくところは、「地震」を連想させるものがある。また、ヤマタノオロチが、頭や尾が八つに分れ、人々を悩ませるイメージは、川の氾濫による洪水を思い起こさせる。

次に、神話の合理的解釈としてエウヘメリズムがある。ギリシャのエウエメロス(Euēmeros)の名にちなんでつけられた、エウヘメリズムとは、神々は元来は実在した人間だったのではないかと考えるので、人間のなかで特に他と際立った行為をなしたものを、「神」とした上で、その話が誇張されて伝わって神話として語られるのではないか、と考えるのである。

確かに、わが国において、人間が死ぬと神になる例は多く、東郷神社や乃木神社などが近代になってからも出来るくらいだから、エウヘメリズムも一理あると思うが、それによってすべての神話を見ることはできないであろう。

以上のように、神話を何とか合理的に解釈することによって、その存在を認めようとする傾向がまず生じてきたことを示した。しかし、いかに合理的に解釈しても、まだその手にあまると感じられるのが神話であり、その本質が把握できたとは感じられ難いのである。その上、神話について調べてみると、世界中に実にいろいろとあり、「未開」民族として、それまであまり注目されなかった民族も、それぞれに神話をもっており、それらは今なお機能を発揮しているものもあるわけで、そのようなことがわかるにつれて、神話の研究もだんだんと盛んになるのである。

二　神話研究の発展

神話の本質は何かということを問題にしなくとも、神話がある民族から他の民族へと伝播してゆく過程を研究することも、神話研究の課題である。しかし、初期の頃は、キリスト教中心の考えが強くあったので、旧約聖書に語られていることが、ギリシャ神話へと伝播していったという考えが有力となったりした。このような、ヨーロッパ・キリスト教文化圏を中心としてみる傾向は、今世紀になって、文化人類学者が、各民族の神話とその意味を明らかにする努力と相まって、だんだんと薄れてくるのである。

十八—十九世紀におけるドイツ・ロマン主義の人々も神話に関心をもった。フロイト(Freud, S.)やユング(Jung, C. G.)などの後述する深層心理学者も、精神史的には、ロマン派の流れに属していると考えられるが、確かに、ロマン派の神話に関する考えは、今日から見ても注目に値する。ロマン派は啓蒙主義とは対照的に、人間の感情、直観、想像力、非合理性を重視したので、神話に対する関心を高めたのも当然のことである。

ロマン派のヨハネス・ヘルダー(Herder, J.)は、神の啓示が各民族に与えられており、それが神話となったと考える。ただ、その啓示を受けとめるとき、各民族の環境の差などによって言語化するときに差が生じ、どのひとつも完全なものではない。そこで、異なった民族の神話を研究することによって、より完全な啓示を知るように努めるとともに、各民族の神話の特徴を知ることによって、その民族の世界観を知ることができる、と考えた。ヘルダーの説は、神話が、その非合理性のために、どうしても低い評価を受けざるを得なかったのに対して、神話を世界観の表現として、その価値を見出そうとしたところに、その特徴があると言える。

神話に対する関心をもつときに、外向的な態度と内向的な態度とがある。外向的な研究としては、ある神話の起源を求めて伝播の経路を確認したり、神話に出てくる人物が、実際に実在した人間をモデルにしていないかを確かめたりすることになる。内向的な研究としては、前述したヘルダーなどが典型的で、神話のもつ「意味」を探ろうとすることになる。

ロマン派は内向的な態度を基本にしているが、神の啓示、あるいは、魂の言葉として神話を見るにしても、その外的要素に目を向けることの必要性を主張する人たちもあった。フリードリッヒ・クロイツァー(Creuzer, F.)は、原初に啓示があったと考える点ではロマン派の他の人たちと同様であるが、それがインドに起こったとし、それがギリシャ神話となったと考え、その跡づけを考えようとした点が異なっている。彼は象徴の重要性を強調し、最初の啓示は象徴として与えられ、それがギリシャにおいて多神教的な神話となったと考えた。しかし、ギリシャにおける密義宗教は、本来的な象徴を伝えていると考え、それを通じてインドにおける神智の象徴を知ろうとしたのである。本来内向的な人が外的事象に関心をもつと、途方もない独善性を示すときがあるが、クロイツァーの説などはその典型であろう。その外的事象の関係の把握は誤りであるが、にもかかわらず、彼の主張した象徴の重視の態度、神話という言語表現の背後に、非言語的に全体性を保ったままの啓示としての象徴が存在する、という考えは注目すべきことであると思われる。

また、同じロマン派でも、オットフリート・ミューラー(Müller, O.)は歴史的視点が神話学研究には必要であることを主張した。彼は内向・外向のバランスのとれていた人のようで、いわゆる科学的神話学の発展の基礎をつくった人ということができる。

ロマン派と同時代に外向的な研究を行なった人たちに、いわゆる自然神話学派がある。インド・ゲルマンの比較言語学が盛んになるに伴って、ドイツのクーン(Kuhn, A.)と、イギリス(生まれはドイツだが)のマックス・ミューラー(Müller, M.)に代表される学者たちが、神話の原初的現象として、何らかの自然現象を考えようとした。クーンは神話の原初的現象を嵐と考えるのに対して、ミューラーは太陽であると考えて、両者は対立した。もちろん、神話がこのような単一の現象から説明できるはずはないが、インド・ヨーロッパ語族という集団の神話を、特に言語学的知識を駆使して解明しようとした点は評価される。神話の基礎に自然現象を見るのなら、いろいろな自然現象を取りあげて考える方が効果的と思えるのに、わざわざ単一の現象に還元しようとして無理に無理を重ねるところを見ると、彼らが無意識的に一神教的神話にいかに呪縛されていたのかを示しているようで、興味深いのである。

十九世紀後半になると、いわゆる「未開」民族に関する研究が盛んになり、いわゆる「人類学派」が登場する。これまでの研究と異なり、それは未だ神話と共に生きている人々の神話に触れることになったので、研究者の態度も大いに変化させられたのである。そのなかで有名なのは、タイラー(Tylor, E.)の提唱した、アニミズムの概念である。自然界のあらゆる事物が生命をもつとし、それに霊魂の存在を認める、というアニミズムを、自然神話の基礎と考えるのである。

人類学派のラング(Lang, A.)も、現存未開民族の神話研究を重視した。彼は神話をその民族の生活・思想・信仰などと関連してその意義を知るべきだと主張した。これらのことは大きい意義があったが、どうしても現代文化を中心として見て合理的解釈をしようとする態度が強いので、未開民族の文化自体における神話のはたらき、したがって、神話の本質の理解に欠けるうらみがあったと思われる。

二十世紀になり神話学研究はますます盛んになる。まず自然学派の延長上に、新自然学派が登場する。レオ・フロベニウス(Frobenius, L.)はその代表者であるが、彼は太陽に関する神話や祭祀が多くの神話の基礎となっているると主張している。新自然学派の説は天体神話説とも言われるように、太陽のみではなく月やその他の天体の運行と神話とを関連づける。しかし、唯一の現象のみによってすべての神話を説明しようとはしないところが、かつての自然学派とは異なっている。

このような主張と関連して、汎バビロニア説が出てくる。これは神話が天体の諸現象から生み出されてきたと考えるのみならず、それはすべてバビロニアで生まれ、バビロニア起源の話が世界中に伝播していったと主張する。ここでは、天体の唯一の現象に神話を還元する傾向はなくなっているが、地球上の一カ所に起源を有するとして、やはり何らかの単一起源を探そうとする努力が続けられているのが注目すべきところである。ヨーロッパの学者たちが、キリスト教やヨーロッパ中心の思想から抜け出すことは、実に大変なことであったろうと思われる。

三　神話そのものの理解

その後も神話学は発展を続けるが、文化人類学、民族学の著しい進歩と共に、各民族を「外から」観察するのではなく、生活を共にしながら「内から」理解する方法がとられたために、神話理解が一挙に深まったことは特筆大書すべきである。このような研究態度は、心理療法家がクライアントに対するときの態度と同様のものであり、それ故にこそ、これらの神話研究が、臨床心理学においても大いに役立つものとなってくるのである。このような神話理解は、ヨーロッパ中心の考え方からも脱出することになり、神話学における画期的な出来事と言っていいだろう。

上述のような神話理解を示した学者として、ファン・デル・レーウ(van der Leeuw, G.)、ケレーニイ、エリアーデ(Eliade, M.)、ペッタツォーニ(Pettazzoni, R.)らの名をあげることができる。ちなみに、これらの学者はすべて、ユングが主催した、エラノス会議の参加者である。エラノスはユングが中心となって、東洋と西洋の宗教の出会いを目的として、年一回開かれた会議であるが、これを見てもエラノス会議のもった意義の大きさが感じられるのである。

ケレーニイの神話が事物を「基礎づける」ためにあるという説は既に紹介した。ここでもう少しケレーニイの説を引用してみよう(ケレーニイ／ユング、一九七五)。

「神話は、神話の語り手が物語を身をもって体験しながら、太古への帰路を見出すことによって根拠を説明する。事実、神話の語り手は、周辺をうろついたり嗅ぎ回ったりすることなく、調査したり緊張したりすることもなしに、自分の関わり合うあの太古に、彼の語り伝えている始源世界のただ中に、突如として現われる。人間は現実にどんな始源世界のなかに存在し得るのか。どの始源世界に直接もぐり込めるのか。人間には人間独自の始源世界がある。すなわち人間の不断の自己形成を可能にする人間の有機的存在という始源世界がある。」

ケレーニイはこれに続いて、始源を表わすのに最適な神話イメージとしての童児神について論じてゆくのだが、上に引用したような彼の文は、詩のような独特の表現によって、神話のもつ意味の深さをよく伝えていると思われる。私事になるが、筆者がかつて日本神話について論文を書くとき、ケレーニイに指導を受けに行ったとき、日本神話を何度も読んでいるうちに、自分の心の中に生まれてきた詩を書くのだ、というつもりで論文を書けばよい、と言われたことを思い出す。ケレーニイは、神話を「身をもって体験」することを神話理解の根本においているのである。

エリアーデの著作は非常によく日本に紹介されている。エリアーデは一九五〇年にエラノス会議に参加し、その後も参加を続けてユングとの親交を深めている。エリアーデのわが国への紹介者である久米博は、エリアーデの次のような日記を引用しているが、それは端的にエリアーデの神話に対する考えを示している。「神話とは何よりも物語であり、い・か・に・あるものがどのようにして存在するようになったかを啓示する以外の、何の機能も持っていない」(エリアーデの一九五七年九月二日の日記より)(久米、一九九〇)。エリアーデは儀礼を重んじ、行動としての儀礼、語りとしての神話は車の両輪のようにしてはたらいていると考える。エリアーデはその名著『イメージとシンボル』(エリアーデ、一九七二)の中で、「今日われわれは、一九世紀が予感すらできなかったあることを理解しつつあるのである。つまり、シンボル、神話、イメージが精神生活に必須な資であること、われわれはそれらを偽装し、ずたずたに切断し、その価値を下落させることはできても、根絶やしにすることはけっしてできないということを学びつつあるのだ」と述べている。啓蒙主義が「ずたずたに切断」した神話の価値を見直すのが、現代の課題である、と彼は考えるのである。

現代における神話研究の強力な流れとして構造主義がある。レヴィ＝ストロース(Lévi-Strauss, C.)は神話の個々の内容ではなく、全体の構造の在り方に注目しようとした。彼はそれぞれの文化が何らかの規則や秩序を有していることに注目し、そのような規則化や秩序化をもたらすのは何かに注目した。そして、人間が会話をしているときに、その内容については意識しているのに対して、その「文法」について意識していないことからヒントを得て、各文化は「文化の文法」とも言うべきものを無意識的にもっていると考えた。そのような人間精神のはたらき方における無意識的「文法」を見出すのに、神話を対象とすることがよいと彼は考える。神話は「人間のつくりだしたもののうちでも、もっとも荒唐無稽」であって、意図的な作為から遠く、無意識のもっとも自由な動きを示す、とレヴィ＝ストロースは考えるのである。彼はこのような考えに立って、神話を研究するので、神話に意識的に加えられたと思われる内容は、研究の対象から除外しようとするのである。

神話の「構造」に注目するという点で、レヴィ＝ストロースよりも先に研究を行なった人として、フランスの神話学者、デュメジル(Dumézil, G.)をあげることができる。彼はインド・ヨーロッパ語族の神話を研究して、その構造を明らかにした。幸いにも、わが国の神話学者、吉田敦彦がデュメジルのもとで長年にわたって研究を続けてきたので、彼の紹介によって、デュメジルの業績をわれわれは詳細に知ることができる(たとえば、吉田敦彦、一九七五)。デュメジルについて詳しく紹介はできないが、その要点は、インド・ヨーロッパ語族の神話の構造を次のような三機能の分類によって明らかにされるとしたことである。

(1) 神聖性・主権に関わる第一機能

(2) 戦闘性・力強さに関わる第二機能

(3) 生産性・豊饒性・平和などに関わる第三機能

これにこのような世界観を「三区分イデオロギー」と名づけた。デュメジルはこのようにして、神話は人々のもつ「世界観」が物語の形で表現されたものであって、社会の維持に貢献していると考えたのである。

三節 神話学と深層心理学

以上に神話学の発展の過程をごく簡単に述べてきた。その中にも述べたが、深層心理学者のユングと神話学者との交流は深く、相互に影響を与え合ったと考えられる。そのような点でも、深層心理学は神話学について語るときに避けられない領域であるが、われわれ臨床心理学者としては、臨床心理学を考える上で、神話学を無視することはできない。

一 ユング心理学

深層心理学者は多少とも神話に関心をもっているが、そのなかでもユング派が一番関心が高いと言っていいだろう。それはどうしてなのか、ユングの考えに沿って示すことにしよう。

ユングは彼のところに訪れてきた人の三分の一は、社会的には何の問題がないどころか、むしろ成功者と言っていいほどの人だったと述べている。地位や財産などは十分にある。その人たちが、ユングのところに訪ねてきたのは、ケレーニイの言葉を借りて言えば、「いったい自分はどこから来たのか」という問いの答えを見出したいからであった。その問いは、「いったい私はどこに行くのか」につながってゆく。それは人間存在の根源にかかわる問いである。これとは異なり、ノイローゼの症状をもった人が来て、自分は「なぜノイローゼになったのか」という問いを発する場合、それにはすぐには答えられないにしろ、分析家はある程度の答えを用意することができるであろう。しかし、そのような「なぜ」の問いと、前述の「どこから」の問いは次元が異なるのである。

ユングはこのことを区別するために、人生の前半と後半と、その課題が異なるのだと考えた。人生の前半においては「いかに生きるか」という課題が大切で、地位や財産や家庭を築くことに努力しなくてはならない。しかし、人生の後半になると、そのようなことが遂行された上で、次に「いかに死ぬか」という課題が大切となってくる。つまり、ここで既に述べた根源的な問いがのしかかってくる。この際、それに対する一般的な答えはない。各人がその答えを見出してゆかねばならず、そのためには各人の無意識の探索が必要となってくる。ここで、神話が浮かびあがってくるのである。

ケレーニイの言う神話の機能としての「基礎づける」ことが意味をもってくるのである。地位や財産や家庭などは大切なものであるが、はかないと言えばはかないものである。本当の意味の支えにはならない。一個の人間をしっかり「基礎づける」ためには、その人にとって神話がいる、とユングは考えた。彼は、中年期に、つまり人生の後半にさしかかるときに、相当な精神的不安定な状態になるが、彼はそのとき、自分自身に対して、「お前がその中に生きている神話は何なのか」と問うたと、その『自伝』のなかに語っている(ユング、一九七二)。ユングは「自分にとっての神話」を見出そうと努めた際、自分の無意識から産み出されてくる内容が、あまりにも過去の多くの文化がもつ神話と類似性が高いのに気づくのである。

ユングはこのような経験から、人類共通の普遍的無意識の存在を仮定するようになる。そして、神話的イメージを比較すると文化差をこえて、共通の「元型」が存在するとユングは考える。彼は次のように言っている(ユング、一九七三)。「元型の概念は……たとえば世界中の神話やおとぎ話が定まった主題をもち、それがあらゆるところに露呈されてきていることについての度重なる観察から引き出されたものである。われわれはこのような同じ主題を、今日生きている人々の空想、夢、譫妄、妄想の中に見出す。これらの典型的なイメージや連想は、私が元型的表象と呼ぶものである。それらが生き生きとしたものであればある程、特別に強烈な感情によって色づけられたものとなろう」。このような元型的表象を生ぜしめる元として、彼は「元型」の存在を仮定する。したがって、元型そのものは人間は意識することはできない。元型を意識が把握しようとすると、それは元型的表象、つまりイメージとして把握されることになる。

ユングのこのような考えによると、神話は元型的表象に満ちている。彼がそこに根源的な元型を見ようとすることは、構造主義者が、内容に注目せずに「構造」に注目しようとする態度と共通のものがある。ユングの場合は、あくまで本人の体験を重視するので、それに伴う感情体験も大切にするところが、構造主義とは異なっている。

ユングが本人の「体験」を重視するのは、深層心理学が、筆者の表現で言えば、「私の心理学」として出発していることと大いに関係している。このことは既に他に論じたので詳述を避けるが、臨床心理の実際において、クライアントに対するとき、クライアントの「主観」が大切になってくる。クライアントが体験していることが問題であって、それが「客観的」に見ておかしいと言ってもはじまらない。そのように主観を大切にするなかで、クライアントが自分自身の無意識を自ら探索するのを助けることを研究するのが臨床心理学である。となると、古代においてなされた無意識界の探索の結果として生じてきている神話が、臨床家に対して多くの示唆を与えてくれるのも、むしろ当然のことであろう。

クライアントと分析家が、その人にとっての神話を見出し、その過程をどのようにして歩んでゆくか、ということと、既に述べてきた神話学研究の過程とが、いろいろと対照できる点をもっているのは興味深いことである。個人の生活史のみに限定して、そのクライアントを理解しようとするのは、神話と自然現象とを結びつけて理解しようとしたのと似ていないだろうか。あるいは、クライアントの唯一のコンプレックスにのみ注目するというのは、自然学派の態度と似ていないだろうか。あるいは、ロマン派の人たちが直観的には、神話の本質を感じとりながら、それを歴史的事実と結びつけるとき、あまりにも空想的になりすぎるところは、内向的な治療者がクライアントの深い問題に心を奪われすぎて、その人の外的適応のことを忘れたり、失敗したりするのと似ていると思うのである。

治療者がいかなる理論——行動療法においても——をもつときも、それは広義における「神話」であることを、われわれはよく知っておく必要がある。そのことがわかると、神話学が臨床心理といかに深い関係をもつかも了解できるのである。

二　神話の知

以上に述べてきたことで、神話学の臨床心理学に対する関連の深さが了解されたと思うが、その点を一層明らかに示してくれるのが、哲学者の中村雄二郎の提唱している「神話の知」ということである(中村、一九七七)。自然科学の知は、「私」を対象から切り離し、そこに観察される事象について研究する。「私」が切り離されているので、そこに認められたことは「普遍性」をもち、どこでも「適用」できるのである。中村は科学の知について、次のように述べる。

「科学の知は、世界や実在を対象化して明確にとらえようとする私たち人間の態度に関するかぎり、それをもっとも純粋にもっとも直接に体現したものであり、それゆえにまた直接的な普遍性と、対象への直接的な働きかけの可能性とをもつことができた。しかし、科学の知は、その方向を歩めば歩むほど対象もそれ自身も細分化していって、対象と私たちとを有機的に結びつけるイメージ的な全体性が対象から失われ、したがって、対象への働きかけもいきおい部分的なものにならざるをえない。」

自然科学の知があまりにも有効であるので、現代人はそれを「唯一の正しい」知であると思いこみすぎ、そのために自分と他との結びつけを失ってしまったのではなかろうか。「私」という存在が意味を失ってしまうのである。いったい私はどこから来て、どこへ行くのか。これについては自然科学は答えないのである。

自分をも含めて、自分をとりまくすべてを全体として意味あるものとして見るためには、「神話の知」が必要となる。その点についても、中村の言葉を引用してみよう。

「神話の知の基礎にあるのは、私たちをとりまく物事とそれから構成されている世界とを宇宙論的に濃密な意味をもったものとしてとらえたいという根源的な欲求」である、と述べ、神話の知の特徴として、「神話の知はすぐれてイメージ的であるとともに体系的である。ということは、それが単に非論理的なものでも前論理的なものでもなく、別種の論理、具象の論理とでもいうべきものをもち、それによって全体として体系化されているということである。科学の知が概念を構成要素としているのに対して、神話の知を構成しているものはなにかといえば、それは意味を担ったイメージである。抽象的な概念ではなくて具象的なイメージである」と述べている。

これは神話の知の意義を明確に伝えているものであり、このことは、古代の一見荒唐無稽と見える神話が、今なお現代人のわれわれに魅力を感じさせるかをよく了解させてくれる。

個人主義の発達した現代においては、かつてのように部族や国民全体が、一つの神話の知を共有して、それによって生きるということが難しくなってきている。もちろん、各宗教はそれぞれの「神話」をもち、宗教集団を形成しているが、それをそのまま「信じる」ことを困難に感じる人も多いことであろう。また、それ故にこそ「自分の神話」を見出そうとして、多くの人が臨床心理士のところに訪れてくるとも言えるのである。

このように考えると、あるクライアントの心理療法過程に神話学の理解が大いに役立つこともあるのは当然のことである。そのような例の注目すべきものとして、織田尚生の業績をあげておきたい(織田、一九九〇)。織田は一分裂病者に対する治療過程を、日本神話の筋道を読み解くことによって理解しようとする。神話は人によっていろいろな読み解き方を許すものであり、何が「正しい」などと言えないことは、これまでの議論から了解されると思う。したがって、日本神話の正しい読みがあり、それを「適用」して治療を行う、などというのではなく、織田の日本神話の理解が、いかに心理療法過程の理解を深めることに役立っているか、という点からこれを見るべきであると思う。

以上、臨床心理学との関連について論じたいと思ったので、神話学の紹介としては十分に言いつくせないところがあったと思うが、その点については参考文献などによって補っていただくとして、一応限定された紙面内での論はここで終わりにしたい。

引用文献

M・エリアーデ著、前田耕作訳『イメージとシンボル』せりか書房、一九七一年。

C・G・ユング著、A・ヤッフェ編、河合隼雄・藤縄昭・出井淑子訳『ユング自伝』1・2、みすず書房、一九七二―七三年。

K・ケレーニイ、C・G・ユング著、杉浦忠夫訳『神話学入門』晶文社、一九七五年。

久米博「解題Ⅲ」エラノス会議編『創造の形態学Ⅰ』エラノス叢書10、平凡社、一九九〇年。

中村雄二郎『哲学の現在』岩波新書、一九七七年。

大林太良『神話学入門』中公新書、一九六六年。

参考文献

A・エリオット、M・エリアーデ他著、大林太良・吉田敦彦訳『神話――人類の夢と真実』講談社、一九八一年。

河合隼雄『中空構造日本の深層』中央公論社、一九八二年。

河合隼雄・湯浅泰雄・吉田敦彦『日本神話の思想』ミネルヴァ書房、一九八三年。

織田尚生『王権の心理学――ユング心理学と日本神話』第三文明社、一九九〇年。

M・フォン・フランツ著、氏原寛訳『おとぎ話の心理学』創元社、一九七九年。

吉田敦彦編著『比較神話学の現在』朝日出版社、一九七五年。

吉田敦彦・松村一男『神話学とは何か』有斐閣、一九八七年。

『風土記』と昔話

1 はじめに

日本は昔話の豊富な国である。特に、先進国と呼ばれる国のなかで現在においても、実際に語りつがれてきた話を昔話の研究者が採集することによって、多くの資料を得られるのは、おそらく日本だけと言っていいだろう。昔話研究は最近になって急激に発展したので、実に多くの昔話の記録が整理されて出版されるようになった。われわれ深層心理学を学ぶ者は、その恩恵を受けて、日本人の心の深層構造を究明してゆくための資料として活用させていただいている。

深層心理学のなかでもユング派は特に昔話研究を重視するが、これまでヨーロッパの昔話を主としてなされてきた研究に対して、筆者は日本の昔話を素材として研究を行い、それによって日本人の心性の在り方を明らかにすると同時に、人間の心の多様性を認めようとする考えを示してきた。つまり、ヨーロッパに生じた近代自我の在り方を唯一の正しい、人間の在り方と考えるのではなく、人間の心の在り方はもっと多様であり、そのなかのひとつとしての日本人の自我の特性を明らかにするとともに、それぞれが独自の在り様をもっていることを示そうとしたのである。これらのことは既に『昔話と日本人の心』(1)のなかに論じたところであるので、省略する。

このように、昔話の研究は日本人の心の研究を行う上で重要なことのひとつであるが、そのような昔話として伝承されているものが、古来からの文書に神話や史実を伝説として、極めて類似した形で記録されているのである。たとえば、日本人に昔話として非常によく知られている「浦島太郎」の話と類似の話が、これから取りあげる『風土記』のなかに、丹後の国の話、「浦嶼子」として記載されているのである。実は「浦島太郎」の場合は、『風土記』をはじめとして、時代の変遷とともに、その話が変化してゆく様相が、いろいろな文書によって明らかにされるので、それを比較検討することは、時代精神の変化を究明することにもなって、実に興味深いのである。このことも既に前掲の著書に論じていることであるが、このような点から考えてみると、『風土記』のなかに、どれほど昔話の素材となると思われるものがあるかを調べておくことは、今後の昔話研究の上で、役立つところがあると考えられる。

昔話と類似の話は、中世の説話集のなかにも多く認められる。たとえば、「藁しべ長者」として知られている昔話と、ほとんど変らない話が『宇治拾遺物語』などに記載されている。このようなことを詳細に検討してゆくと、『風土記』にも説話集にもあるもの、あるいはその間に変化の著しいもの、『風土記』にはあるが説話集では消えているもの、などなど、多くのことが明らかになり、これは昔話そのものの研究としても興味深いのみならず、日本人の心の時代的変化を考える上でも示唆を与えてくれるところが大きい。

『風土記』は「和銅六年(七一三)の中央官命に基づいて、地方各国庁で筆録編述した所命事項の報告公文書(2)」である。この和銅六年というのは、「古事記の成った翌年、日本書紀の撰進せられた養老四年の七年前」だから、実に古い時代の文書と言わねばならない。仏教は既に伝来してきているのだが、『風土記』を中世の説話集と読み比べてみると、後者はもともと仏教説話を集めたものだけに、仏教の影響が強く出ているが、『風土記』に語られる話は、仏教の影響が少ないと思われるので、その点で日本人の古来の考えを知る上で貴重であると思われる。

『続日本紀』の和銅六年五月甲子の条に、『風土記』に記載されるべき項目として、次の五項目があげられている。[3]

(1) 郡郷の名(地名)には好字(漢字二字の嘉き字)を著ける
(2) 郡内の産物(農工以外の自然採取物)について色目(物産品目)を録する
(3) 土地(農耕地または農耕可能地)の肥沃状態
(4) 山川原野(自然地)の名称の由来
(5) 古老の相伝する旧聞異事(伝承)

この項目中の(5)がわれわれの研究にかかわるところ大である。それは史実とも伝説ともつかぬ形で記載されているものではあるが、そのような話が特定の土地、人物、事物などを離れ、「昔々」という形で語られると、昔話になるわけである。ユング派の分析家、フォン・フランツはスイスの田舎における例として、実際に生じた事象が、伝説、昔話として変容してゆく例をあげているが、[4] このような傾向は世界共通に生じることであろう。このような伝承が「神」のこととして語られると「神話」となるが、『風土記』は、伝説や神話の断片に満ちているとも言うことができる。

神話の断片、特異な事実などとして語られていることでも、それが「昔話」のなかに結実してゆくためには、それなりの条件が整う必要がある、と思われる。『風土記』のなかにも、昔話の主題となりそうではあるが、その後の日本昔話のなかにあまり展開されていないのもある。

逆に、日本昔話のなかの重要なテーマであるが、『風土記』には一切現われてないようなものもある。このことも注目すべきことと思われる。既に述べたように、日本人の心の在り方や思想について、時代による変化の様相がそれによってわかることもある、と思われるからである。もっとも、これには注意が必要である。『風土記』は現在まで残っているものの方が少ないので、そこから一般論を言うのは危険と思われるからである。この点を考慮して、あまり断定的にならぬように注意したいと思う。

『風土記』については既に中西進、山田慶児とともに全体的な討論を行い、他に発表したことがある。(5) そのとき昔話との関連においても考察したが、今回はもっと詳細に調査した結果を発表したい。このような記述が昔話の今後の研究に役立つと思われる。

2　昔話の主題

昔話の主題として考えられるものが、『風土記』には多く認められる。それらのなかには、日本の昔話として現在採集されたもののなかにあまり展開していかなかったものもあるが、ともかく『風土記』のなかで、昔話の主題となり得るものを次に項目別に列挙して、それについての簡単なコメントを付しておく。この項目の分け方は恣意的であるが、『風土記』に比較的よく認められ、昔話の主題としても重要と思われるものから述べてゆくことにする。

(1)　変　身

変身の主題は全世界の昔話に認められる、と言っていいだろう。しかし、詳細に見ると文化により時代によって特徴があることが明らかになることもある。『風土記』にも多くの変身が語られる。そのなかで、白鳥が乙女に変身するもの、および蛇については特に重要でもあり、数も多いので、別に項目を立てて論じることにする。

男女が松の木に変身(『常陸国風土記』七三―七五頁)(6) 童子女《うなゐ》の松原という所で、若い男女が嬥歌《うたがき》のとき睦み合っているうちに、朝が来てしまって、二人はこれを愧じて「松の樹と化成《な》れり。郎子《いらつこ》を奈美松《なみまつ》と謂ひ、嬢子《いらつめ》を古津《こつ》松《まつ》と称《い》ふ」。これは人が松になった話で、ギリシャ神話のダプネーが月桂樹になるように、人間が木に変身するのは割にある話である。ただここで若い二人が何を愧じたのか、嬥歌のときは朝まで二人で居るのがよくないのか、そのあたりは不明である。

神が鳥となる(『出雲国風土記』一二九頁) 神魂命《かむむすびのみこと》の御子、宇武加比《うむかひ》売命《めのみこと》が法吉《ほほき》鳥《どり》になって、「静まり坐《ま》しき」場所が法吉の郷と言われるという話。人や人の魂が鳥になる話は全世界に認められると言っていいほどである。ここで変身の経緯が語られぬのが残念だが、法吉鳥は鶯で、昔話の「鶯の里」の源流も、こんなところにあるのかも知れない。変身した神は女神であるが、やはり鶯に変身するのは女性なのであろう。

亀が人に変身(『丹後国風土記』逸文四七〇―四七五頁) これは浦島太郎の源泉と考えられる「浦嶼子」の話である。水の江の嶼子《しまこ》という男が海で釣をしているうちに「五色《いついろ》の亀」を釣りあげる。亀は美女に変身して嶼子にプロポーズし、二人は蓬萊山《とこよのくに》に行く。もともとあったこのような変身の主題が時代とともに姿を消してしまい、亀姫の姿は亀と乙姫とに分離してくる。その上に、仏教説話の影響を受けて亀の報恩の主題がつけ加わってくるのである。

広い意味の変身と考えられるが、人の変身ではなく、ものの「変身」とでも言うべき話もある。そのなかには

「石化」ということも生じる。それらを次に示す。

琴が樟になる(『肥前国風土記』三九一頁) 琴木の岡の由来として語られる話で、景行天皇がもともと平原で岡のなかったところに「此の地《ところ》の形は、必ず岡あるべし」と言って岡をつくらせた。その岡で宴会をした後に琴をたてると、それが樟《くすのき》になった。

人間の頭が島になる(『近江国風土記』逸文四五九頁) ただしこれは「存疑」とされている。夷服《いぶき》の岳(伊吹山)の神と、その姪(妹という説あり)の浅井の岡とが高さを競った。浅井の岡は一夜に高さを増したので、夷服の岳の神が怒って浅井比売《ひめ》を切り、その頭が湖におちて島となり竹生島《ちくぶ》になったという。

鏡が石になる(『豊前国風土記』逸文五一一頁) 鏡山の由来として語られる。神功皇后が「天神《あまつかみ》も地祇《くにつかみ》も我が為に福《さきは》へたまへ」と言って鏡を安置すると、それが石となった。

鰐と鯨が石となる(『壱岐国風土記』逸文五二七—五二八頁) 昔に、鰐が鯨を追いかけ、鯨が逃げてきて隠れた。このとき鰐も鯨も石となった。両者一里離れているという。

舟が石となる(『伊予国風土記』逸文四九七頁) 昔、熊野という船をつくり、それが石となった。よってそこを熊野という。

変身というよりは神の化身、または神の名とさえ考えられるような例がある。

神が白鹿となる(『尾張国風土記』逸文四四三頁) 川嶋の社。聖武天皇の世に、凡海部《おほしあまべ》の忍人《おしひと》が神が白鹿となって時に現われると言ったので、勅があってその社を天社《あまつやしろ》とした。

大神、鷲となる(『摂津国風土記』逸文、参考資料四二八頁) 「昔、大神あり、天津鰐《あまつわに》と云ひき、鷲《わし》と化為《な》りて此の山に下《くだ》り止《とど》まりて」とある。これは神の化身としての鷲と考えられるが、この際は神の強さ、威光を表わすイメージとして鷲が選ばれたのであろう。

以上に述べた変身のなかで、「もの」の変身として、琴が樟になるのがあるが、琴も樟も古代にあってはヌミノースを感じさせる「もの」だったのであろう。『伊賀国風土記』逸文(四三一頁)には、神女が常に来て琴を奏していたが、人が見ると神女は琴を棄てて消え去った。その琴を神として祭った、という話がある。「参考」として記載されているものであるが、琴のもつヌミノースな力が示されている。琴はその後の日本の物語のなかでは、重要な役割を果たすことがあるが、昔話の方にはあまりないようである。

樟は大木になるので、やはりヌミノースなイメージを提供するものと思われる。上総・下総の『風土記』逸文には「参考」としてながら、次のような話が記載されている(四五一頁)。長さ数百丈に及ぶ楠の大木があり、天皇がこれについて占わすと、「天下の大凶事也」という結果が出て、木を伐り倒した。上の枝を上総、下の枝を下総と言う。総は木の枝のことをいうと述べられている。また『播磨国風土記』逸文(四八三頁)には、一般にもよく知られている「速鳥」の話があるが、これも楠である。楠の大木を伐って「速鳥」という舟をつくった話である。これも楠の威力を示すひとつの話と考えられる。

速鳥との関連で、昔話の話型のひとつ「木魂聟入」(『日本昔話大成』話型一〇九)[7]に触れておきたい。この昔話でも大木が伐られて舟がつくられる。それがなかなか動かないのをある娘が進水させる話であるが、これなど、「速鳥」のモチーフとの関連を感じさせる。垂直軸に沿って上へ上へと伸びてゆく大木が伐り倒され、水平軸に沿って走る舟になるということは、古代の人にとっては凄い「変身」として受けとめられたのではなかろうか。

次に「もの」の変身として、鏡、鰐、鯨、舟などの石化が語られている。石化は神話・昔話において全世界にわたって生じる主題と言っていいであろう。石化はそのものの永続性のためというポジティブな面と、生気を失う、硬化するなどのネガティブな面とがあるが、これらの『風土記』の例は、むしろ永続性の方を示しているものと理解される。

(2) 白鳥の変身

白鳥が乙女に変身する話は、有名なロシアの「白鳥の湖」の話のように、全世界に広く分布しているものである。白い色、しなやかな身体、天から現われてくる、などの属性から清らかな乙女のイメージを描くのに適していたからであろう。わが国の昔話「天人女房」(『大成』一一八)も、白鳥の乙女の話型に属するものと考えていいだろう。

『風土記』には相当多くの白鳥についての記載がある。それが乙女になるものだけではなく、その他の話もともに次に列挙する。

『常陸国風土記』(七五—七七頁) 白鳥の里というところがある。白鳥が天より飛んできて乙女になり、「石を摘《ひろ》ひて池を造り、其が堤を築《つ》かむとして、徒に日月を積みて、築きては壊《く》えて、え作成《な》さざりき」とある。次に白鳥が歌った歌は難解でいろいろな読みがあるが、ここでは触れない。ともかく白鳥は天に昇り、以後は来なくなったと言う。

『豊後国風土記』(三五七頁) 豊後、豊前は昔は合わせて豊国と言った。そこを治めていた菟名手《うなで》が中臣《なかとみ》の村に行くと、白鳥が飛んできてそれが餅になった。その餅が里芋になる。菟名手は喜んでそれを天皇(景行天皇)に献上したところ、天皇は「天《あめ》の瑞物《しるしもの》、地《つち》の豊草《とよくさ》なり」というのでその国を豊国と名づけた。

『豊後国風土記』(三七三頁) ある百姓が水田を開くと大いに収穫を得た。奢って餅を弓の的にしたところ、餅が白鳥となって南の方に飛び去ってしまった。その年の間に百姓は死に絶え、その地は荒れはててしまう。

『山城国風土記』逸文(四一九頁、「存疑」として記載される) これは京都の伏見の稲荷神社の由来として語られている。餅を用いて的にしたところ、それが白鳥となり山の峯まで飛んで行き、そこに稲が生えた(伊禰奈利生《いねなりお》ひき)ので、社の名も「いなり」とした、という話である。

『近江国風土記』逸文(四五七—四五八頁、「存疑」として記載) 近江国の伊香《いか》の小江《ご》《を》に「天《あめ》の八女《やをとめ》、倶《とも》に白鳥《しらとり》と為りて」天より降りてきて水浴をする。伊香刀美《いかとみ》という男がひそかに白犬を使って天羽衣《あまのはごろも》を盗ませる。一番下の乙女のを盗んだので、七人の姉は飛び去るが末娘だけは残される。伊香刀美と白鳥の乙女は結婚して男二人、女二人の子を得る。その後、母親は天羽衣を捜し取って天に昇り、伊香刀美は、「独り空しき床を守りて、唫詠《ながめ》すること断《や》まざりき」という話である。

『豊後国風土記』逸文(五一四頁、「存疑」として記載) 球珠《くず》の郡《こおり》に広野があり、そこに田を作って住んだ人が、弓の的として餅を作ったところ、その餅が白鳥となって飛び去った。その後、そこは次第に衰えて荒野となってしまった。

以上が白鳥の変身にかかわる話である。まず白鳥が乙女となる話であるが、常陸国の話では白鳥が乙女となるだけの話であるのに対して近江国の話では、その乙女と男性の結婚、それに羽衣を盗む話まであって、昔話の「天人女房」と極めて類似した話となっている。もっとも昔話では、はじめから天女として語られ、白鳥が変身したのではない。むしろ鳥が女性に変身する昔話としては「鶴女房」(『大成』一一五)をあげねばならないであろう。

『近江国風土記』では、一度結婚して子どももつくるのだが、結局は女は羽衣を捜し出して消え去ってしまう。

昔話の「天人女房」では消えた女性を男性が追い求めてゆき、再び結婚するのもあるが、日本の昔話においては、一度結婚しても「鶴女房」のように、女性が消え去るのが多い。西洋の昔話では結婚の成就をもってハッピーエンドになるのに対して、日本の昔話は悲劇的結末になるのが多いことは内外の多くの学者の指摘しているところである。その点で、『丹後国風土記』逸文(四六六―四六八頁)の「奈具社《なぐ》」は白鳥は出て来ないが、天女の話で悲劇に終わるものとして注目に値すると思われる。

丹後の国の比治《ひぢ》の里の真奈井《まなゐ》という井に天女が八人降りてきて水浴みをしていた。老夫婦がそれを見てひそかに一人の娘の衣裳を隠しておく。他の天女は天に舞いあがってゆくが、衣裳のない娘は残り老夫婦のたっての願いをいれて養女となる。十余歳になって、天女は酒をつくり、それが病を癒す力をもっているために高価に売れて、老夫婦はたちまち金持になる。金持になってしまうと夫婦は天女に対して、お前は自分たちの子ではないが、暫らく仮に住まわせてやったのだから出て行けという。娘は天を仰いで哭くが致し方なく家を出る。あちこち泣き泣き旅をして、「竹野の郡船木の里の奈具の村」まで来て、「我が心なぐしくなりぬ」と言う。なぐしとは心平静という意味の古語である。天女はその村に留まることになり、奈具の社におさまり、豊宇賀能売命《とようかのめのみこと》になった。

これは天女の恩を仇で返す人間のさもしさが語られている。昔話の「鶴女房」を木下順二が「夕鶴」として劇化するとき、男性の欲の深さが語られるが、そのような流れのもとは、この「奈具社」に認められるかも知れない。「夕鶴」が現代人に強くアピールするように、白鳥の乙女の物語は時代を超えた魅力をそなえている、と思われる。それが、『風土記』にはこのような形で姿をとどめているのは非常に興味深い。

次に白鳥が餅になったり、餅が白鳥になったりする話がある。これは餅も白鳥もどちらも白いところから連想されたのだろう。餅を的にすると白鳥になって飛んで行った話は、『日本昔話大成』補遺三二「餅の的」沖縄県宮古郡採集として記載されている。他に類話がないし、『風土記』との関連をとやかくは論じ難い。ともかく、宮古郡で昔話として語られていた事実は注目すべきである。

豊国の名の由来になった話では、白鳥が餅になりそれが里芋となる、という不思議な変化が示されている。里芋は土の中から取れるものではあるが、天からの授かりものである点を強調したかったのかも知れない。

(3) 蛇の変身

白鳥とともに『風土記』のなかで変身が語られるものに、蛇がある。蛇も世界の多くの文化の昔話において活躍する動物である。白鳥がもっぱら女性像と結びつくのに対して、蛇は男性にも女性にもなるのが特徴的である。次に『風土記』のなかの蛇に関する話を列挙してみる。

夜刀の神としての蛇(『常陸国風土記』五五頁) ここでは蛇が恐るべき神として語られる。継体天皇の世に、箭《や》括《はず》の氏の麻多智《またち》という人が葦原を拓いて新田をつくった。そのとき夜刀《やつ》の神が沢山現われてその妨害をした。「蛇を謂ひて夜刀の神と為す。其の形は、蛇の身にして頭に角あり。率引《ひきゐ》て難を免るる時、見る人あらば、家門を破滅し、子孫継がず」と述べられているが、「逃げるときに見てはならない」というのは一種のタブーであろうか。ところで、麻多智は武器をとって蛇を殺したり追いやったりした後、「山口に至り、標の梲《つゑ》を境の堀に置《た》て、夜刀の神に告げていひしく、「此より上は神の地と為すことを聴《ゆる》さむ。此より下は人の田と作《な》すべし。今より後、吾、神の祝《はふり》と為りて、永代に敬ひ祭らむ。冀《ねが》はくは、な祟りそ、な恨みそ」」と言って社をつくり、祭ることにした。

これは恐るべき神に対する人間の対応の方法としてのひとつの典型を示すもので、ある「境界」を決めて互いに神と人との領域を明らかにし、人は神を祭る代りに神の方も人に害を与えないで欲しい、という一種の妥協を成立させるのである。ここで相手の危害を加える性質のみを強調すると、それは「悪」として徹底的に退治することが必要になるし、相手の神性のみを認めると、ただその命令に服従しなくてはならなくなる。日本の「神」は中間者であり、したがって人間との間に妥協が成立するのである。昔話においては、鬼や山姥などを完全に駆逐するのではなく、追いやったり、境界を設定したりして難を逃れることが多いが、そのような考えの源は『風土記』に既に多く認められる。

避け隠れる「神《あや》しき蛇」(『常陸国風土記』前掲の続き) 先に述べた蛇の社の話の続きである。この蛇の社のあたりに孝徳天皇の世になって、池をつくることになった。すると夜刀《やつ》の神が池の傍の椎《しい》の木に登って立ち去らない。そこで「此の池を修めしむるは、要は民を活かすにあり。何の神、誰の祇ぞ、風化に従はざる」と言い、何であろうと虫の類は打ち殺してしまえと役の民に命令すると、「神《あや》しき蛇避け隠りき」ということになる。これは「文明開化」の力が土着の神を追い払った話とも取れるし、あるいは、天皇族がそれに対敵する部族を駆逐した話とも取れる。ただ後者のときは、土蜘蛛などの呼称が用いられ、それが部族の呼称であることが明らかにされているが、「蛇」の場合は、むしろ動物の蛇のイメージが重なる語り方がされているのが特徴的である。

角の折れた蛇(『常陸国風土記』七七頁) 前項にもあったが『風土記』に現われる蛇には「角《つの》」があることがある。これは何を意味するのか、どのようなところから生じたのか不明である。その強さ恐ろしさを示すためのものではあろう。香島郡の「角折《つのをれ》の浜」の由来として語られる。「古《いにしへ》、大きなる蛇あり。東の海に通《いた》らむと欲《おも》ひて、浜を掘りて穴を作るに、蛇の角、折れ落ちき」よって「角折の浜」と名づけたと言う。この蛇の角の折れる話をどう解釈するべきか、筆者には適切な考えがまだ浮かんで来ない。これに続いて「或るひといへらく」として、倭武《やまとたける》の天皇《すめらみこと》（ヤマトタケルは『風土記』のなかではよく天皇と呼ばれる）がこの浜に来たとき、料理のための水を得ようとして、鹿の角で土を掘ろうとしたが、角が折れたので「角折の浜」と名づけたという異説が紹介されている。この頃になると、人々は「蛇の角」の意味を了解しかねたのかも知れない。昔話には、角のある蛇は登場しないと思う。

蛇聟の話(1)（『常陸国風土記』七九頁）　蛇が聟として登場する話は昔話に「蛇聟入」として記載され多くの類話をもっている。神話としても『古事記』の大三輪主の話として語られている。ここに記されている話はそれらとの関連で興味深いので、少し詳しく紹介する。

茨城《うばらき》の里に努賀毗古《ぬかびこ》と努賀毗咩《ぬかびめ》という兄妹がいた。ところが妹の室に毎夜訪ねてくる男性がいるが、名を名乗らない。努賀毗咩は妊娠して子どもを生む。小さい蛇の子であった。日中は何も言わないが、夜になると母親と話をする。努賀毗古と努賀毗咩は驚きあやしみ「神の子」だろうと思う。「浄《きよ》き杯《つき》」に蛇の子を入れておくと一夜のうちにそれに一杯の大きさになった。そこで大きい器に代えると、また大きくなり、三、四度とも同様で、とうとう入れる器がなくなった。そこで、「汝が器宇を量るに、自ら神の子なるを知りぬ。我が属の勢は、養長すべからず、父の在すところに従《ゆ》きね。此にあるべからず」と言う。子どもは悲しんだが、母親の命には従わねばならない。ただ一人で行くのよりは、「矜《あはれ》みて一《ひとり》の小子《わらは》を副《そ》へたまへ」と答えた。母親はお前の母と伯父がいるだけだから誰も従って行く者は居ないと言うと、子どもは恨んでものを言わなくなった。別れるとき怒りのあまり伯父を殺して天に昇ろうとするが、母親が驚いて盆《ひらか》を投げつけたので子どもは昇ることができず、その峯に留まった。

兄と妹の組合せがあり、そこに妹の夫が現われ、夫と兄の間に葛藤が生じるのは、『古事記』のなかの有名な沙本毘古と沙本毘売の話を思わせる。これはおそらく母系の社会が父系に変化してゆくときに生じた問題を反映しているものと考えられる。昔話の「蛇聟」の話では、ほとんどの場合は蛇聟が殺されてしまうことになるが、おそらくそれは後代の話であり、原型は、蛇聟は『古事記』の大三輪の神のように「神」であり、その子どもは神性をそなえた人間として崇められるというものであったろう。その点で、この話は大三輪型の神話と、蛇聟型の昔話の中間に存在するものとして注目すべき話である。

ここで蛇の子を器に入れるとどんどん大きくなり、文字どおりそこの家の「器量」をこえた存在であることがわかる、というところは面白いが、これはおそらく昔話には見られないのではなかろうか。また蛇の子が家を立ち去るときに「一《ひとり》の小子《わらは》を副《そ》へたまへ」と言うところも、あまり類話がないように思う。いわゆる「小さ子」の主題は母親との関連で出てくるが、このようなかたちで言及されるのは珍しいのではなかろうか。今後研究すべき課題とも思われる。

蛇聟の話(2)（『肥前国風土記』三九七頁）　大伴の狭手彦《さでひこ》の連《むらじ》が任那に舟で渡ったとき、弟日《おとひ》姫子が峯に登って褶《ひれ》を振った。そこでその峯を褶振《ひれふり》の峯というようになった。二人が別れて五日後、弟日姫子を夜毎たずねて共に寝、朝になると早く帰って行く男があった。顔は狭手彦によく似ていた。弟日姫子はあやしいと思い、ひそかに績麻《うみを》を男の衣の裾につけ、それを頼りに尋ねて行くと、峯のほとりの沼の傍に蛇が寝ていた。体は人間で沼の底に沈み、頭は蛇で沼の岸に寝ていた。それがたちまち人になって、

篠原の　弟姫の子ぞ
さ一夜も　率寝《ゐね》てむ時《しだ》や
家にくださむ

と言った。弟日姫子の従者は走り帰り、親族に告げ、そこへやってくると蛇も人も見えず、沼の底に人の屍《かばね》があったので峯の南の方に弟日姫子の墓をつくった。

この話は、績麻《うみを》を用いて夫の居場所をつきとめるところが『古事記』の話と同様になっているが、結末は悲劇に終わっている。

以上、蛇の変身の主題について見てきたが、蛇聟はあるが蛇女房の話はない。『風土記』はごく一部分のみしか現存していないので断定的なことは言えないが、おそらく母系の社会で男が妻を訪ねてゆく制度の間は、蛇聟の話はあっても蛇女房の話はなかったのではなかろうか。昔話の「蛇聟」と「蛇女房」とを比較するとき、前者の方が時代が古いという仮説をたててみてはどうなのか、と思っているが確たることは言えない。

以上で変身に関する考察を終わり、次にその他の主題のなかで、特に「夢」に関するものが多いのでそれについてみることにする。

3　夢

夢は神話にも昔話にもよく語られる。中世の物語や説話のなかでも、夢は大切な話題である。『風土記』にも夢に関する話が多いので、それを順次取りあげてみよう。

夢のお告げ(1)(『出雲国風土記』一八三頁)　宇賀の郷の北の海辺に脳《なづき》の礒というところがあり、礒の西に窟戸《いはやど》がありその奥は人も入ることができずその奥行きも不明である。夢にこの礒の窟のほとりに至ると必ず死ぬ。そこで人々は古より今に至るまで、黄泉《よみ》の坂・黄泉《よみ》の穴と名づけている。

夢のなかでその窟のほとりに居るのを見ると必ず死ぬので、その窟は「黄泉の坂」である、と考えられているという話である。「夢のお告げ」の分類に入れるのもどうかと思ったが広義に解釈してそうしておいた。

夢のお告げ(2)(『出雲国風土記』二二七頁) 三沢の郷の大穴持命《おほなもちのみこと》の子、阿遅須枳高日子命《あぢすきたかひこのみこと》は「御須髪八握《みひげやつか》に生《お》ふるまで、夜昼哭きまして、み辞通《ことかよ》はざりき」という状態であった。そこで大穴持命が夢のなかで「子どもの哭く由を知りたい」と願うと、夢のなかでは子どもが話をしているのを見た。目覚めて子どもに問いかけてみると「御沢《みさは》」と答えた。

これも夢のなかで言葉を発していたのが現実のこととなったので広義に解釈して「夢のお告げ」とした。阿遅須枳高日子命が「御須髪八握《みひげやつか》に生ふるまで」哭いてものを言わなかったという描写は、スサノヲやホムチワケとの関連性を示している。

夢のお告げ(3)(『肥前国風土記』三八三―三八五頁) 姫社《ひめこそ》の郷の山道《やまぢ》川のほとりに荒ぶる神が居て通行する者の半数を殺した。どうして祟るのかを占うと、「筑前の国宗像《むなかた》の郡の人、珂是古《かぜこ》」に社を祭らせよということであった。珂是古は自分に祭って欲しいのであれば、それを示せと、幡《はた》を風のまにまに放つと、幡は「御原《みはら》の郡の姫社《ひめこそ》の社《もり》」におち、また飛び帰ってきて山道川のほとりにおちた。その夜珂是古は夢のなかで臥機《くつびき》(織機の一種)と絡垜《たたり》(四角い枠の糸繰り道具)とが舞い遊び、珂是古を押して目を覚まさせるのを見た。そこで、彼は神が女神であることを知り、社を立てて祭った。それ以後、祟りはなくて道行く人は殺されず、その郷の名を姫社《ひめこそ》と呼ぶようになった。

この話でも夢がお告げを与えてくれている。そこで、織物のための道具が出てきて、神が女性と知らせるところが印象的である。天照大神も高天原で機織りをしていたが、このことは女性性の象徴としての意味を強くもっているのであろう。ギリシャ神話ではアテーナーが機織りをしている。

夢のお告げ(4)（『尾張国風土記』逸文四四二頁） 垂仁天皇の皇子、品津別《ほむつわけ》は七歳になってものを言わない。そのとき皇后の夢に神が出てきて「吾は多具の国の神、名を阿麻乃彌加津比女《あまのみかつひめ》と曰ふ。吾、未だ祝《はふり》を得ず。若し吾が為に祝人《はふり》を宛てば、皇子能言《あぎと》ひ、亦是、み寿考《いのちなが》からむ」と言う。それに従って社を建てた。

この話も夢のお告げによって、皇子がものを言わぬ由来がわかるもので、既に『出雲国風土記』の「夢のお告げ(2)」に紹介しているのと類似の話である。これらを『古事記』のホムチワケの話と比較すると興味深いと思うが、ここでは本論と関係がないので省略する。

夢合《あわ》せ（夢野の鹿）の話（『摂津国風土記』逸文四二二―四二三頁） 雄伴《をとも》の郡の夢野というところがある。昔、刀我野に牡鹿が居り、その本妻の牝鹿は夢野に居て、妾の牝鹿は淡路国の野島に居た。牡鹿はしばしば野島の牝鹿を訪ねていた。あるとき、牡鹿は本妻に向かって、「今夜の夢に、自分の背中に雪がふり、すすきが生えてくるというのを見た。これは何の前兆だろう」と尋ねた。妻の鹿は夫が妾のところに行くのを憎んで、「背中に草が生えるのは矢が背中にささるのであり、雪がふるのは、肉に食塩をまぶす(そのようにして人に食べられる)前兆である。お前が淡路の野島に行こうとすると必ず舟人に遭って射殺されるだろう」と言う。牡鹿はそれでも気持がおさえられずに淡路に行こうとして、実際に射殺されて死んだ。そこでその野を「夢野」と言うようになり、「刀我野に立てる真牡鹿も、夢相《いめあはせ》のまにまに」と言った。

この話は夢の直接的なお告げではなく、「夢相」つまり夢の解釈が重要であり、しかも解釈の仕様によってその結果も異なってくることを述べている、という点で非常に興味深い。夢を見てもそれをどう解釈するかによって結果が異なるということは、『宇治拾遺物語』の伴大納言の夢の話にも認められる。往事の人々はこのように

「夢相」ということを重要視したのであろう。

以上、夢についての記載を列挙したが、ひとつを除いて他はすべて「夢のお告げ」についての話である。古代の人間が夢を大事にしていたことがこれによってわかる。多くは神が夢のなかで語っているのだが、『摂津国風土記』の「夢合せ」の話のように、神と無関係のものもある。後者の場合は従って、夢合せということが大切になってくるのである。日本昔話で夢が主題となるものには、「夢見小僧」(『大成』一五六)と「夢買長者」(同一五八)がある。前者は子どもが見た大事な初夢を大人が聞きたがるのに頑固に言わずに頑張り、そのために迫害されるが、後に夢に見たとおりに成功する話。後者はよい夢を見た人がそれを友人に語り、その夢を買った人間が長者になる話である。いずれも、かるがるしく他人に夢を話してはならない、という教訓をもつものである。

夢を不用意に他人に話すべきではない。というのは、うっかり変な「夢合せ」を他人にされると大変なことになるという話にもつながってくるだろう。むしろ、このような夢買いなどの話は中世の説話の方によく認められる。おそらく、夢に関しては、神のお告げとしてそれに従う類の話があり、その後になって、夢をうっかり他人にもらすなとか、夢合せを問題にするような話がでてきたものと推察される。

4　その他の主題

以上に昔話によく現われる主題で『風土記』にも比較的よく記されているものについて論じてきたが、『風土記』のなかに単発的に見られる主題で、昔話と関連するもののうち興味あるものについて、次に取りあげてみたい。順は不同である。

酒泉（『播磨国風土記』二六七頁）　景行天皇の世に酒の涌き出る泉のある山があり、酒山と呼んだ。百姓が飲んで酔ってけんかをするので、埋めてしまった。天智朝九年（六七〇）に掘り出してみたら、未だ酒の気があった。昔話の「酒泉」（『大成』一五四）では発見者は酒屋になって金持になるが、こちらではけんかの元になるというので埋められてしまう。

来訪者(1)（『常陸国風土記』三九頁）　昔、神祖《みおや》の尊（誰を指すか不明）があちこちの神を訪ね、駿河の福慈《ふじ》の岳《やま》のところに来た。日が暮れてきたので宿りを乞うと、福慈の神は、新穀祭をしていて、ものいみをしているので宿は貸せないと断る。神祖の尊は恨んで、お前が住んでいる山は「生涯《いき》の極み、冬も夏も雪ふり霜おきて、冷寒《さむさ》重襲《しき》り、人民登らず、飲食《をしもの》な奠《まつ》りそ」と言った。そして筑波の山へ行き宿りを乞うと、筑波の神は、今日は新穀祭だけれど、お受けしないわけにはゆかない、と言う。そこで神祖の尊は喜んで歌を歌ってほめたたえる。このため、福慈の山は常に雪が降って登ることができず、筑波の山の方は、人々が歌い舞いして楽しむことになった。

来訪者(2)（『備後国風土記』逸文四八八―四八九頁）　これはよく知られている「蘇民将来」の話である。武塔の神が日暮に宿を借りようとする。兄の蘇民将来は貧しく、弟の蘇民将来は金持であるが、弟は断るのに対して兄の方は宿を貸してもてなす。数年後に武塔の神は兄の将来の娘に茅の輪を腰の上につけさせて、それを目印とし、それ以外の人間をすべて殺してしまう。その後、疫病がはやるときに、蘇民将来の子孫であると言って茅の輪を腰につけていると難を逃れると伝えられる。

この二つの話は来訪者に対して親切にした者に福がもたらされる、あるいは、不親切にしたものに災いがもたらされる、という話である。昔話では「猿長者」（『大成』一九七）、「宝手拭」（『大成』一九八）などにそれが認められる。いわゆる弘法伝説にもよく認められる主題である。蘇民将来の方では、兄弟間の葛藤にまでは至っていないが、兄弟の生き方の対比ということも語られている。

逃竄譚（『播磨国風土記』三三七頁）　法太《はふだ》の里。讃伎《さぬき》日子《ひこ》と建石命《たけいはのみこと》が相争い、讃伎日子が負けて逃げるとき「手以て匐《は》ひ去《い》にき」というので匐田と呼ばれるようになった。また、建石命は坂のところまで追いやって自分の「御冠《みかげ》」を坂に置き、これからはこの境界より入ってくるな、と言った。

境界を定める　昔話や神話によく示される逃竄譚は『風土記』にはあまり語られないが、それとの関連で語られる、境を定めて「悪」と思われるものの侵入を禁ずることは、多く語られる。ここに「悪」と表現したものは文字どおりの悪者の場合もあるが「荒ぶる神」に対してのときもある。もともと古代の日本では善悪としての「悪」の観念は明確ではなかったと思われる。ともかく恐るべき対象に対して「境界」をたてることによって共存をはかる態度が強かったと思われる。そのような例を次にあげる。

標の梲《つゑ》を立てる　これは既に夜刀《やつ》の神の話として紹介した（『常陸国風土記』）。

石でふさぐ（『出雲国風土記』二三二頁）　玉日女命《たまひめのみこと》を恋《した》って和爾《わに》が川をのぼってくる。そこで玉日女命は石で川をふさいだので、和爾は会うことができず恋うのみであった。そこを恋《したひ》山と名づけた。

肉を串にかける（『出雲国風土記』一〇五頁）　これは娘を鰐に食い殺された父親が、怒ってその鰐を殺し、その後でその鰐を「串に挂《か》け、路の垂《ほとり》に立て」たという話である。ここで串にさして路に立てたのは復讐の意味だけで、次からの侵入を防ぐ意図はなかったかも知れないが、昔話には時にこのような主題が見られるので記しておいた。

蘇生(1)（『播磨国風土記』二七九頁）　継《つぎ》の潮《みなと》というところで、昔に一人の女が死んだが、筑紫の国の火君等《ひのきみら》の祖《おや》がその女を「復生《つぎい》かし、仍りて取《あ》ひき」とある。蘇生させて結婚したのだが、それがなぜ、どのようにして蘇生させたかについては何も語られていない。

蘇生(2)(『伊予国風土記』逸文四九三頁)　大穴持命《おほなもちのみこと》が死んだ宿奈毗古那命《すくなひこなのみこと》を生かそうとして、大分《おほきた》の速見の湯をもってきて浴びさせると、生き返ってきて、「真蹔《ましまし》、寝ねつるかも」と言って、元気に力を入れて地面を踏んだ。

蘇生のことは日本の昔話に稀ではあるが、語られる。特に宿奈毗古那が生き返ってきたとき、「暫らく眠っていたものだ」と言うところは、『大成』一八〇の「姉と弟」の話で死んだ弟を姉が生き返らせると「朝寝ぞしたる、夕寝ぞしたるべんとこまかせ」と言って起きあがるのと感じが似ている。昔話には蘇生させるために生鞭死鞭とか、生かす花とかが用いられるが、『風土記』は(1)の方では何の説明もなく、(2)では湯が用いられている。おそらく、昔話の方では「お話」としての工夫がこらされたのであろう。

笛吹聟(『山城国風土記』四一八頁)　これは宇治橋姫の話で「参考」として記載されている。宇治の橋姫が妊娠中の悪阻にわかめを欲しいと言い、夫が海辺に行きそこで笛を吹いていると龍神が賞でて彼を聟にしてしまった。橋姫が夫を尋ねて海辺に行くと、ある老女が「あの人は龍神の聟になったが、龍宮の火をいみて、ここで食事をするのだ」と教えてくれる。そこへ夫が来たので話し合いをしたが、橋姫は泣く泣く別れた。その後、夫は帰ってきて橋姫と元どおりの夫婦になった。

男の笛の音に天女が心を惹かれて結婚する、というのが昔話の「笛吹聟」(『大成』一一九)である。この場合は天女ではなく龍神になっているが、いずれにしても異界の女性が笛に心惹かれるところが特徴的である。なおこの橋姫の話には、異界の火で料理したものを食べると、こちらに戻って来れないというタブーが語られているのも興味深い。男がどうして橋姫のところに戻ってきたのか、その経緯が語られていず残念である。

大男(『常陸国風土記』七九頁)　大櫛というところに、昔、大男がいた。身は丘の上に居ながら手は海辺の蛤をとり、食べた貝が積って岡となった。その足跡は長さ三十余歩《あし》、広さ二十余歩《あし》、尿の穴の直径は二十余歩《あし》ほどあった。『風土記』の注によると、三十歩《あし》は約五三・五メートル、二十歩《あし》は約三六メートルにあたる。日本の昔話や神話には、大男の話は珍しい。その点でこれは注目に値する。

昔話の主題と関連するものは、未だ探しだせばあると思うが、主なものとしては以上で終わりとし、『風土記』の昔話との関連で考えられる特徴について次に考えてみたい。

5 『風土記』の特性

これまでに述べてきたように、『風土記』には昔話の主題になるものが多くあることがわかった。ここで『風土記』と昔話との関連を知るひとつの方法として、昔話によく出てくる主題で、『風土記』には認められないものを考えてみることにしよう。

まず言えることは「動物報恩譚」がまったく見られないことである。これは特筆すべきことである。既に示したように白鳥や蛇の変身に伴って結婚の話も語られるが、『日本昔話大成』にある多くの異類婚には動物の報恩のことがよく語られているのに対して、『風土記』にはそれが全然ないのである。そもそも「浦島太郎」の原型とも考えられる『丹後国風土記』の「浦嶼子」の話に亀の報恩ということが語られない事実がそれを示している。おそらく「動物報恩譚」は仏教の因果応報の考えとともに後代に輸入されたものと思われる。

次に昔話に相当あって『風土記』に語られないのが、継母と継娘の話である。これは『日本昔話大成』にも、継子譚としてまとめられているが、「米福粟福」などをはじめ多くの話がある。ここで注目すべきことは、これらの話のなかには結婚によるハッピーエンドの話が割にある事実である。西洋の昔話と比較すると日本の昔話に結婚のハッピーエンド型のものが少ないことは、つとに指摘されているところであるが、この「継子譚」だけが例外といってよい。

このようなグループには「手無し娘」のようにグリムの話と極めて類似性の高いものも含まれているので、『風土記』にこのような主題が存在しないことから考えて、「継子譚」は後代に西洋から伝播してきたものか、と一応考えられる。しかし、このことは簡単に承認できない。というのは、昔話ではないが平安初期に成立したと思われる『落窪物語』には、典型的な継母と継娘の物語が語られているからである。したがってこの問題は速断することなく今後もう少し詳細に考察してゆきたいと思っている。

ともかく明確に言えるのは、母系社会であれば、継母の問題は生じないはずである。母系から父系への移行期の物語としては、『風土記』のなかの「蛇聟の話(1)」がそれに当たるであろうと指摘しておいた。しかし、完全に父系社会になってはいなかったので、『風土記』の時代には継母の話がなかったと推察される。ただ、継子いじめ的なことを感じさせるものとして、既に少し触れた「奈具の社」の話があるが、これはむしろ、異界の存在との関係の話として、鶴女房などに通じるものと考える方が妥当ではなかろうか。

次に、『風土記』にはあるが、昔話に認められないものとして、有名な「国引き」の話がある。これは『出雲国風土記』にある話で、周知のことだから紹介するまでもないだろう。やはり、国を創るときの話であるだけに、神話的要素が強く、したがって昔話の主題とはなり難かったと思われる。

『播磨国風土記』には隠妻《なびづま》の話が記されている。景行天皇が印南の別嬢《わきいらつめ》を訪ねてゆくが彼女は逃げて南毗都麻《なびつま》嶋に渡ってしまう。それを追って天皇は島に行き、会うことができる。当時は男性が女性を求めて訪ねて行く風習だったので、このような隠妻の話があると思われる。あるいは、すぐに従わずに一応は逃げてみせたりすることが風習になっていたのかも知れない。このような男性の積極的な求婚と女性の受動的な行為に対して、昔話の異類婚譚で女性が異類の場合は、ほとんどと言っていいほど、女性がプロポーズをし男性がそれに従っている。この対比はなかなか興味深い。『風土記』においても昔話的要素の強い「浦嶼子」の話では、五色の亀が美女に変身し、「風流之士《みやびを》、独蒼海《ひとりうみ》に汎《うか》べり。近しく談らはむおもひに勝《た》へず」に来たのだと言い、「相談らひて愛しみたまへ」と言う。嶼子がためらいを見せると、「賤妾《やつこ》が意《こころ》は、天地と畢《を》へ、日月と極まらむとおもふ。但《ただ》、君は奈何《いかに》か、早《すむや》けく許不《いなせ》の意《こころ》を先《し》らむ」とたたみかけている。このような積極的な姿は先に示した隠妻の姿とは極めて対照的である。

このような対比が生じるのは、おそらく現実生活においては隠妻のようなのが一般的であり、それに対する反作用として、ファンタジーの世界では、異界から現われた美女が積極的にはたらきかけてくる、というイメージが強くなったものと推察される。『風土記』には現実的な話と、昔話的な話とがともに記載されているので、そのどちらの型に属する話も読むことができるものと思われる。

既に示したように、白鳥の乙女の話は『風土記』にあり、昔話にもそれが継承されているのだが、中世の仏教説話には認められないのである。昔話においても、むしろ「天女」として語られて白鳥の姿は消えている。白鳥が女性として語られるのは、『大成』二一五の「白鳥の姉」であるが、これは沖永良部島で採集されたもので、その他の地方にはあまり分布していない。つまり、白鳥の乙女のイメージは古代に強く存在したのに対して、後代では弱くなってしまっている。

『古事記』では白鳥はあきらかにヤマトタケルの魂をあらわすものとして語られている。分析心理学者のユングは男性にとって、その魂は女性像(彼の言うアニマ・イメージ)によって表わされることを主張している。白鳥の乙女のイメージはまさにその線に沿うもので、『古事記』や『風土記』に語られる白鳥はそのような意味合いをそなえている。ところが、中世の説話になって、そのイメージが姿を消すことは、仏教の影響によるものと思われる。

筆者はかつて仏教が女性像によって表わされるアニマというのを抹殺してしまったのではないかという点を、九相詩絵などと関連して論じたが[8]、この白鳥の乙女の消失もそのことと関連している、と思われる。西洋において称揚されたロマンチックな愛ということが日本に生まれなかったことも、これと関連してくるであろう。それでも、昔話の方にはある程度その痕跡をとどめているのだから、まったく無くなったとは考えられず、白鳥の乙女の像はあちこちに残存しているのではなかろうか。その系譜をたどってみることは興味深いと思うが、今後の課題としておきたい。

以上、『風土記』と昔話との関連について考察を重ねてきた。現在われわれが採集によって集積した昔話について、その成立過程などに関して、仏教の影響によって受ける変化などを考慮し、仮説的ではあるがある程度の知見を得ることができたと思う。

(1) 河合隼雄『昔話と日本人の心』岩波書店、一九八二年。のち、『河合隼雄著作集』第八巻、岩波書店、一九九四年、に所収。
(2) 以下『風土記』に関しての引用は、日本古典文学大系『風土記』岩波書店、一九五八年の「解説」による。
(3) 前記の「解説」による。
(4) フォン・フランツ著、氏原寛訳『おとぎ話の心理学』創元社、一九七九年。
(5) 中西進・山田慶児・河合隼雄『昔、琵琶湖に鯨がいた』潮出版社、一九九一年。
(6) ここに示す頁数は前掲の日本古典文学大系『風土記』の頁を示している。

(7) 関敬吾・野村純一・大島廣志編『日本昔話大成』全十二巻、角川書店、一九七八―八〇年。話型の番号は同書の分類に従う。以後『大成』と略記する。

(8) 河合隼雄『明恵 夢を生きる』京都松柏社、一九八七年。

ナバホ国への旅

ナバホ・ネーション

ナバホ国などという国があるのを、読者は知っておられるだろうか。私がファンタジーを好きなことを御存知の方は、ファンタジーの国では、と思われるかも知れないが、ナバホ国は人口二五万人、政府もあるし国連に代表を送ってもいる、この地球上に存在している国である。と偉そうなことを言っているが、実は、私もそこに行くまでは知らなかったのである。ナバホ国はアメリカのアリゾナ、ニューメキシコ、ユタの各州の一部から成り立っており、アメリカ合衆国政府との交渉で、相当な独立性を認められている。政府の所在地であるウィンドウ・ロックに近づくと、ハイウェイの傍に大きく「ナバホ国に、ようこそ」という看板が見える。

ところで、自分も存在を知らなかった国にどうして旅することになったか、そのいきさつを少し書いておこう。実は二年程以前から、NHKエンタープライズ21のディレクター、奥平裕子さんが、私が心理療法家であり、フルートを趣味にしていることを知って、アメリカ先住民(かつてインディアンと呼ばれていた)の、フルートによる癒しの現場を訪ねて行こうという企画を立て、参加を要請してこられた。興味はあるものの忙しいので、大分迷っていたが、そろそろ日本神話について本格的に挑戦することを決心し、そのためには世界各地の神話の源流を訪ねる旅をしたいと思ったので、それとの関連で行けるなら、ということで同意した。

後に述べるように、ナバホ族はあまり笛を吹かないようで、それについてはズニ族を訪ねるのだが、私がナバホに固執したのは、大分以前にポール・ゾルブロッド（金関寿夫・迫村裕子訳）『アメリカ・インディアンの神話 ナバホの創世物語』（大修館書店）を読み、中沢新一さんと対談をしたことがあり（中沢新一・河合隼雄『ブッダの夢』朝日新聞社）、ナバホの神話には強い関心を持っていたからである。それと、後に述べることになる、モンテ・ホワイトさんという知人のことも心のなかにあったからである。

私は心理療法家として、神話・伝説・昔話などに深い関心を持っている。これらの話に人間の心の深層の内容が語られているからである。したがって、以前からアメリカ先住民のお話は割と読んでいた。それと私にとっては、彼らとの不思議な関係が、ずい分以前にあったのだ。それは一九五九―六一年にアメリカのＵＣＬＡに留学したとき、私の指導教授であるクロッパー教授がロールシャッハ・テストの大家としてアメリカ先住民研究に参加し、私はその研究助手として、その一端を担うことになったからである。

ロールシャッハ・テストは御存知の方も多いと思うが、インクのしみのような図版を見せて、「何に見えるか」と尋ねる、投影法の心理テストである。研究対象となったのはアパッチ族で、彼らのロールシャッハ・テストの結果がクロッパー教授に送られてくる。それを見てわれわれが判断するのである。まず、アパッチ族のシャーマンが研究対象になった。当時は、シャーマンというとすぐに「異常」と考える人が多く、それまでの研究は、シャーマンは精神分裂病なのかヒステリーなのかなどというものがほとんどであった。

ところが、私がロールシャッハの結果を見ると、案に相違して、シャーマンはその部族のなかで、むしろ人間性の豊かな高い能力のある人だと判断された。それをクロッパー教授らと連名で学術誌に発表したが、非常に意義のあるものだったと私は思っている。

そんなこともあって、一九九三年にニューメキシコ州アルバカーキで国際箱庭療法学会が開かれたとき、この機会にどうしてもアメリカ先住民たちに接触したいと思った。しかし、結局は学会の友人たちとアパッチ族の居留地を訪れ、観光客用の踊りを見るだけに終わった。そのとき私は大いに失望したのみならず、怒りさえ感じたのを覚えている。観光客のために踊っているアパッチの人たちが、あまりにも無表情で、肥満体の人も多く、これがあの勇ましい部族とはとうてい思えないし、私がロールシャッハの結果から予想していた豊かな心を持った人、でもなかった。誰が彼らのたましいを腐らせたのか。

われわれが現地に行く以前に、予備調査に行った奥平さんから聞いてはいたが、ナバホの人たちは違っていた。生き生きとしていた。日本人よりはるかにしっかりと生きていると感じられた。やはり、何とか苦労しながらでも、「自分たちの国」を保持しようと努力してきたことが、彼らの生き方を支えているに違いない。聞くところによると、アメリカ政府は妥協策として「ナバホ州」の設立を提案したそうだが、それでは独立にならない、と受けいれなかったそうだ。

神話を生きる

二月十九日に関西空港を出発、私は空路アルバカーキに着いた。ここでチーム全員がそろったのだが、そのメンバーを紹介しておこう。NHKエンタープライズ21のディレクター奥平裕子さん、プロデューサーの朝比奈誠さん、カメラの松原武司さん、音声の田名史之さんの四名の方に、現地のコーディネーター小林和範さん。それと非常に有難いことにナバホの世界に相当に入りこんで住んでいる中島剛さん(現地ではジェフと呼ばれている)が加わることになって、私も加えて、七名のチームができあがった。チームはそれぞれ役割は異なるものの、気が合って最後まで楽しい旅ができて有難かった。

一九九五年に私はアメリカのプリンストン大学で「日本神話」について二カ月間講義をしたことがある。科学技術の発達した今日において、現代人に対して神話はどのような意味をもつのか、を第一限にまず話をした。そうしないと、神話の意義などなかなかわからないだろうと思ったからである。ところが、実によい質問やコメントをする若い学生がいる。若いのに感心なものと思っていると、講義が終わると喋りに来て「モンテ・ホワイト」と名乗り「私はナバホです」と言った。驚いたが、われわれはすぐ仲良くなり、一緒にランチを食べたりしながらよく話し合った。ナバホ族に関しては文化人類学者がよく調査して、多くの報告が出版されているが、「われわれは彼らにすべてを語っているのではない」と厳しい表情をしてモンテさんが言ったのが、強く印象に残っている。

今回の旅では是非モンテさんに会いたいとNHKに調べていただくと、何と、彼はプリンストンを卒業後、故郷に帰って小学校の教師をしていることがわかった。予備調査に行った奥平さんがモンテさんに会ってわけを話すと彼も大喜び、彼の勤務校は相当な奥地なので、日曜日に彼が祖母の家に帰っているところで、感激の再会となった。

ナバホの人たちが見ず知らずの人を家庭内に入れる、しかも、カメラで撮影する人まで、ということは考えられないことだが、モンテさんのおかげで、われわれ一行はモンテさんのおばあさんの家に招待された。家に入ると、彼女は伝統的な服を着て中央に坐り、後は彼女の娘(モンテさんの叔母)、と女性ばかりで、母系社会なのだと察せられた。モンテさんの母親は近くに住んでいるのだが、すぐ後から来られた。何と言っても、モンテさんの祖母の気品に心を打たれた。このような品格と落ち着きを感じさせる女性は日本にも昔は居たように思うが、今はずいぶん少なくなったのではなかろうか。

ナバホの人たちは非常に内気で、説明はもっぱらモンテさんがしてくれるが、だんだんと打ちとけてくると、おばあさんが歌を歌ったり、織物の実演をして下さったり。人と人との間の心の交流ということが、ほんとうに感じられて嬉しく思う(彼女はナバホ語だけで英語は話せない)。

モンテさんの話を聞いていると、「神話が生活のなかに生きている」ことを実感する。家の建て方、飾りもの、屋外のコーンフィールド、羊小屋などなど、すべてが神話と関連しているし、織物にしても説明を聞くと、それはコスモロジーの表現なのだ。これは、年老いても落ち着いて居られるはずだと思う。長い歴史——つまり物語——のなかに自分の位置がしっかりと定まっており、死んだ後のことまですべて安泰なのである。

かつて一九二〇年代にC・G・ユングがプエブロ族を訪ねて、老人たちのたたずまいに感激し、便利さを求めてセカセカと動き回っているヨーロッパには、残念ながらこれだけの気品をもった老人は居ない、と嘆いたことを思い出した。しかし、それ以後の長い間——その間に科学技術は爆発的に進歩した——その品格を守っているナバホの人たちの姿にはほんとうに深く心を打たれるものがあった。

いろいろ説明しているなかで、モンテさんがちょっと恥かしそうな顔をしたのは、部屋の大切な飾りに、ナバホの神話のみならずキリスト教や他の部族のものまで混っていると言ったときである。彼はプリンストン大学にまで学んだ人なので、このような宗教の混淆を恥かしく感じたのかも知れない。私はすぐに「日本も同じですよ」と言った。日本でも神道、仏教、キリスト教など混りあっている。ただ、ここほどの敬虔さは失われているが。

モンテさんの話でなるほどと感じることがあった。それは、彼によるとナバホの「スタンダードの神話」などというものはない、ということである。もちろん、古くからの言い伝えなので、共通点は大いにある。しかし、それらは各家庭で折に触れて語られるものだから、その家の状況に従って少しずつ変化するのは当然だ。ナバホ族としての大きい流れを共有しつつ、各家庭、各個人によってその生活と共に適当に変わるというのである。

私は最近、現代においては各人が「自分の神話」を見出すべきだと考えたりしているが、そのこととモンテさんの語るナバホの神話に対する態度と似てくるのかなと思う。自分の神話と言っても、まったく新しいものなどまず作れない。人間は歴史的存在なのだから、自分の属する流れのなかで、古来からある神話を自分のものと感じつつ、やはり個人として生きる上においての自分なりの工夫も生じるだろう。神話によって支えられる生活のなかで、モンテさんの祖母のように、気品をもった老人ができあがってゆくのだろう。

笛の癒し

われわれの本来の目的である、笛の名手、フェルナンド・セルシオンさんを訪ねた。彼はズニ族である。ナバホ国の少し南にズニの居留地がある。彼のところでも、やはり、気品のある老女が中心に端然と坐っていた。セルシオンさんは四十歳くらいだが独身の男性である。いろいろな笛を見せてくれ、自分も吹いてみせてくれる。縦笛で木製。リコーダーに似ていると思えばいいが、音階はもちろん西洋音楽と異なる。穴は六つ。リコーダーのように親指を使う穴はない。音色はリコーダーよりも柔かく自然な音がする。セルシオンさんの演奏を聴いて、日本の民謡に似ているな、とまず感じる。こぶしをきかせるようなところもある。遠い遠い昔へと、そして大地へとつながってゆく音色であり、旋律である。

笛の由来の説明がある。ある若者が部族の長の娘に求婚しようと思うが勇気がでない。多くの若者がプロポーズしても皆拒絶されてしまう。その若者はエルク(ヘラジカ)を追って森に入りこみ、そこで眠る。夢に頭の赤いきつつきが現われて「ついておいで」と言う。目覚めると実際にきつつきが飛んできて、それについて行く。しばらく行くと、枯れた杉の木の枝に、きつつきが穴をあけたのが、風が吹くたびに素晴らしい音を出す。彼はそれを取り、きつつきの教えによって笛をつくる。

若者は笛を吹く練習を重ね、とうとう村に帰って、笛の音で例の娘の心を惹きつけて結婚する。彼はその部族の長となるが、それ以後、若者たちは娘にプロポーズするために杉で作った笛を奏するようになる。

昔は若い女性の心を惹きつけるためだったが、現在はむしろ楽しみや、ヒーリングのために笛を吹くのだ、とセルシオンさんは言う。きつつきのお話を記念して、笛にはきつつきの飾り(これによって音程を調節する作用もある)がついているのが多い。

私も少し吹かせてもらう。セルシオンさんはますます興に乗って、いろいろな笛を見せてくれる。長いの短いの、音質も少しずつ異なる。管が二本で、一方は基音を出すので、ときどき二本を一度に吹いて和音を出すのもある。

セルシオンさんは近くの聖なる山にわれわれを案内してくれる。山の上の方には、「ココペリ」の像が岩壁に刻まれたのがあると言う。ココペリはホピ族の神話で活躍するトリックスターであり豊穣のシンボルでもある。いつも笛を吹いており、背中が曲がって何かを背負っているようだが、ここに穀物の種や新しいエネルギーが保たれているとも言う。

聖なる山はそれほど高くもないが急坂で、私のような老人は登るのに骨が折れる。しかし、岩壁に描かれたココペリと対面して嬉しくなる。いつ頃に刻まれたものか。小さい絵だが、岩の色も取り入れて、夕映えのなかをココペリが笛を吹きながら歩いているように感じられ、往時の先住民たちがどんな想いでこの絵を見たのだろう、と思う。ひょっとして、一般の者はここまで登ることを許されなかったのではと思ったりする。

セルシオンさんは岩のふちに立って笛を吹く。自然のなかに溶けこんで、心が癒される感じがする。興に乗ってどんどんと吹くのを聴いているうちに、私もフルートを持っていたので吹きたくなってくる。ここで思い切り吹いてみたらどんなに気持がいいだろう。しかしふと思い返して、「ズニの神に遠慮して、私は笛を吹かない」と言うと、セルシオンさんは実に嬉しそうにうなずいた。

山の中腹まで降りてきて、ここならよかろうとフルートを吹いたが、風がきつく、西洋の楽器は室内用だから、さっぱり。早々にやめてしまった。やっぱりその場その場で適切な楽器、楽曲があるものなのだ。

セルシオンさんがその翌日、笛による癒しをするメディシンマンを紹介してくれるというので、一行は喜び勇んで再訪したが、彼は悲しそうな顔をして、それは秘儀なので撮影して欲しくないのだと言う。われわれは了解して、無理をする必要はないと言うと、彼はわれわれの態度に感じるものがあったのか、実は自分もメディシンマンとして修行中だと言う。内容については語れないが、最近になって自分がそのような素質を持っているとわかり、修行中だと教えてくれた。

メディシンマンになるのに最も大切なことは、謙虚であることと自分を信じること(believe in myself)だと言う。矛盾しているように聞こえるが、類似の仕事をしている私にはよく了解できる。自分を信じるというときの

「自分《セルフ》」は、通常の自分をはるかに超えたものなので、それを信じるには相当な謙虚さを必要とするのである。

アルコール依存症

中島さんと知り合ったおかげで、われわれは予期しない経験をすることになった。と言うのは彼はナバホの人たちと深く親しんでいるので、あまり外部の人に公開しないところにまで、彼の紹介で入ってゆくことができたのである。

中島さんはロサンゼルスで経営コンサルタントの仕事をしていたが、ナバホ国に遊びに来て何だか深い親しさを感じて留まっていたら、ナバホの人たちと友人になり、そのうちに彼らの本来の住居であるホーガンと呼ばれる小屋を貸してくれるというので、そこに住みついている人である。ホーガンは電気も水道もない。しかし、土の上にゴザを敷き織物を敷いて眠ると、こんなに安まるところはないと言う。奥平さんは彼にはじめて会ったとき、ナバホの人と思ったというが、それだけの風格をそなえている。若いのに大したものだ。

現地のコーディネーターの小林さんにしてもそうだが、私は外国によく行くので、その地その地で、日本の若い人、あるいは中堅の人が、肩をいからせずごく自然体で、その地にとけこんでしっかりと仕事をしているのに会い感心することが多い。私の年代だと「外国」というので何となく肩が張ってくるが、それがなく、しかも現地の人たちと仲良くし、また張り合って生きている姿を見て、「日本の若者も大したものだ」と感じることがよくある。こんな話を書き出すと長くなるのでこのあたりで切り上げるが、ともかく、中島さんのおかげで次のような興味深いところを訪問できた。

それは、ギャラップにあるアルコール依存症の治療施設なのだが、一九九二年からメディシンマンによる伝統的な癒しの方法を取り入れることによって急激に効果をあげているところである。残念なことにアメリカ先住民にはアルコール依存症が多い。しかし、これは当然と言えば当然とさえ考えられることだ。彼らは居留地のなかで政府によって「保護」されていると言えるのだが、要はあまり職がなく、働かずに居ても衣食住に困らぬ程度のお金がもらえるとなると、アルコール依存になるための条件を整えられているようなものではなかろうか。

アルコール依存症は、日本でもあるが、これは非常に治りにくい。一滴も飲まなくなって喜んでいても、あんがいとぶり返すのだ。アルコール依存症はなぜ治りにくいかについて、かつて、ユングはその根本に深い宗教性の問題があると論じたことがある。アルコールは身体に悪い、他人に迷惑をかけるなどと言って説得し、無理矢理それを受けいれて酒をやめても、たましいは満足しない。もちろん、酒は本格的に癒してはくれない。一時しのぎに役立つだけである。そうなると量が増えるだけで、泥沼に陥ってしまう。

この施設ももちろん西洋医学の力も用いている。禁断症状を克服する間にはそれが必要だ。しかし、その後で希望する者は、メディシンマンによる癒しの儀式に参加するようにしたら、再発の例が急に少なくなった。これはまさにユングの説を立証しているようなものだ。いかにして酒をやめるかを考えるのではなく、自分たちの住んでいる土に根ざした宗教的儀式によって、自分の存在の根源との接触を回復する。それができたときは、それほど酒に依存する必要はなくなるのだ。

中島さんのおかげでわれわれはそのような現場に立ち入らせてもらった。もっとも、私が日本のメディシンマンであるという触れこみであった。既に述べたようなホーガンのなかに患者さんたちが車座に坐り、メディシンマンと共に祈ったり歌ったりする。もちろん撮影は遠慮されたい、ということだったが、私はホーガンのなかに入ることができた。そして嬉しいことに、日本から来たメディシンマンということで、一人ひとりの患者さんと「ハロー」と挨拶して握手をした。心と心が触れ合うのを感じることができた。

アルコール依存症は十年後にまた再発ということもある。一九九二年からはじめたのだから、ほんとうのところの成果はまだ不明というところだろう。しかし、これは私には非常に有効な方法と感じられた。いつか、もう少し長期にわたってここに滞在してもっと深く実態に触れたいと思った。

ナバホのたましい

もともと笛の癒しについて調べる旅だったので、この後、笛つくりの人に会ったりしたのだがそれは省略し、中島さんのつてで会うことになったもう一人のメディシンマンのことも紹介してこの稿を終わろうと思う。普通なら会えないかも知れないが、中島さんの人間関係をたどり、あるメディシンマンが私に会ってくれると言う。ユタ州まで行かねばならず大分遠いが、せっかくの機会なので出かけてゆく。この家もやはり高齢の女性が家の中心にいる。メディシンマンは男女両方いるらしいが、私の会ったのは男性の四十歳代でウーディさんという人だった。

ここでは、天幕を張るところからはじめるのでウーディさんの家族が手伝って建てるが、なかなか手際がよい。ここでも天幕内は撮影禁止である。他の場合でも、ここからは話せないなどということがあったが、われわれはそれを尊重した。このように慎重に秘密を守ってこそ、長い期間にわたる外からの迫害や強制にもかかわらず彼らの文化を守ることができたのだろう、と思うので、それを尊重したのである。カメラマンの松原さんも「何もかも映像にすればいいというものじゃありません」と落ち着いたものである。天幕の中は映せなくとも、外から映すと、なかで儀式に参加している影法師が映ったりして、かえって幻想的な効果が出たかも知れない。

面白いのは、メディシンマンに癒しの儀式を受けるのは私だが、テントのなかには他の人も参加してよいことである。おそらく親族が共に入り、全体の関係のなかから癒しも生じてくるのだろうと推察される。夜を徹して行われることもあるそうだが、私の場合は二時間ほどだった。メディシンマンの奥さんや妹さんなども参加。彼はナバホ語で話し祈るので、ある程度英語に通訳してくれる。

困ったのは、癒してもらうべき悩みや苦しみがないといけないことである。まさか私の悩みは「二十一世紀日本の未来」とも言えないが、幸か不幸か消化不良を起こしていたので、それを悩みとして癒しを頼むことにする。体のことを問題にするのはいいと考えて、よく喉が乾いて困るというのもつけ加える。何だか悩みを言わないと申し訳ないような心境になる。

メディシンマンは祈り、儀式を行う。言葉はわからないまま、彼の暖かい熱意のようなものは伝わってくる。こうして家族ともども徹夜で祈れば、心の悩みも相当に軽くなってゆくだろうと感じる。

終わった後で、メディシンマンは私が「蛇を食べたのと、悪い雷に打たれたのが悪い」と言っていたと教えられた。もちろん、実際に蛇を食べたことも雷に打たれたこともないが、帰りの長い道中の間、ずっと蛇と雷について連想を続けていた。蛇というのは象徴的にあまりに多義的で簡単に何だと言うことはできない。『新潮』に「猫だましい」を連載したとき猫と蛇の親近性について論じたことなどを思い出す。「蛇を食う」というのは何を意味するのだろう。蛇を食い殺したのが悪いのか、蛇を食べて同一化したのが悪いのか。

雷はゼウスの怒りの表現と見られたり、強い父性と結びつくことが多い。私は日本人にしては父性の魅力に惹かれるところがあるが、そのことだろうか。それにしても、ナバホの人たちは、父性原理の極めて強いアメリカの白人の文明に取り囲まれながら、彼らの母性の強い文化をしっかりと保持し続けている。彼らから見たとき、私は既に悪い雷に打たれてしまった人に見えるのか。思考というのでもないが、こんなふうにふわふわと心に浮かんでくることを、浮かんでくるままに楽しんでみる。こんなところが、メディシンマンの言葉の面白いところだろう。いろいろと楽しめるのである。

帰るころになって辛い話を聞いた。先住民の居留地にカジノを設けることが許され、カジノがだんだんと建ってゆく。そこであんがいなお金がもうかる。これはアルコールより恐ろしいかも知れない。ナバホの文化は長い外圧のなかでも保持されてきたが、若者たちは、カジノをはじめ単純に心を奪われつつある白人の文化にだんだんと侵蝕され、文化の継承という点で危機感を感じている大人が多いとか。ひょっとして「迫害」がなくなるというのは恐ろしいことかも知れない。私は二百五十年にわたる強い迫害のなかに生きのびてきた日本の隠れキリシタンが、迫害がなくなると急に力が衰えてきたことを想起した。

ナバホのかかえている問題は日本人にも通じることが多いように思う。できればもっと長い期間にわたって滞在して、ナバホのシャーマンと話し合ってみたいとも思った。現代人の心の癒しについて学ぶところがあるだろう。

（この旅の記録は、ＮＨＫのＢＳのテレビで「世界・わが心の旅〜癒しのフルートを求めて〜」と題して二〇〇〇年五月二十一日に放送された。）

デイヴィッド・L・ミラー『甦る神々——新しい多神論』解説

神学と魂の心理学

『甦る神々——新しい多神論』は米国シラキュース大学の宗教学科教授、デイヴィッド・ミラーによる、多神教の神学を論じた書物の翻訳である。本書の翻訳者も、この解説を書いている筆者も共に心理療法家であり、このような「宗教学」の書に、われわれがかかわっていることを不思議に思う方もあることだろう。

本書に「一神論か多神論か」という論文を寄稿している深層心理学者のジェームス・ヒルマンは、「ミラーとコルバンと私が共同作業で行なったことは、神学と、魂の心理学との相互浸透を表している」と述べている。このことは本書の特徴をよく言い表わしていると思われる。したがって、「魂の心理学」に深い関心をもつ者たちが、本書の出版にかかわるのは、あまり不思議ではないと言えるだろう。ただし、日本の読者にはなじみの薄い「神学と、魂の心理学の相互浸透」などということについて、少し説明を要するであろう。このためには、私事にわたって恐縮だが、本書の出版の経緯を話すのがいいと思ったので、次にそのことを申しあげる。

デイヴィッド・ミラーさん(個人的関係のところでは、友人として、「さん」と呼ばして貰う)と最初に会ったのは、一九八三年、スイスのアスコナで開かれる「エラノス会議」に出席したときのことである。エラノス会議は、オルガ・フレーベ＝カプテイン夫人という富豪が、風光明媚なスイスのマジョレ湖畔にホールを建て、そこで年一回、東洋と西洋の宗教学の研究者たちが出会い、自由に語り合う場を提供しようとして、一九二八年より開催しているものである。今日流行の国際的・学際的研究を早くから行なっていたものとして、これは高く評価すべきであろう。

一九三三年にユングが参加してから、エラノス会議は、宗教学というより今日的に言えば「人間学」という領域に拡大され、自然科学者も参加する極めて学際的なものへと拡大された。この会議での、ミルチャ・エリアーデ、ハーバート・リード、ゲルショム・ショーレムなどの発表は、世界的な影響力をもったのである。わが国からは、一九五三年に鈴木大拙が参加、一九六七年より一九八二年まで井筒俊彦が重要なメンバーとして参加し続け、一九七六年より上田閑照も参加するようになった。ところで、一九八三年に筆者が参加することになったが、正直なところ、このような歴史的な重みを感じさせられるなかで、果たしてその責任を全うできるのか、随分と心配であった。

その時に、筆者は明恵上人の『夢記』について発表したのだが、その点は省略するとして、ミラーさんと会ったことを述べてみたい。エラノス会議の特徴は、公式の発表の時のみならず、食事のときは円卓を囲んで、食事をとりながら、発表者たちが互いに話し合う時間が相当にあることである。しかも、同一の場所に宿泊しているので、話そうと思えば、相当な時間がある。筆者は以前からの知己であるヒルマンさんが居てくれたため、彼を介してミラーさんともすぐ仲良くなり、われわれはほとんど毎晩のように飲みに行って喋っていたと言っていいだろう。

ミラーさんと喋っていて、彼がユング心理学のことを非常によく知っているのに驚いてしまった。それと東洋のことにも関心が深く、日本の仏教や神道についても相当な知識をもっていたので随分と話しやすかった。

後述するように、筆者は自分の行なってきた心理療法について反省し、考えの転換を迫られていたときであったし、日本人の自己実現の問題についても深刻に考えていたところだったので、ミラーさんにこれらの問題をぶっつけていった。そのなかで、非常に印象的だったのは、彼が「欧米人はもっともっと多神教について真剣に取り組まねばならないが、日本人ももっと一神教に取り組む必要がある」と言ったことであった。そして、彼からおくられたのが本書の原書(原題は『新しい多神論』)であった。

この本は筆者に実に多くのことを考えさせてくれた。自分の行なっている心理療法の本質に、したがって、日本人としての自分の生き方に、直接にかかわることとして、これを読んだ。一九八八年春、ミラー教授を京大にお招きすることができて、その講義を京大の臨床心理学専攻と、宗教学専攻の大学院生が共に聴くことができた。また同時に他のシンポジウム参加のため来日していた、エラノス会議の仲間で、シュトットガルトのユング派分析家ギーゲリッヒさんも共に、二人を囲んで、京大の臨床心理学専攻の大学院生が事例研究を行なった。比叡山の雪に覆われた研修所で熱気のこもった議論がなされたが、その時に本書の訳者の一人(高石恭子)が研究発表をした。このような縁が重なって、本訳書の出版が企画されたのである。

なお、エラノス会議において、ミラーさんより聞いた、彼が会議に参加するようになったいきさつを紹介しておこう。彼はふとしたことから、かねがね噂に聞いていたエラノス会議の様子を見ようと、聴衆の一人として出席した(一九七三年のことだったと思う)。彼はそのときのヒルマンさんの発表を聞いて驚いてしまう。自分が未発表の論文に書いているのとほとんど同じような考えを話すのである。「盗まれたのか」と一瞬思うほどだったという。片方は神学、他方は深層心理学の領域でそれぞれ独立に思索してきたことが、驚くべき一致を見せたのである。エラノスという場所は、そのような出会いを演出する格好の場であったろう。彼らは意気投合し、一九七四年に出版された原書の初版に、本書に見られるようなヒルマンさんの論文が追加されることになったのである。

本書の最初に手紙を寄せているアンリ・コルバンについても一言述べておく。コルバンはフランスの著名なイスラーム哲学者で、ユングの亡き後、エラノス会議でアドルフ・ポルトマンと共に中心的役割を担ってきた人である。彼の説く、ムンドゥス・イマジナリス(mundus imaginalis)は、ヒルマンさんやミラーさんの思索の中核をなすものと言っていいだろう。筆者が参加したときは、コルバンは死亡していて会うことができず残念であった。

一応、私事にわたることではあるが、本書にわれわれがかかわることになった経緯を語ると共に、本書の性格について、ある程度明らかにすることができたと思う。

魂の現実

本書を読む上で、筆者にとっては非常に大切なことである、自分の心理療法の体験のことについて少し述べておきたい。心理療法を行うには、学派によって理論的枠組が異なり、治療における強調点も異なってくる。しかし一般的に言って、西洋における心理療法は、どのような方法を用いるにしろ、本人の「自我の強化」ということが重要な目標となる。ここで言う「自我」は、西洋近代において特に明確にされてきたものであり、それは自分の主体性、統合性の中心であり、他から自立して自分の責任において自分を律してゆく機能をもつと考えられている。わが国においても西洋文化の影響を受けて、「自我の確立」や「自立」ということが、錦の御旗のように感じられてきたと思う。

筆者の個人的体験を述べさせていただくと、西洋近代に確立された自我に対して、若いときは強く惹きつけられたが、実際に米国に留学してみると、自我を最も重要とする考えに疑問を持つようになった。そんなときに、ユングの心理学に接することになったのも、偶然とは言えない感じがするが、ユングは、自我を「意識の統合の中心」と考え、人間の「心」全体を意識も無意識も含むものとして、「心」全体の中心としての「自己」(Selbst, self)の存在を仮定するのである。

ユングはこのことを「重心の移動」と表現し、自我《エゴ》中心の考えから、自己《セルフ》中心の考えへの変化について、いろいろと語っている。筆者はこの考えに強く惹きつけられた。ユング自身も述べているように、彼の言う「自己」の考えは、東洋の思想と共通する部分を多くもっている。彼も「自己」の説明のときに、インドのブラーフマンの考えを引合いに出したりすることがある。

意識も無意識もこみにしてその中心である「自己」に想いを到すことは、確かに「自我」を重視する態度より、はるかに含みが多く、「自我の確立」に失敗しているかのように見え、単純に「病的」とか「異常」と判断される人々を、自我と自己の軸上にさまよって苦闘している人々として見ることを可能にする利点をもっている。ノイローゼ、非行、犯罪などとレッテルを貼られそうな人々に対して、その異常を正常にもどす仕事をしようとするのではなく、自我から自己に到る道を見出す作業を共にするのだ、という意識をもって心理療法をすることになる。

この考えは筆者の心理療法を行う上での支えとなり、それに沿って論文や書物も書いたし、それは多くの悩める人にとっての支えともなったと思っている。

ところが、この考え方にも疑問が生じてきた。自我から自己へという考えは、そこに一本の直線をイメージしやすい。とすると、そこには、直線的に段階的に「進歩」あるいは「改革」されて、最後にはゴールに到る道というのが想定されてくる。もちろん、このような一本道は「自我の確立」の道の方にこそふさわしいものであり、それはフロイトの発達段階の理論が、そのひとつのモデルを提供している。このあたりのことも論じるとなると、言うべきことが沢山あるが、それらの点はこの際は省略して、ともかく、直線的・段階的進歩というイメージが、ユングの自己という考えにおいてさえ、強く作用してくることだけを指摘しておこう。

このような段階設定は心理療法家の「理論」としては、非常に便利なものである。何しろ、心理療法の過程について、見とおしを持ち、自分がクライアントと共に居る地点がどのあたりかの見当をつけられるからである。この考え方が強力なものであり、それによって多くの心理療法家やクライアントが助かったことも事実である。

しかし、筆者は心理療法を行なっているうちに、この考えにも疑問を持つようになった。まず、第一に、人間はそんなに直線的・段階的に変化しない、ということを知った。次に、「進歩」という考えにも疑問が生じてきた。たとえば、サン゠テグジュペリが母親との一体感が強く、そこから抜け出ていない、などと言うのはまだいいが、そこから彼の「作品」が「低い」段階にあるなどというのはナンセンスである。それはそれで価値をもっているのだ。人は実にいろいろである。別に「自立」などしなくても、立派な人や人のために役立っている人も居るし、「自立」して近所迷惑ばかり引き起こしている人も居る。あるいはあるときに「自立」したと思っていても、それはその後ずっと自立的に生きることを意味するとは限らないのである。

段階的進歩のイメージを強くもつと、その線に従ってクライアントに段階を登って貰おうとすることによって、クライアントの個性を殺しかねないのである。人間というものが、いかに一人ひとり異なるかを実感するほど、直線的進歩の図式がゆらいでくる。極端な言い方をすると、人間というものは、別に「進歩」などしなくても、そこに生きているだけで素晴らしいと言いたくなるところがある。

ユング派の人たちが、せっかく「自己」の重要性を強調しても、自我‐自己の軸を重視することによって、結局は人間の在り方を、自我の視点から見てしまうようなところがある。このようなことに疑問を感じていたとき、本書の「補遺」を書いている、ジェームス・ヒルマンの「魂」の考えに触れ、また、ミラーの多神教の考えに接することになったのである。

ヒルマンはこの「補遺」のなかで、「優越した一神論とそこへ進んでいく段階、という考えは、個性化の発達段階を通して達成される優越したセルフの概念にとっての道具となってきた。今や、一神論の優越性が疑わしいこととなったのであるから、セルフのための一神論的なモデルの優越性もまた疑われるべきであろう」と述べている。そしてそれに続けて、「おそらく、段階における直線的な考えは、一神論的気質の単なるもう一つの反映にすぎない。その気質のユダヤ‐キリスト教的ファンタジーは、歴史的発達と階層的改善を好む」と指摘している。

彼が「今や、一神論の優越性が疑わしいこととなった」と述べているのは、「補遺」を読んでいただくとわかるが、一時、宗教学や民族学のなかで、人類の宗教は、多神教から一神教へと「進化」してきたと考える(ここにも、直線的進歩幻想が作用している)ことが支配的だったが、現代はそのような考えに強い疑問が提出されている事実をさしている。

ヒルマンが、ユング派の理論における「自己」の重視に対して疑問をなげかけたことに対して、筆者は共感を感じた。このことは、「自己」理論を否定しようとするのではない。このような考えによって助かったり、方向を見出したりすることは、今もなお、多くの心理療法家、クライアントたちにとって経験されている。しかし、それを唯一のものとして重視することに反対しているのである。

「もし、個性化のためのモデルが一つしかないとしたら、本当の個性などというものがあり得るだろうか?」とヒルマンは述べている。これと似たようなことを筆者は次のように表現してきた。「もし、ユング派が個性化ということを本当に大切にするのなら、ユングの言うとおりに生きようとする人は、ユング派ではない」

「自己」や「統合」に重きをおかないとすれば、心理療法において何を狙いにしようとするのか。それについて、ヒルマンは、「よりよきものへと変えること(変容と改善)にはそれほど力点が置かれず、そこにあるものを、それ自身の内へと深めること(個性化と、魂の形成過程《ソウル・メイキング》)」を強調するのである。つまり、「自己《セルフ》」を「魂《ソウル》」に置きかえることによって、より不可解で複雑な存在を、できるかぎり細部まで探り、それをそのまま肯定してゆこうとする姿勢をとるのである。このような態度によってクライアントに接するとき、その人がよりよくなるとか進歩するとか、ではなく、その人の「魂の現実」が見えてくるようになる。それが心理療法にとっても、もっとも大切なことと考えるのである。

一神教の影

デイヴィッド・ミラーは本書の第二版の序に、彼が一九七四年に本書の初版を世に出したときに、「思い切って「多神論」という言葉を使い、それを擁護した」と述べている。彼が「多神論」という言葉を用いるのに、どのくらいの「思い切り」を必要としたか、日本人にはわかりにくいかもしれない。一神教の支配的な社会のなかで、しかも、彼自身がキリスト教の神学者であり、大学の宗教学科の教授なのである。あまり比較にはならないが、わが国の地方自治体の首長が昭和天皇の戦争責任についての発言をした場合などを思い起こしてみるといいかもしれない。

ミラーが予想したような反撥もあったようだが、彼をもっと驚かせたのは、本書と「宗教以外の広範な分野の本との間に、考えられないほどの類似を発見したことで」あった。それらについて、彼は第二版の序のなかで述べている。そのなかのひとつ、シオランからの引用に次のような文がある。「自由な民主主義の中には、潜在的な多神論が在る(それを無意識的な多神論と呼ぼう)。逆に、あらゆる権威主義的な制度には、偽装した一神論の気配が感じられる。奇妙なのは、一神論的な論理のもたらす影響である。つまり異教徒は、いったんキリスト教徒になると、不寛容に傾く。専制君主の影で栄えるくらいなら、気のいい神々の大群もろとも沈没するほうがましなのに！」

これらを見ていてわかることは、彼らが攻撃しようとしているのは、一神教の宗教そのものではなく、「一神論的な論理」なのである。もちろんそのような論理を、背後から意識的、無意識的に支えているのは一神教の宗教であることも事実なのだが。

ミラーは、近代科学についてあまり言及していないが、筆者は西洋に発達した近代科学も、キリスト教という一神教の支えなしには考えられないものと思っている。近代科学は、人間の自我がある事象からまったく切り離されたものとして、その事象を客観的に観察することによって、その事象における因果関係を把握し法則化する。その法則は観察者の人格と関係のないこととして、普遍性をもっている。つまり、「普遍的法則」を見出すことができるので、それをどこにでも適用することができるのである。このような「普遍的法則」は、唯一の真理

（ミラーの言う大文字のTではじまる真実（Truth）ということ）と考えられる。唯一の真実の存在は、唯一の神の存在と呼応している。

しかし、考えてみると、これは近代科学の方法によって見た真実であって、それは唯一のとは言えないのである。そのことがわからなくなったため、科学的に説明できぬ現実は、「存在しない」と否定したり、まやかしであるときめつけたりする考えが、つい最近までは相当に支配的であった。一時は、自然科学が神の座を乗っ取るほどに感じられたのも、このためである。

自我が対象化したものの間の法則を知り、それによって、ものを操作することが、あまりにも有効に行われるようになったので、人間はそれを人間自身にまで適用しようとした。「唯一の真理」に基づいて、科学的方法を用いて社会を作り出すことによって、ユートピアが出現するなどと考えたのもこのためである。しかし、そのような方法がいかに不毛であったかは、ソビエトをはじめ、東欧諸国の現状がよく示している。この失敗は、社会主義の考えの誤りとして早急に結論できるものではなく、むしろ、一神教的論理を人間に適用しようとしたところに問題があったと思われる。先ほど引用した、シオランの「自由な民主主義の中には、潜在的な多神論が在る」を思い出していただくとよい。いわゆる資本主義国は一神教的ではなく、社会主義的な考えも取り入れているところが多いのである。

それに対して、社会主義国はそれが科学的であるが故に唯一の正しいものと誤認したところに大きな誤りがあったと思われる。人間は人間を純粋に客観的対象にすることはできない。科学は科学の範囲内において正しいのであって、科学以外の「神々」は他にも多く存在しているのである。

自然科学があまりに強力であったため、人間はどうしてもその方法論に縛られて人生のこと全般を見るようになり、客観的対象化の勢いが強くなりすぎ、人間の思考が感情から切り離されてしまう。「平和」ということが抽象的概念となり、それが大切と思っているうちに、その抽象概念が知らぬ間に、唯一神の座を占めるようになってくる。しかし、当人はそんなことに気づかず、宗教とは無関係に理性的に正しいことを追求しようとし、「平和のためなら、いかなる戦いも、殺人も辞さない」などということを、何の反省もなく考えたり、実行したりする。平和ということを、もっと具体的に感情を伴って把握していると、そんな馬鹿なことを行わないであろう。

「唯一のもの」を追い求めようとしていても、たとえば「平和」にしろ、「自由」にしろ、よく考え多くを体験しているうちに、それを「唯一」と言えないことがわかってくる。そのときには、その人は強力な「中心の喪失」の体験をすることになる。崩壊感や無力感が彼をとらえることであろう。まさに「神は死んだ」ということになるが、それは、一神論的神学による「神」が死んだのだ、とデイヴィッド・ミラーは言いたいのである。神そのものは、そう簡単に死んだりはしないのである。

第二版の序に引用されているウィリアム・ジェイムズの言葉に、「整合的に考えぬかれた一元的な宇宙は、苦しんでいる」というのがある。一神教そのものが問題であるというのではなく、その「神学」の影響によって生じてくる「一元的な」世界観、そのなかに矛盾を許さない世界観は実に息苦しいのである。それは常に「あれかこれか」の問いを人間に押しつけ、二者択一を迫ってくる。人間存在を精神と肉体とに分けて考えるなら、精神の肉体に対する優位性を認めることになって、精神も肉体も、と考えることを許さない。しかし、人生においては実際には、「あれもこれも」と考える方が得策なことが多いのではなかろうか。ミラーは、「本来的に「あれもこれも(both/and)」となる時に、人々を失望させるのがこの一神論的思考なのである」と述べている。

一神論的な態度が強くなるとき、人々は価値の多様性や、相反するものの共存などを認めることができず、そのために「冷戦」が強くなったり、無用の「戦い」が増加することになる。実際、一神論が絶対に正しいのなら、自分のいただく「神」や「中心」に反するものは、いかなる手段を用いてもそれを抹殺することが「正しい」ことになるはずである。残念ながら、その姿をわれわれは現在も見ているのではなかろうか。

心理療法においても、一神論的な人間観をもつときは、どうしても、クライアントに対して何らかの「押しつけ」をしがちになる。「発達段階」を押しつけたり、「自我の強化」を押しつけたり、ということになってくるのである。クライアント自身の魂《たましい》から自然に生じてくることを、そのまま尊重することがなかなかできない。といって、これはただ何もせずにクライアントの表現することを聞いているとか、クライアントのやりたいようにやらせるというのと異なるのである。多神論的にというのは、そこに「神々」の姿を見ようとしているわけであるから、単にクライアントの欲するままに従おうとしているのではない。それでは、「神々」の姿を見る、ということはどういうことであろうか。

神々のイメージ

近代の自然科学的思考法があまりに有効であったために、人間は自分自身のことを考え、あるいは他人のことを考えるときも、その方法に頼ろうとする傾向を強めてきた。そのために——自然科学の方法論に伴う必然的帰結として——人間は「関係性」を失ってゆく。たとえば、人は母ということについて考え、「私の母」に対する関係を失ってしまう。抽象的形式的思考から感情が脱落してゆくのである。これに対して、ミラーは、「思考の中に感情を取り戻す一つの方法は、思考を再神話化し、神々を用いてそれを再人間化することである。そうすれば抽象は美的具象性を帯び、観念にもう一度情熱が賦与されるであろう」と述べている。近代が行なった「脱神話化」の仕事を逆転さしめ、われわれは「再神話化」することが必要だと言うのである。

「再神話化」とは具体的にどのようなことを意味するのか。それは何かを決定したり、行為したりするとき、その背後に存在する神のイメージを把握することである。自分は恋愛をしている。そのときに「愛こそこの世のなかで一番大切なもの」というように「愛」という概念を持ち出すよりも、自分はアフロディーテに惹かれているのか、アテーナにか、あるいは、ディアーナにか、を考えてみる方がいい。「愛」を絶対的と考えるとき、その恋愛は絶対に正しいことになってくる。しかし、たとえば、アテーナの女神を思い浮かべるとき、それは確かに抗し難い力をもつことは事実にしても、自分の「愛」とは、「アテーナの従者」として生きていることではないか、という事実も見えてくるかも知れない。それが見えてきたからと言って、その恋愛がよいとか悪いとか、続けるべきとかやめるべきとか、簡単に答が出てくるものでもないし、無理に答を見つけても、どうしようもないときもある。しかし、自分のしていることが「絶対に正しい」、自分の行為を邪魔する者は「絶対に悪い」という考えから、少し距離をおけるのではなかろうか。

ここで自分の行為が「見えてくる」というのは、概念的な判断を下すのではなく、イメージとして見えることなのである。つまり、それは自分の深い感情的体験を伴う認識なのである。そして、そのような認識は「物語」を生み出してくる。「物語」は極めて具体的に、そして、それに伴う感情の起伏と共に展開してゆく。抽象的に、攻撃に対する防御とか、平和のための戦いとか考えるのではなくて、ひとつひとつの場合に応じて、多くの選択肢があり、それらを選びとりながら進んでゆかねばならない。

人間が演じる「物語」の多くの元型は、神々の物語、つまり神話のなかに認められるのである。人間は神ではない。したがって、人間は神々の物語についてよく知っていながら、それを人間としていかに生きるのかについてよく考える必要がある。神々の物語は凄まじい。子どもが親を呑みこんでしまったり、親が子どもを殺したり、兄妹が結婚したり、ともかく、人間の世界では簡単に実行できないことが多い。しかし、それらの物語は人間の背後で動いている。

背後で動いている、などと言ったが、最近では、人間が神の座を乗っ取ってしまったのではないかとさえ思われる。というのは、人間が神々の物語をそのまま生きているような、親殺しや子殺しや、近親相姦などの話題が、あまりにもよく新聞に載っているからである。それらは「物語」ではなく「事件」になってしまっている。

これらの事件は、人間がかつて神の物語として知っていたことを、馬鹿げたこととして無視してしまったので、神々の方はそれらを人間に体験させることによって、物語の真実性をわからせようとしているかの如くに感じさせられる。ここで人間にとって大切なことは、神々の物語を神々の物語として明確に知ると共に、人間はあくまで人間としてできることをする、という限界を知ることであろう。神々の姿をはっきりと知ることによって、自分が何によって動かされているかを知り、それに対してどのようにすべきかが考えられてくるのである。神々に取りつかれてしまったら、どうしようもないのである。

神々の姿をよく知ることとは、自分や他人の行為の深い理解に役立つものである。デイヴィッド・ミラーは「ギリシャ人は一つの抽象名詞のもとに、あらゆる形の攻撃性を結びつけてしまうことに満足しなかった」と述べている。つまり、攻撃性にもいろいろと種類があるのに、それをひっくるめて「攻撃性が高い」などと言ってすましておれないのである。われわれはそれらのニュアンスの差についてよく知る必要がある。それはミラーが例にあげているように、「パーン、アテネ、アレース、そしてアルテミスとアポローン」の誰のやり方で攻撃的なのか、を考えてみなくてはならない。「攻撃性が高い」人に対して、どう対処するかと考えるより、パーンに対して、アテネに対して、ならどうすればいいかを考える。その方がはるかに細部にわたって考えられる。そして、神話はまた多くの方法のヒントをも与えてくれるのである。

ヒントを与えてくれる、とは言ったが、それは「正しい方法」を提供するものではない。本文中に、「多神論的神学は、新たな有神論でも、新たな論理でもないであろう」と述べられている。それに続いて、「多神論的心理学は、常に多価値的であって、決して二極性——善対悪、正対誤、有限対無限、明対暗、上対下、内対外など——では構成されない。多神論的神学には正統というものはないのである」とも述べられている。

何か唯一の正しい答を得るのではなく、多くのヒントを得て、われわれは「創造」しなくてはならないのである。あるいは「発見」をしなくてはならないのである。しかし、その発見や創造の過程において、「完全や完璧に向かわねばならない、というピューリタン的義務感から救われ」ていることを知るであろう。

このように言うと、それじゃ好きなことをしていいのか、と言われるかも知れない。一神論的に体系ができあがっていると、すべての人がそれに従って、何が正しいか、何をするべきかがちゃんとわかるわけである。それが多神論的になると、自分の従うべき神が異なると、各人がそれに従って行為し、バラバラになって無秩序になってしまわないだろうか。特に「秩序」ということが好きな人は、このような危惧を抱くのではないかと思われる。このような「秩序」が好きな人は、だいたい人を管理する側にまわる人が多いようだが、ともかく、「秩序」というのは多くの人にとって大切なことなのは事実である。

多神論は、各人が「勝手なこと」をするのを許すものではない。確かに、人によってはその背後に立つ神が異なるので、考え方は異なるだろう。しかし、そのことは、その人が勝手に行動することを意味しない。彼はやはり神の影響なり命令なりを受けるので、まったく勝手にすることはできないのである。その人はそれなりの秩序をもっているはずである。

しかし、たとえば、ゼウスとヘラーが争うように、神が争ったり対立したりすることがあるのだから、人間の場合はどうなるのだろうか。人間の場合もその程度の争いは避けられないのであろう。しかし、ゼウスとヘラーが共存しているように、共存することは可能なのであろう。自分の奉ずる神と、他人の奉ずる神が異なるときがある。そのときでも、自分は確かに自分の神に従うにしろ、自分の方が「絶対に正しい」と断定しきらないところが、多神教の特徴であろう。どちらが正しいかという観点ではなく、自分の神と他人の神をもっとよく知ろう、もっと神々の相互関係の在り方をよく知ろう、という考え方によって、ものごとの解決をはかろうとするのである。そして、それはその過程を大切にするのである。

日本人として

本書について日本人としてどう考えるか、という問題がある。デイヴィッド・ミラーは「我々が〈好むと好まざるとにかかわらず〉西洋人であるという、ただそれだけの理由により、ギリシャが、我々の多神論の拠って立つ場となるのである」と述べている。とすると、〈好むと好まざるとにかかわらず〉日本人であるわれわれはどうすべきかを考えねばならなくなってくる。

まず第一に考えるべきことは、日本人は〈好むと好まざるとにかかわらず〉西洋化されている、ということである。日本人のことを考えるときの難しさはここにある。日本人の意識の表層は西洋人とほとんど変わらないくらいだと言っていいだろう。おそらく、そのような人はギリシャの神々どころか、唯一の神で十分なことであろう。日本の学者で唯一の神、「自然科学」を信仰している人は沢山居る。「自然科学」をひとつの方法として、信頼性が高いと考えるのではなく、唯一絶対とするところに無意識的信仰が侵入してくるのである。しかも、このような科学者がキリスト教のことをほとんど知らないのだから、欧米の学者よりも腰が弱くなるのも当然のことである。

おそらく、日本人として今もっとも大切なことは、デイヴィッド・ミラーが筆者に語ったように、「一神教に真剣に取り組むこと」ではないかと思われる。何もこのことは、日本人がキリスト教徒や回教徒になるべきである、ということを意味しない。ともかく、もっと真剣に正面から取り組むべきなのである。われわれ日本人は、意識の表層をもっともっと鍛える必要があるのである。

そのようなことを前提として、本書を読むと、一神教の宗教を信じている人が、このような本を書くということの意味がよくわかるし、ここまで考え抜いた著者の凄さもよくわかる。日本人として、単に「多神論」などは昔から知っていることだから、今更言われなくても、という安易な気持で対するのではなく、一神教のなかでこれが語られていることの意味を知るべきである。

日本は多神教だから、と単純に言うが、日本の多神教とギリシャの多神教は同じかどうかについてもよく考える必要がある。神々のパーソナリティという表現ができるとするならば、ギリシャの神々の方が日本の神々よりはるかに、明確なパーソナリティをそなえているように思う。日本の神も少数の神はそうであるが、多くの神は「名前だけ」のようなのもある。デイヴィッド・ミラーが言うように、一人ひとりの神がある時ある人の背後に立っている、というようなイメージをもつには、ギリシャの神の方が適している感じがするのである。

西洋化された日本人として考えるときは、やはり、ギリシャ神話は必要になってくる。先に述べたように、日本人でも現代人は自分の心について考える際に、本書に述べられているようなギリシャの神々のイメージが、極めて有効に役立つことを感じるであろう。そもそも神話というものが、時代や文化を超える性格をもっているのだから、これも当然のことと言えるかも知れないが、やはりヨーロッパ文化の底にあるものとしてのギリシャ神話の意味は特に大きいであろう。

次に、日本人として、日本神話について考える必要のあることは言うまでもない。日本神話(特に『古事記』)について、筆者がもっとも重要と考えたことは、古事記神話においては、ギリシャ神話のように個々の神のパーソナリティよりは、神々全体としての様相が、もっとも重要であり、その全体像は、「中空構造」として把握される、と筆者は考えたのである(この点は本巻に詳述しているので参考にされたい)。

このような日本神話の特徴をキリスト教神話と対比して、前者を中空均衡型、後者を中心統合型と名づけた。この二つはまったく一長一短であって優劣を論じることができない。ただ、日本人としては相当に西洋化されていると言っても、基本的にはこれほどの差があることを認識しておく必要がある。最近の日米構造会議などを見ていると、両者の差が歴然として見えてくるのである。そこで日本人の課題としては、今後、この両者をどのように関連づけてゆくか、ということになるのだが、それは今後に残された大きい課題として、ここでは論じることをやめ、本書との関連において、日本人としてどうしても考えておかねばならぬことについて述べておきたい。

日本には八百万の神々が居て「多神教」であることには違いないが、既に述べた「一神教の影」の現象が日本にもよく生じている、ということである——しかも、もっと手のつけられない状態で——。

中空構造は本来は中心が無為であり、無力であるはずである。ところが、それは全体のバランスの中心として、潜在的には全体の力を吸収しているようなところがある。能動的な力をもっていないが、受動的には無限に近いほどの力をもっている、と言っていいかも知れない。

日本人の集団においては、この中空的中心は、しばしば「長老」に投影される。ここにヒルマンが本書のなかで論じているセネックスの問題が生じてくる。日本人の集団――昔の軍隊、現代の会社、学会、趣味の集いなど、どれでも――における「長」は、ヒルマンが一神論の問題として論じている、「かたくなな固執、宗教的寛容性のなさ、そして優越性に対する確信」を感じさせないだろうか。これは、日本人の実感として言えば、西洋の「長」よりもっと始末におえぬ感じがするのではなかろうか。セネックスのもつ強い「凝固性」のために、あらゆる変革の意図がストップされてしまう。長老は何も言わず、何もしないのに、変化に対する抵抗力だけは無限にもっている。

一神教的長老も確かに大変だが、それは少なくとも、目に見える形での「原理」や「権力」をもっている。このため、極めて困難であるにしても、それと「対抗」し得るのである。それに対して、中空型の長老は、対抗し得る原理も権力も、明らかではないので、まったく始末におえないのである。戦うべき「敵」の姿が明確に見えないのに、ともかく自分の意図が崩されてゆくことだけは明らかである、という状態に追い込まれる。

日本における長老《セネックス》の問題は、非常に重要なこととして、今後大いに考えてゆかねばならぬことであろう。それを考える上においても、本書に述べられているような「多神論」は大いに参考になると思われる。ゼウスの他の神々との関係などについて考えてみるのもいいだろう。

既に論じたことであるが、ユング心理学における「自己《セルフ》」の考えは、日本人には受けいれやすいのだが、それが単純にセネックスのイメージと結びついてしまうときには、危険性が生じてくる。それは本書に論じられているような、一神論の否定的側面を多く露呈することになってくるのである。

と言っても、だから日本の中空均衡型が「悪い」とか「駄目だ」とか言っているのではない。中心統合型も中空均衡型も、「多神論」的にどちらもその存在を認めるのだが、それを「深める」こと、つまり、その詳細を具体的に知ることによって、自分の生き方を検証してゆかねばならない、と考えるのである。そのなかで、日本人にとってのセネックスの問題は特に考慮すべきことであると思われる。

考えてみると、本書の構成はまったく面白いものになっている。デイヴィッド・ミラーの論文に対して、アンリ・コルバンの手紙が加わり、ヒルマンの補遺があり、ミラー自身も第二版の序をつけ加えて、あらたな知見を述べ、その上に、筆者がこのような、ながながとした日本人としての解説を書くことになってしまった。まさに「多神論」的ということになるが、これも、もともとのミラーの考えが、多くの人々の考えを刺激する性質をもっているということであろう。そこから、いろいろと新しい考えが生じてくるのである。これは本書のもつ特性のひとつであり、読者の方々が、すぐに賛成、反対、という態度をとられるのではなく、それぞれが自分の宗教性という点で、あらたな考えを展開してゆかれることになると、本書の使命は達成されたことになるであろう。

追記

ここにデイヴィッド・ミラーの『甦る神々——新しい多神論』の解説を収録するにあたって、現在における視点から少し考えを述べておきたい。

日本人の自己実現の問題を考える上において、「一神教と多神教」のことは極めて重要な考察すべき課題として私の念頭にあった。したがって本書の解説も書いたのであるが、一九九一年の当時、このことに関心を持つ人はあまりなかった。しかし、現在(二〇〇四年)においては、日本人で「一神教と多神教」について関心をもつ人は急激に増加したように思う。そのことについて言及する人も多くなった。

このことが生じた直接的な誘引は、九・一一の事件である。テロリズムによって何の罪もない人たちが数多く、一瞬のうちに殺されてしまった。テロリズムは絶対的な悪であるとして、これは戦争にまでつながってしまった。この戦争の目的は表向きに言われていることはともかくとして、その背後に、キリスト教対イスラームという対立が存在していることは誰しも感じるところであり、そのことによって、にわかに「一神教と多神教」という論点が浮かびあがってくることになった。

日本人のなかには、このような対立が起こるのは、どちらもが一神教を信じている国として、アメリカもイラクも、自分たちの考えを絶対に正しいとするので対立を解消することはできない、という点に根本問題がある、と考える人がある。そして、これに対して、日本は多神教の国だから「平和」である、と結論づける。

この考えは、確かに一理あるものである。しかし、実際的には非常によく考え、緻密に分析した上でないと、安易さのために、一挙に崩されてしまう類のものである。

外国で行われた国際シンポジウムで、前述したのと同様の論旨で、キリスト教やイスラームは戦闘的だが、仏教は平和愛好の宗教である、と主張した日本人がいた。私は次の演者として、先の考えも一理はあるが、そうすると、第二次世界大戦で仏教徒の日本人が、戦闘的であるどころか、残虐行為をさえしたことをどう説明するのか、当時、日本はその戦いを、キリスト教やイスラームの人たちと同じく「聖戦」と呼んでいたのをどう考えるのか、これらを不問にして論じてもあまり意味はない、と述べた。

すると聴衆のなかに、日本軍に家族を殺された中国人が居て、日本人の最初の発言に強い反撥を感じたが、二番目の発言者によって心が収まった。問題は、「キリスト教は」とか「仏教は」とか、「アメリカ人は」、「日本人は」と簡単に言ってすますことができないものではないか、と言った。確かに、問題は単純ではないのだ。

となると、「一神教と多神教」などを論じる必要はないのだろうか。私はそうは思わない。これは二十一世紀における重要な課題だとさえ思っている。しかし、そのときに大切なのは、簡単に割切った考えによって結論づけないことだろう。きめ細かい論議が必要である。

そもそも、一神教か多神教か、と対立的に考え、前者は戦闘的で後者は平和的、だから、よいとか悪いとかと論じてゆく、そのパターンこそ、一神教的論理の悪い見本ではないだろうか。多神教は素晴らしいと言いながら、知らぬ間に身につけている、自分の一神教的思考パターンを不問にしているのだ。この「解説」中にも論じているが、日本人の陥りやすい一神教的思考の危さについては、よく自覚しておく必要がある。日本人のこのような傾向が、最後に論じているように、日本人に強い「長老《セネックス》・コンプレックス」と結びつくときは、牢固として変え難いものになるときがある。このようなことをしっかりと認識して、外国の人たちと話し合わないと、確かに、現在において、一神教的思考と多神教的思考を比較して論じることとは意義あることとは思うが、極めて底の浅いものになって、外国の人たちに耳を傾けさせる論にはならないであろう。

この本を読んでもわかるように、一神教と多神教の宗教そのものの優劣や、よしあしなどを論じてもあまり意味がない。むしろ、そのような思考パターンが日常的、世俗的な世界のなかで、どのように機能しているのか、そのことをわれわれがどこまで認識しているのか、が問題なのである。

ただ、今回の事件および、その後の一連の戦争にもつながる事態のなかで、日本人が「宗教」ということの重大さを認識したのはよいことであった。本巻のなかでも論じているように、日本人の宗教性は日常生活と混じり合っていて、宗教性についての認識が薄く、「宗教」というと、何か特殊なこと、あるいは、「うさんくさい」とまで感じる人が多い。しかし、世界中の人々にとって「宗教」は極めて重要であり、そのことが日常の生き方に強い影響をもっていることも事実である。このような現状のなかで、グローバリゼーションの波によって、日本人も外国の人々と接する機会が増えるので、日本人のみに通じる感覚で生きていることはできなくなってきた。このような意味でも、日本人として、宗教のことをどう考えるのか、一神教と多神教のことをどう考えるかは、非常に大切なことである。そして、これまでよりももっと自覚的に、自分の考えを詳細に分析し、表現してゆく必要があると思う。

初出一覧

序説　お前の神話は何か　　書き下ろし。

I

神話と日本人の心　　二〇〇三年七月、岩波書店刊。

II

日本神話にみる意思決定　　『季刊アステイオン』一九九〇年冬号、ＴＢＳブリタニカ。

神話学　　『臨床心理学大系15　臨床心理学の周辺』一九九一年六月、金子書房刊。

『風土記』と昔話　　『日本研究　第７集』一九九二年九月、国際日本文化研究センター。

ナバホ国への旅　　『新潮』二〇〇〇年五月号、新潮社。

デイヴィッド・Ｌ・ミラー『甦る神々――新しい多神論』解説　　デイヴィッド・Ｌ・ミラー著、桑原知子・高石恭子訳『甦る神々――新しい多神論』一九九一年五月、春秋社刊。

■岩波オンデマンドブックス■

河合隼雄著作集 第II期 6
神話と日本人の心

2004年 2月25日 第1刷発行
2015年12月10日 オンデマンド版発行

著 者 河合隼雄《かわいはやお》

発行者 岡本 厚

発行所 株式会社 岩波書店
〒101-8002 東京都千代田区一ツ橋2-5-5
電話案内 03-5210-4000
http://www.iwanami.co.jp/

印刷／製本・法令印刷

ISBN 978-4-00-730338-8 Printed in Japan

「I　神話と日本人の心」　索 引

固有名詞

(神名・人名・地名ほか)

ア 行

カ 行

サ 行

タ 行

ナ 行

ハ 行

マ 行

ヤ 行

ラ 行

ワ 行

事　項

ア 行

カ 行

サ 行

タ 行

ナ 行

ハ 行

マ 行

ヤ 行

ラ 行